Family Office et Famille

Après des études de Business management, Sciences économiques et Sociologie, la carrière de **Bernard Camblain** dans le domaine bancaire, à l'étranger d'abord, en France ensuite, s'est orientée vers la banque privée avant de se spécialiser dans le domaine du Family Office. De 1993 à fin 2001, il a dirigé SOGIP Banque, et en mai 2001, avec une dizaine d'administrateurs, il fonde l'Association française du Family Office (AFFO) destinée à rapprocher les family officers entre eux, ainsi que les prestataires de services aux familles et aux Family Offices.

Après l'acquisition de SOGIP Banque par Rothschild et Cie, Bernard Camblain s'est rapproché de la famille Meeschaert, actionnaires et animateurs d'une importante société de gestion de clientèle privée, pour contribuer, en tant qu'associé minoritaire, à la création en 2003 et à l'animation de Meeschaert Family Office, entité indépendante du groupe. Il a récemment quitté ses fonctions. En parallèle, il publie régulièrement des articles et ouvrages sur le Family Office.

Il est par ailleurs ancien Expert Judiciaire en Finance et Médiateur auprès de la cour d'appel de Paris.

Clément Jorez découvre le métier de family officer grâce à à la 1re édition de ce livre.

Après des études de droit et finance de marché et désireux d'avoir un métier à 360 degrés, il débute en multi Family Office, guidé par l'envie d'accompagner de manière indépendante des familles sans lien de subordination et avec en ligne de mire l'émulation que la diversité des familles permet.

Clément Jorez crée en 2023 « La Rectorie », : un multi Family Office dédié à une clientèle internationale (entrepreneurs, artistes et héritiers) et à des organismes sans but lucratif. La Rectorie intervient pour ses clients sur l'ensemble de leurs problématiques patrimoniales (financières, juridiques, fiscales, philanthropiques et artistiques) et des classes d'actifs.

En 2022 Clément Jorez est nommé membre du Conseil économique des Frères des écoles chrétiennes (Réseau La Salle France) et administrateur de l'Association française du Family Office (AFFO).

À l'issue d'une expérience au service d'une famille (mono Family Office), il a cofondé en 2016 un groupe de réflexion et de confiance, rassemblant une cinquantaine de mono family officers actifs de sa génération.

Bernard Camblain & Clément Jorez

Family Office et Famille

2e édition

Préface de Frederick Crot
Postface de Charles Robinet-Duffo

CITY&YORK
Patrimoine

Gualino
un savoir-faire de Lextenso

Collection City & York

Conseiller éditorial de la collection : Benoit Fernandez-Riou
(benoitfernandezriou.forex@gmail.com)

- *Family Office et Famille*, 2e édition, 2023, B. Camblain et C. Jorez
- *Le Conseil en gestion de patrimoine*, 12e édition, 2023, W. Dosik
- *Le Trader privé*, 5e édition, 2023, B. Fernandez-Riou
- *Trader statège*, 1re édition, à paraître, B. Prats-Desclaux
- *Travailler et vivre en Suisse*, 7e édition, 2022, D. Tallerman
- *Tout savoir sur l'analyse technique*, 4e édition, M.-M. Walker
- *Les Fonds de Capital-Investissement*, 6e édition, à paraître, F. Moulin et M. L'Hostis
- *Le Capital Investissement*, à paraître, G. de Monclin

Suivez-nous sur www.gualino.fr

Contactez-nous gualino@lextenso.fr

DANGER
LE PHOTOCOPILLAGE TUE LE LIVRE

1, Parvis de La Défense
92044 Paris La Défense Cedex
EAN 9782297223607
ISSN 1637-1704
Collection City & York

Aux membres des familles et à leurs Family Offices.

À la mémoire de Jean-Marie Paluel-Marmont,
président de l'AFFO de 2012 à 2022

Préface

La préface de la précédente édition de ce livre commençait par : « Une préface est en général signée d'une personnalité bien connue, idéalement experte dans le domaine traité dans le livre… ». Je ne commenterai pas le fait que je sois une personnalité bien connue, d'ailleurs les family officers, en tout cas les mono family officers sont plutôt discrets. Quant à la deuxième affirmation, même si j'exerce le métier de family officer depuis plusieurs années, je me sens plus comme expérimenté que comme un expert, tant ce métier est varié et évolue continuellement. Et c'est d'ailleurs parce que de nouveaux champs d'intérêt ou de réflexion apparaissent régulièrement que la première édition de cet ouvrage a été retravaillée.

De même que j'ai été intrigué par le titre « Family Office et Famille », j'aurais volontiers ajouté un « s » à Famille mais il faut bien comprendre que chaque famille est différente est donc chaque Family Office doit lui correspondre spécifiquement.

En tous cas, en tant que président actuel de l'Association Française du Family Office (AFFO), je suis honoré et ravi que les coauteurs Bernard Camblain et Clément Jorez, m'aient sollicité pour préfacer cet ouvrage de référence tant ce métier qui est en fort développement a besoin d'être expliqué et compris. Il me tient à cœur de les remercier pour ce travail collaboratif.

Qu'est-ce qu'un Family Office ? Quel étrange résultat en traduction littérale : « bureau de famille ».

En fait les « Family Offices », utilisons le mot anglais, voire plutôt américain puisque les premiers datent de la fin du XIXe et ont été créés par de grandes familles d'entrepreneurs américains telles que les Carnegie, Rockefeller, pour superviser leur patrimoine puis sa transmission.

En effet, même s'il n'y a pas de traduction parfaite, une synthèse serait qu'un Family Office emploie des personnes au service des intérêts patrimoniaux d'une ou plusieurs familles en y incluant les aspects transgénérationnels (gouvernance, éducation, transmission).

Ce métier de family officer (celui qui travaille dans un Family Office), voire ce rôle, peut être aussi varié qu'il est différent d'une famille à l'autre.

Néanmoins il y a énormément de problématiques similaires et je me dois de mentionner le rôle central et précurseur en France de l'AFFO pour permettre les échanges entre les différentes parties prenantes de ce métier. L'AFFO a été fondée en 2001 par Bernard Camblain, pionnier du métier en France et auteur de la première édition de ce livre. Celui-ci a été revisité par Clément Jorez, pilier de la nouvelle génération de family officers, bel exemple de collaboration transgénérationnelle réussie !

Que cet ouvrage permette à tous ceux qui s'intéressent à ce métier en fort développement de trouver les réponses à leurs questions ou les incitent à intégrer cette profession. Exigeant, basé sur une confiance absolue entre les membres d'une famille et leurs family officers, varié puisque pouvant couvrir à la fois les aspects juridiques, fiscaux, financiers, philanthropiques… ce métier, que certains réalisent encore quelques fois sans le savoir, est passionnant. Sans oublier l'évolution des sujets à traiter en allocation d'actifs par exemple. Qui aurait pu imaginer la place du non coté dans les portefeuilles ou encore plus récemment l'arrivée des crypto actifs, voire de l'importance des critères ESG dans la décision d'investir.

L'autre particularité du terme « Family Office » est qu'il est souvent utilisé à mauvais escient car il a un côté rassurant et certaines personnes n'hésitent pas à l'utiliser comme s'il signifiait « prestige ».

Ce livre couvre les différents aspects du métier mais il y en a un qui compte plus que tout : la confiance qui doit se nouer entre le family officer et la famille, ou les familles dans le cas d'un multi family officer, pour qui il travaille.

La confiance existe bien évidemment entre un patient et son chirurgien, entre un client et son avocat mais celle qui lie un family officer et ses clients est encore différente puisqu'elle n'est pas exclusive avec une seule personne. En effet, un family officer traite des affaires de membres d'une même famille généralement impliquant plusieurs générations. Il doit savoir gérer la communication qui peut être spécifique à chacun. Il doit également parfois user de diplomatie pour gérer certaines situations, tant de qualités dont il va devoir faire preuve pour réaliser efficacement ce métier.

Cette confiance réciproque, elle se développe, se renforce, elle évolue mais ne doit pas devenir routinière ni tomber dans l'excès. Des remises en cause, des exercices d'humilité, notamment après avoir réalisé un bon investissement sont nécessaires pour maintenir la vigilance et l'efficacité optimale.

Comme chacun le sait la confiance se gagne avec le temps, voire sur le temps long mais elle peut se perdre après une seule erreur.

L'autre qualité fondamentale du family officer est la recherche de l'alignement d'intérêt optimum avec ses clients, il les représente souvent et il doit donc être sur la même ligne. Cela ne veut pas dire qu'il doit s'effacer, je veux presque dire qu'il ne doit pas hésiter à challenger ses clients, à donner son point de vue et à le défendre. Un family officer ne doit certainement pas être uniquement une courroie de transmission. Il participe à l'élaboration de la stratégie patrimoniale, se l'approprie et ensuite la fait exécuter. N'oublions pas que son rôle est rarement d'agir directement sur un sujet mais souvent de gérer un nombre important de professionnels, spécialistes des questions familiales tels que notaires, avocats, banquiers privés, fiscalistes, courtiers d'assurance…

Je souhaiterais également profiter de cette tribune pour rappeler la contribution des Family Offices à l'économie française : la gouvernance familiale permet de maintenir l'harmonie familiale, d'organiser les successions, avant tout la transmission du capital de l'entreprise familiale, et d'organiser également la succession du chef d'entreprise quand celui-ci décidera de s'arrêter.

Le Family Office (FO) permet ainsi que l'entreprise familiale perdure, avec les emplois qu'elle a générés et demeure aux mains de membres de la famille. Ainsi, nombreux sont les cas où un Family Office diversifié par rapport à l'activité de la société familiale et notamment lorsque celle-ci opère dans une industrie cyclique, permet à la famille de réinjecter de l'argent et de surmonter une crise, le cas échéant.

J'aimerais conclure en indiquant que les Family Offices se développent partout dans le Monde, le métier s'organise et c'est ainsi que Bernard Camblain, encore pionnier, a récemment créé une association européenne l'International Federation of Family Office (IFFO) en 2018.

Bonne lecture à tous et que ceux qui souhaitent nous rejoindre et sont prêts à faire ce métier dans cet esprit n'hésitent plus !

Frederick Crot
Président de l'Association Française du Family Office (AFFO)

SOMMAIRE

INTRODUCTION

Le ***Family Office***, est un anglicisme qui n'a que rarement été traduit en Français. Certains ont préféré utiliser un autre terme anglais, celui de *family business*. Peu ont opté pour la traduction littérale, bureau de famille, bureau familial. Des approximations sont apparues « mon intendant » ou, autre anglicisme, « *my global advisor* ».

Nous faisons face à un intérêt croissant concernant le métier du Family Office tandis que le concept et l'activité n'ont été réellement développés en France que depuis 2001.

La première réelle et large utilisation du terme « Family Office » en France date seulement de la création en mai 2001 de l'Association Française du Family Office, association loi de 1901.

À cette occasion a été tenue la première d'une série de réunions de presse annuelles. Le nombre de journalistes présents et les articles rédigés dans les quelques semaines suivantes ont montré l'intérêt que ce sujet suscitait : sauf exception, il s'agissait d'une activité nouvelle pour les représentants de la presse et inconnue de leurs lecteurs.

Au fil des ans les articles de presse ont continué à paraître, plus fréquemment sur des aspects précis du Family Office et non plus sur la seule définition de son rôle auprès des familles.

Parallèlement, des conférences ont été organisées, centrées sur le Family Office et les besoins de ces familles tels qu'exprimés par leurs représentants.

Le rôle du Family Office est de contribuer à pérenniser sur le long terme l'harmonie et le patrimoine familiaux.

Il est indispensable de bien insister sur la notion de « long terme » : le Family Office n'est pas là pour aider la famille simplement sur une question spécifique à résoudre ni pour l'aider à maximiser son patrimoine à court terme en lui suggérant des options éventuellement risquées.

Le Family Office a pour mission d'**accompagner la famille**, chacun de ses membres séparément ou avec une optique globale, de **se situer à ses côtés**, de réagir comme s'il était lui-même le chef de famille cherchant le bien-être de tous ses membres et, mieux encore, d'anticiper (**être proactif**) en consacrant son temps à la réflexion sur les évolutions possibles de l'environnement familial.

Ceci implique une « **sympathie** » au sens fort du terme, chacun ressentant ce que l'autre peut éprouver, la manière dont il va réagir, donc une **confiance forte** l'un envers l'autre. De la famille, bien entendu, envers le **family officer** : celui-ci ne peut accompagner, se mettre à la place des membres de la famille que s'il jouit de leur confiance au point de connaître les détails de leur vie patrimoniale, professionnelle et même personnelle.

Mais le family officer doit lui aussi se sentir en confiance avec ses interlocuteurs familiaux. Sa mission est de leur exposer les données et les solutions envisageables, avec leurs avantages et inconvénients, chaque fois que se pose une question, que la famille l'ait abordée ou que le family officer l'anticipe. Selon les personnes en face de lui, le family officer saura présenter le sujet de la manière appropriée, mais toujours avec une totale honnêteté intellectuelle, ce qui implique ce besoin de confiance envers la famille : il lui faut être assuré que la franchise de ses réponses sera bien comprise, comme exprimée dans l'intérêt de la famille et non pas comme un signe d'inimitié.

Le mot « confiance » se traduit en anglais par « *trust* ». On parle dans les pays anglo-saxons de « *trusted advisor* » ou conseiller de confiance, personne de confiance, celui ou celle à qui l'on va demander conseil lorsque l'on cherche la meilleure réponse à un sujet qui vous tracasse.

Pour certaines personnes il s'agit d'un parent ou d'un ami de la famille, pour d'autres, le trusted advisor ne peut être que le responsable du Family Office, avec lequel des relations de profonde confiance se sont établies et renforcées au fil des années.

La première version de ce livre a été publiée en 2008. La version aujourd'hui mise à jour afin de tenir compte des évolutions réglementaires des métiers de la finance, de la disparité des profils des familles à jour des valorisations d'entreprises (licornes, sociétés technologiques…) donnant lieu à de nouveaux profils de jeunes entrepreneurs fortunés mais aussi des souhaits évolutifs des familles (philanthropie, intrapreneuriat familial, internationalisation des familles…).

Le champ d'action pour le Family Office dans l'allocation d'actifs est très vaste. Les classes d'actifs intègrent potentiellement la gestion cotée, les actifs non cotés (*private equity* sous forme de fonds ou d'investissements en direct dans les entreprises), l'immobilier (physique, papier, promotion), les matières premières, les actifs digitalisés, les forêts…

Il convient également de tenir compte de l'évolution des attentes des familles en termes d'investissement. Ainsi, les dimensions environnementale, sociale, de gouvernance (ESG) mais aussi les questions d'impact dans certains de leurs investissements voire comportements rend la matière du family officer évolutive. Il est nécessaire que le family officer soit acerbe sur les sujets sociétaux et les nouvelles opportunités qui peuvent représenter des projets d'investissements ou des propositions de valeurs en termes de services à fournir auprès des familles.

Les exemples sont nombreux : le private equity il y a plusieurs dizaines d'années qui aujourd'hui se développe auprès de clients moins fortunés par des outils d'investissements mutualisés facilitant son accès. Mais aussi les cryptomonnaies en termes de diversification dans les allocations ou l'intelligence artificielle dans nos métiers de conseils mais aussi dans les opportunités d'investissements en start-up ou au travers de fonds …

La richesse du métier du Family Office est liée à son environnement en constantes mutations. Le conseil à fournir aux familles, lié à la proximité que le family officer développe pour être capable d'anticiper leurs besoins n'est pas remplaçable par des outils d'intelligence artificielle. En revanche, certaines missions répétitives, liées au reporting ou à l'analyse consolidée d'avis de gérants sur les mouvements des marchés cotés, le secteur du private equity ou l'immobilier, sont autant de sujets sur lesquels ces outils offrent au Family Office et in fine aux familles une information qualitative mais à contrôler. Qualitative par la multitude des données que l'intelligence artificielle compile, à contrôler car liée à un travail informatique sans jugement et donc sans filtre suffisant pour éviter certaines erreurs d'interprétation des data.

Toujours en lien avec le développement informatique, le risque de cyberattaque est désormais réel et nécessite d'être appréhendé par les familles et le Family Office. Dans cette hypothèse, les données confidentielles d'une société ou d'une personne physique sont dites captées par un tiers non autorisé qui menace de les diffuser faute de percevoir une indemnité compensatoire de type rançon. Cet évènement met en lumière les risques liés à notre activité et aux familles elles-mêmes. Dans son rôle de gardien des risques, le family officer se doit de prévenir leur survenance avec des mécanismes protecteurs ou a minima une procédure d'intervention si cela intervient (déclarations aux autorités policières, à la CNIL, etc.).

Le métier lui-même évolue avec l'arrivée de réglementations mais aussi dans le niveau de services offert aux clients. On distingue des acteurs du Family Office offrant une offre de service complète (tant sur les sujets juridiques, financiers que fiscaux) d'autres acteurs dédiés uniquement à la gestion financière - ou enfin à certaines structures sur internet fonctionnant à l'image des robots du secteur bancaire, mais en réalité trop éloignés de la définition de la profession.
Nous pourrions considérer qu'à première vue il existe autant de manières d'exercer le Family Office que de familles. Il est donc nécessaire de préciser la genèse du métier et son évolution pour tenir compte des enjeux aujourd'hui des familles à accompagner au mieux leurs intérêts à long terme.
La contribution de ce métier au développement économique est forte et s'accompagne désormais de formations reconnues au service de ce métier identifié. Ainsi, l'Association Française du Family Office certifie une formation en partenariat avec l'AUREP (Université de Clermont Ferrand). Cette formation en un an de niveau Master accessible aux profils financiers et juridiques désireux de poursuivre leur parcours académique offre une formation à 360 degrés sur les métiers liés au Family Office et prépare ainsi au regard aiguisé d'acteur généraliste que doit avoir le family officer pour répondre à l'ensemble des sujets patrimoniaux des familles qu'il conseille.

Chapitre 1

Le contexte dans lequel s'inscrit le rôle du Family Office

1. Historique en France et à l'étranger

Le terme « *trust* », on le sait, recouvre une pratique juridique non encore réellement transposée en droit français par les premiers pas de la fiducie mais très utilisée notamment par nos amis anglo-saxons. Pour remonter l'histoire et retrouver les racines lointaines du Family Office, on dit que la pratique du trust date de l'époque des croisades. Les croisés remettaient à un tiers, leur trusted advisor, l'ensemble de leur patrimoine à charge pour celui-ci de le pérenniser, de le faire fructifier, d'en faire bénéficier épouse et enfants, en veillant sur eux en cas de décès du croisé – et de le remettre à ce dernier si, comme il l'espérait bien, il revenait chez lui à la fin de la Croisade.

En France

Historiquement l'intendant du Roi avait la charge de la fortune royale. Au cours des siècles suivants, le rôle du family officer a été tenu par les avoués, les notaires, les agents de change. Selon leur personnalité, ils exerçaient des fonctions pouvant largement dépasser le strict cadre de leur mission et devenir les véritables hommes de confiance de la famille. Il faut se rappeler à ce sujet le rôle de l'avoué, Maître Derville, dans le livre de Balzac, le Colonel Chabert, remarquablement incarné à l'écran par Fabrice Lucchini. Connaissant non seulement les avoirs financiers, immobiliers, fonciers, les relations avec les métayers, mais aussi les relations interpersonnelles au sein de la famille du Comte Ferraud, les ambitions sociales de ce dernier, il dispose de tous les éléments pour résoudre, au mieux et dans l'intérêt de tous, la grave difficulté provoquée par le retour du mari que l'on croyait (espérait) décédé.

Un autre écrivain, Philippe Hériat, a mis en valeur le rôle des agents de change, les Boussardel (inspirés à ce que l'on dit, d'une famille d'agents de change bien connue, les Fauchier-Magnan). Proches de leurs clients, ils les conseillent non seulement sur leurs portefeuilles valeurs mobilières mais aussi sur d'autres aspects de leur vie patrimoniale.

Les agents de change, personnes physiques se transmettent leur charge au sein de leur propre famille de père en fils ou de beau-père à gendre, nouant en effet facilement des relations de confiance avec les familles clientes, quasiment des relations de famille à famille.

Le suivi du portefeuille boursier conduit à des entretiens fréquents entre l'agent de change et son client. Au fil du temps, ce dernier se sent plus en confiance pour faire déborder ces conversations du strict domaine de l'évolution et du cours des actions et aller vers d'autres sujets liés à son patrimoine ou à l'harmonie familiale. L'agent de change devient ainsi le conseiller privilégié, rôle renforcé par l'expérience acquise de la chose financière, de la psychologie des investisseurs et des relations interpersonnelles.

Cette proximité a disparu à la fin des années 1980 avec la transformation des charges en sociétés de bourse, personnes morales beaucoup plus impersonnelles. La nature des contacts entre la famille et l'agent de change (ou les fondés de pouvoir de la charge) s'est transformée en rapports strictement commerciaux entre un client et son prestataire de services, avec une partie de relations « cordiales » totalement disparue.

Les notaires ont noué des relations très étroites avec certaines de leurs familles clientes, en particulier dans les villes de province. Bernard Monassier, dans un article consacré à ce thème de la revue *Droit et Patrimoine* de mars 2002 intitulé « Family Offices : un concept novateur ? », faisant référence à des propos repris par certains journaux tenus à l'occasion de la création de l'Association française du Family Office, considérait que le Family Office n'était pas une notion nouvelle et que les notaires remplissaient déjà cette fonction depuis le XIXe siècle. À noter cependant que Bernard Monassier, après avoir été un très important notaire patrimonial, a créé un multi Family Office en 2015.

Les notaires ont longtemps joué et continuent à jouer le rôle de trusted advisor avec pour atout une excellente connaissance du droit civil, donc du droit de la famille, des questions immobilières et foncières, de l'assurance-vie. Grâce à l'expérience acquise au contact de nombreuses familles, à l'enseignement qu'ils retirent progressivement de tous les cas, de toutes les situations qu'ils ont vécues, ils sont notamment bien armés pour tout ce qui touche à la gouvernance familiale, aux conflits latents ou ouverts entre membres de la famille. Il est vrai que certains d'entre eux jouent effectivement un rôle important auprès de familles fortunées. Il en est en particulier ainsi dans les villes de province de taille moyenne où la famille s'est appuyée sur les conseils de son notaire (et précédemment de son père, voire de son grand-père) pour tout ce qui concerne la vie de la famille et la transmission à travers les générations. Parfois d'ailleurs, c'est le notaire de famille qui s'est occupé à l'origine de la rédaction des statuts de l'entreprise familiale.

Cependant, l'idée qu'ils se font de leur mission exclut certaines activités qui semblent indissociables du rôle de Family Office. Par exemple le rôle stratégique du family officer concernant l'allocation financière des actifs de la famille selon un séquençage à court, moyen et long termes en fonction des besoins de la famille (projets entrepreneuriaux, planification de travaux, perspectives de ventes ou autres). Le rôle du family officer n'est pas de remplacer le notaire, l'avocat, le banquier ou l'expert-comptable. Sa mission à long terme auprès des familles est de permettre d'animer la complémentarité de cet écosystème au service des intérêts supérieurs de la famille et d'une stratégie définie avec elle et évolutive dans le temps selon les réglementations, la composition et les moteurs de la famille et l'environnement juridique, financier et fiscal.

Les premiers Family Offices ont été créés aux États-Unis dans la seconde partie du XIXe siècle et au tout début du XXe siècle. Les mêmes noms reviennent fréquemment, des familles Rockefeller, Carnegie, Phipps. Les Phipps, fortune faite dans la sidérurgie aux côtés des Carnegie, ont donné à leur Family Office le nom de l'ingénieur dont l'invention d'un four encore réputé au milieu du XXe siècle avait contribué à leur réussite, Bessemer Trust. Créé en 1907, ce Family Office s'est transformé au cours des dernières décennies pour devenir avant tout un instrument de gestion financière des avoirs de la famille Bessemer, et désormais essentiellement de clients de toute nature, intéressés par la gestion « value » long terme de Bessemer Trust.

De même The Rockefeller Trust Companies, en raccourci Rockefeller, ont succédé au John D. Rockefeller Family Office créé en 1882. En 1980, Rockefeller a obtenu de la SEC l'agrément pour adopter le statut de *Registered Investment Advisor.* Le Family Office se présente désormais avant tout comme un gestionnaire financier administrant sous différentes formes les actifs confiés sous gestion.

On perçoit bien, à travers ces deux exemples, une évolution du concept de multi Family Office aux États-Unis (donc vraisemblablement en Europe et en France dans quelque temps) vers l'importance croissante de leur rôle en matière de gestion financière.

La notion et l'utilisation de services de Family Office se sont répandues. On estime dans le Monde en 2019 (selon les données compilées par MordorIntelligence) à 7 300 Family Offices dédiés à une seule famille (single ou mono Family Office) pour un patrimoine total estimé à plus de 2 trillions USD. Cela représente une croissance de 38 % en deux ans selon ce spécialiste de l'intelligence économique. Le périmètre moyen en nombre de membres de la famille accompagnés par les Single Family Offices est de 6 sur deux générations tandis que le nombre moyen de personnes au sein de l'équipe des Single Family Offices est de 10, chiffre relativement élevé atteint par une minorité de nos Family Offices dédiés. 42 % des acteurs sont américains, 32 % européens et 18 % en Asie. Le reste étant partagé entre le Moyen-Orient, l'Afrique, l'Océanie et l'Amérique du Sud.

En Europe, le concept de Family Office est arrivé beaucoup plus tardivement. En 1926, la famille Deutsch de la Meurthe (les deux frères Emile et Henry, fils du fondateur Alexandre) a créé sous forme de banque, ce qui était aisé à l'époque étant donné la réglementation en vigueur, un établissement, la Banque d'Intérêts Privés, (devenue SOGIP Banque), en réalité véritable Family Office dont la mission principale était de veiller aux intérêts patrimoniaux des huit filles des fondateurs.

Entre-temps, surtout depuis les trente glorieuses, d'autres familles françaises avaient constitué ce qu'elles n'appelaient pas encore des Family Offices. Certaines sont des familles bien connues en raison des entreprises qu'elles contrôlent ou contrôlaient, et bien souvent qu'elles ont fondées il y a seulement quelques décennies, voire quelques années dans le cas de « *successful startuppers* ». D'autres sont beaucoup moins célèbres : par exemple un couple âgé qui a revendu des magasins Prisunic dont il était propriétaire et quitté la France il y a trente ans, pour des raisons qui à l'époque, n'étaient pas fondées sur la fiscalité mais sur la recherche du soleil méditerranéen. Ce couple a confié ses intérêts patrimoniaux à une équipe constituée sous forme de Family Office, de façon que son propre travail de supervision soit réduit au strict minimum, et n'a eu depuis qu'à se féliciter du travail accompli pour son compte.

À l'étranger

La même évolution a marqué les autres pays européens dans lesquels vivent des familles fortunées, Grande-Bretagne, Allemagne, pays marqués par des concentrations de fortunes familiales, parfois accrues par les choix successoraux rendus possibles par le droit civil du pays. On estime ainsi que le nombre de très grandes fortunes familiales, au-delà de 150 millions d'euros, est trois fois plus élevé en Allemagne qu'en France.

De même, en Grande-Bretagne, le droit civil, contrairement à la France, laisse une totale liberté dans la décision de répartition de sa succession entre ses enfants. Certains ont maintenu le principe du droit d'aînesse (primogéniture) : l'aîné des fils héritait de la quasi-totalité du patrimoine du père. C'est ainsi qu'au fil du temps une grande partie du centre de Londres a été transmise en un seul bloc et non divisé. Le Duc de Westminster, *via* Grosvenor Estate Holding, demeure le propriétaire de la plus grande partie de Belgravia et Mayfair et se prépare à en assurer la transmission à son fils aîné. Signe des temps cependant, le Duc se soucie d'une forme non pas d'égalité mais d'équité entre ses enfants afin de laisser à chacun un actif plus important que ce qui était pratiqué lors des générations précédentes. En outre, on recenserait à Londres 23 milliardaires dont 12 seulement sont britanniques. En raison notamment de la langue ou de l'influence britannique sur divers continents, de nombreuses familles étrangères ont en effet choisi Londres pour établir leur Family Office dédié.

L'Italie, l'Espagne, pays méditerranéens ont été plus lents dans cette évolution que des pays du nord de l'Europe, même de taille plus petite comme les Pays-Bas et les pays scandinaves.

Aux Pays-Bas, à titre d'exemple, la famille Brenninkmeijer, propriétaire de la chaîne de magasins C & A, a ainsi constitué de longue date son Family Office de manière très structurée.

En Allemagne, l'exemple le plus connu est celui de la famille Quandt, propriétaire de BMW et précurseur dans les réflexions sur les activités de Family Office et leur mise en application. Parmi les familles scandinaves, citons celui des deux frères propriétaires de Tetra Pak qui a cédé ses actions à son frère et créé ainsi son Family Office à Londres. À la tête d'un patrimoine important et désormais liquéfié, il a choisi de recruter les personnes à même de s'occuper de l'ensemble de ses sujets d'ordre patrimonial, en particulier de la gestion financière.

Le cas de la Suisse est particulier. Il existe de nombreuses fortunes familiales suisses dont certaines ont créé leur Family Office, telle la famille Sandoz. Mais la Suisse, comme la Grande-Bretagne, a également joué un rôle de pays d'accueil pour des fortunes de pays dans lesquels il n'est pas forcément souhaitable pour une famille de laisser ses avoirs ni de confier les détails de sa vie patrimoniale à des personnes, même de grande confiance, vivant sur place. D'où la création en Suisse de bon nombre de Family Offices travaillant pour le compte de familles étrangères.

Sans doute pour cette raison, les premières banques européennes à vouloir développer une réelle activité de Family Office ont été les deux plus grandes banques privées suisses. Lombard Odier a depuis une dizaine d'années fait le choix de ne pas créer d'entité spécifique mais de considérer que les relations de la banque avec ses clients étaient déjà une relation « de famille à famille ». Lombard Odier, aux côtés de l'IMD de Lausanne, a contribué au lancement du Family Business Network, FBN, organisme réunissant dans chaque pays, mais aussi au niveau international, les familles propriétaires d'entreprises patrimoniales. Cette association permet aux entreprises familiales de partager leurs spécificités, leurs retours d'expériences et d'échanger autour de thèmes choisis à l'occasion de conférences, ateliers et voyages d'études.

Pour sa part, Pictet a étudié dès 1996 la possibilité de créer une activité de Family Office travaillant pour le compte de plusieurs familles avec une équipe spécialement dédiée. Cette équipe fait partie intégrante du personnel de la banque, contrairement à certains établissements qui ont préféré filialiser le Family Office avec des fonds propres et une équipe clairement séparée afin de mieux en assurer l'indépendance et l'objectivité si besoin était. À l'image de cette banque familiale, Lombard Odier (LODH) par son organisation capitalistique sous forme de commandite est un modèle de banque spécialisée auprès de familles internationales.

De même les deux grandes banques UBS et Crédit Suisse jusqu'à son absorption par UBS se sont dotées d'équipes de multi family office, visant des familles dont les actifs se comptent en centaines de millions d'euros minimum.

On voit que le Family Office se développe dans tous les pays où se manifestent des besoins de familles fortunées, y compris depuis peu les pays dont on ne parle encore pas - ou peu - en ce domaine tels que la Russie, le Brésil, l'Inde, la Chine et désormais Singapour et Dubaï.

Encore que, pour ne prendre que ces deux derniers pays, la notion de Family Office ne leur soit pas étrangère. Les familles fortunées indiennes incluent celles dont la fortune est née récemment avec les révolutions technologiques, mais aussi celles qui sont au stade de Maisons, véritables conglomérats actifs aussi bien dans le verre pour la construction et les voitures, les pneumatiques que dans les transports aériens et les téléphones portables et qui ont déjà éprouvé le besoin de s'organiser. Leur gouvernance familiale définit le rôle des fils et des filles, la place de chacun dans les différentes entreprises filiales.

Mais tout ne va pas toujours de façon idéale : le cas de la famille Ambani a défrayé la chronique de novembre 2004 à juin 2005 : après le décès de leur père en juillet 2002, les deux frères Mukesh et Anil se sont opposés pour le contrôle du groupe Reliance au chiffre d'affaires de 23 milliards de dollars à l'époque et détenu par la famille à hauteur de 46,8 %. L'accord de partage entre les deux frères a été réalisé grâce à l'intervention de leur mère, après l'échec des médiations conduites par les plus hautes autorités nationales appelées en renfort en raison de l'importance du groupe dans l'économie indienne.

Sans parler des nouvelles fortunes créées par exemple autour de Bangalore dans la technologie, l'exemple de Lakshmi Mittal est frappant : il représente, à l'extrême, des fortunes qui peuvent être créées dans ou à partir de pays tels que l'Inde. Rapidement, entre la première et la seconde génération, Lakshmi Mittal et ses enfants vont voir naître le besoin d'assistance pour suivre les questions patrimoniales, qu'ils maîtrisent cependant remarquablement bien eux-mêmes.

La véritable nécessité de création d'un Family Office structuré apparaîtra dans les années ou les décennies à venir avec le début de la prise en compte de la génération suivante.

En Chine, près de la ville touristique Ping Yao, la famille Qiao vivait dans un « compound », un mini-village fermé de 9 000 m^2 comprenant 313 pièces qui a servi de décor au film *Épouses et Concubines*. La famille était très active « dans les affaires », comme le sont les conglomérats familiaux actuels du milieu du XVIIIe jusqu'aux années 1930. Tout ceci depuis le compound à partir de 1756. Les explications fournies par les livres consacrés à cette famille montrent le rôle joué à l'époque par le trusted advisor, à la fois conseiller, expert-comptable, intendant, proche de celui d'un family officer.

On y lit aussi l'importance attachée par la famille à la formation et à la transmission de règles « strictes » de génération en génération.

« Une famille ne peut pas être riche au-delà de trois générations » (« *from rice paddy to rice paddy* » ou, comme disent les Américains, « *from shirt sleeves to shirt sleeves* », écrit-on d'habitude, ou, plus explicite : la première génération crée la fortune, la deuxième la préserve, la troisième la dilapide). « Mais la famille Qiao a été extrêmement fortunée pendant 220 ans et cinq générations. Ceci est exceptionnel » (la fin de cette période de prospérité est venue du développement des grandes banques gouvernementales à partir de 1926 et surtout de l'invasion par le Japon en 1937. Les membres de la famille se sont alors éparpillés à travers la Chine ou ont quitté le pays).

On connaît bien le développement en cours de l'économie chinoise, la concentration de très grandes fortunes dans les mains de certaines familles. L'évolution est également rapide dans l'ensemble de l'Asie. Hong-Kong jusqu'à sa prise en main par le pouvoir central chinois et surtout Singapour désormais deviennent d'importants centres de gestion financière et plus largement patrimoniale. Les familles fortunées commencent à y constituer leurs Family Offices, en respectant leurs propres traditions, mais en s'inspirant du modèle des Family Offices américains et en faisant appel aux consultants étrangers. Ceci sans parler de familles dont certaines branches sont déjà installées sur la côte ouest des États-Unis et disposent de services de Family Offices, bien souvent dédiés.

C'est pourquoi le voyage d'études AFFO en 2012 ayant pour objet l'étude des pratiques du Family Office en Asie du Sud-Est avait déjà permis de créer des liens entre l'association en France et des acteurs en Asie disposant d'expertises complémentaires à celles que nous connaissons, rencontrer des familles ayant une stratégie d'allocation différente des organisations françaises du fait de leur stratégie d'investissement et des valeurs traditionnelles.

Désormais d'importantes places telles que Dubaï et les Émirats de manière générale ont des impacts mondiaux. On pourrait évoquer les liens entre l'Inde et Dubaï.

Hors de nos frontières nous pouvons également constater le souhait d'une confidentialité sur les actifs détenus par certaines familles : face à des conflits armés comme en Ukraine et en Russie aujourd'hui. Ou face à des conflits sociaux comme au Liban par exemple.

Dans certaines hypothèses l'accessibilité à l'argent ou les contraintes fiscales viennent favoriser certains arbitrages de pays malgré les accords internationaux sur la transparence.

Le développement des fortunes familiales s'inscrit dans un contexte de réglementation plus stricte, de durcissement de la législation, de « complexification » de la fiscalité, d'ouverture sur le reste du monde avec de nouvelles questions, et bien sûr, avec l'accroissement de la fortune familiale, de sources de conflits intra familiaux qu'il vaut mieux anticiper que tenter trop tard de résoudre.

Mais le précurseur, le leader en ce domaine demeure sans conteste les États-Unis. On compte de l'ordre de 4 000 Family Office dédiés et un nombre certes limité de multi Family Offices mais de taille beaucoup plus grande qu'en Europe, avec une partie importante consacrée à la gestion d'actifs financiers (rappelons que les multi Family Offices sont segmentés et classés par montant d'AUM - *Assets Under Management* - et qu'une vingtaine d'entre eux au moins ont des AUM supérieurs à 5 milliards de dollars), et un usage très développé de l'externalisation des autres activités, donc un rôle de coordinateur poussé et un effectif important de *middle* et back-office afin d'assurer aux familles une qualité impeccable dans tous les domaines et avant tout l'exactitude de toutes les opérations.

Ceci implique des processus et des contrôles stricts.

Le Family Office aux États-Unis est une véritable industrie, même s'il n'existe pas plus qu'en France pour le moment de vrais standards ou normes. Les multi Family Offices sont des entreprises comme les autres devant dégager leur marge bénéficiaire.
Quant aux Family Offices dédiés à une seule famille, leur nombre, environ dix fois plus élevé que celui de leurs équivalents européens, alors que les PNB des États-Unis et de l'Europe sont de niveau comparable, s'explique par la concentration de richesses dans les mains de familles entrepreneuriales utilisant le dynamisme américain ; et leur plus grande facilité que sur notre continent à comprendre l'intérêt qu'il peut y avoir à rémunérer des personnes compétentes pour vous aider à résoudre efficacement les problèmes de court-moyen terme et à préparer les décennies à venir.

2. Les différentes formes de Family Offices

Pour toutes ces raisons, le besoin de faire appel à une entité spécialisée, le family office, se fait alors ressentir. Il existe deux types de Family Offices qu'il convient de distinguer : le Family Office dédié et le multi family office.

Le Family Office dédié et « l'homme d'affaires »

Le Family Office dédié (« *single Family Office* ») consacre la totalité de son activité à une seule famille. Son effectif peut atteindre (dans de rares cas en Europe) plusieurs dizaines de personnes. Près de chez nous, à Monaco, l'un des armateurs grecs, S. Niarchos, disposait d'un Family Office de plus de cent personnes, dont les activités, il est vrai, couvraient également certaines missions liées au *shipping*, à commencer par la paye et les questions sociales du personnel des navires. À titre d'exemple, plusieurs personnes étaient chargées de gérer la cave de vins fins, en réalisant des arbitrages, comme sur des valeurs mobilières : vendre l'un des châteaux d'un grand millésime pour racheter d'autres bouteilles de qualité comparable. Au décès de l'armateur, l'effectif du Family Office a été ramené à cinq personnes seulement par ses ayants droit !

Le nombre de Family Offices dédiés est de l'ordre de 200 en France. Mais l'organisation de leur structure est très variable. On note ainsi des entités de single ou mono Family Offices unipersonnelles constituées de l'ancien directeur administratif et financier ou du banquier historique de la famille. Progressivement les structures s'étoffent avec souvent un directeur de participations pour les Family Offices déployant des stratégies sur le marché non coté et des assistants administratifs permettant de traiter les missions de secrétariat privé. L'évolution très rapide et forte des valorisations d'entreprise en particulier dans le secteur des nouvelles technologies a permis la création de patrimoines importants et liquides à la suite à d'évènements capitalistiques d'envergure (rachats par des acteurs tels des fonds ou des concurrents voire des introductions en Bourse). Le nombre de salariés peut ainsi varier d'une personne jusqu'à une dizaine, voire dans certaines familles une centaine (l'exemple de la famille Mulliez avec d'importantes structures de détention, une banque interne, etc. rend nécessaire l'emploi de très nombreux salariés).

En France, la structuration juridique en lien avec l'impact fiscal de certaines stratégies a également contribué à la nécessité pour le dirigeant ou l'investisseur cédant d'être accompagné. Les contraintes de remploi éligible aux conditions fiscales favorables étant lourdes en cas de non-respect.

Le chiffre exact n'est pas connu car chaque Family Office se veut discret et aucun ne porte dans le nom de la société les mots « Family Office ».

Il en est ainsi des familles qui ont vendu leur entreprise il y a de nombreuses années et sont demeurées discrètes depuis cette cession. Leur recensement est impossible à réaliser. Plus facilement identifiables sont les entités créées plus récemment par des familles entrepreneuriales encore aux commandes de leur entreprise ou ayant cédé il y a peu de temps leurs actions et se retrouvant ainsi à la tête d'un patrimoine liquéfié. Bon nombre d'entre elles figurent sur la liste publiée chaque année par Challenges des grandes fortunes entrepreneuriales, les autres dans la liste complémentaire des cessions intervenues.

Mais il existe aussi des « quasi Family Offices » sous forme d'une seule personne dédiée à une famille, comme évoqué en tête de ce chapitre, « l'homme d'affaires » de la famille, un homme de confiance, un « intendant » travaillant à plein temps ou éventuellement à temps partiel, qu'il s'agisse d'une véritable structure constituée d'une ou de plusieurs personnes travaillant pour une famille, la caractéristique principale réside dans la nature des relations : le family officer dédié (travaillant au sein d'un mono ou single family office) est lié à la famille par une relation de subordination comparable à celle d'un salarié envers ses supérieurs.

Le statut du family officer peut être celui de consultant, comme il peut être celui de salarié d'une entité ad hoc ou d'une holding aux activités diverses, notamment supervisant pour le compte de la famille l'entreprise qu'elle détient.

Mais quel que soit le statut juridique et social du family officer, cette relation de subordination est essentielle : le family officer organise son agenda selon les demandes exprimées par les membres de la famille. Bien sûr, une partie importante de sa mission est de réfléchir et d'anticiper sur ce que peuvent être les besoins futurs, les difficultés potentielles, de se tenir informé des évolutions réglementaires en cours, des innovations dans tous les domaines qui vont concerner le patrimoine familial. Mais il est également à la disposition des membres de la famille pour traiter des sujets que ceux-ci jugent prioritaires, quelles que soient leur importance et leur véritable urgence.

Là réside une des grandes différences avec les professions libérales auxquelles on a parfois tendance, par erreur, à comparer le family office. D'excellents professionnels que sont souvent les experts-comptables, les fiscalistes, les notaires vont apporter des réponses aux questions de la famille, vont parfois idéalement mais plus rarement anticiper les besoins et suggérer à la famille (ou au family officer) des mesures à prendre pour améliorer la situation juridique, fiscale ou intrafamiliale. Mais ils ne sont en aucun cas tenus par le même lien de subordination.

Si le chef de famille, ou le membre qui se sent responsable de ces investissements, en vient à craindre un retournement brutal de l'immobilier à Londres par exemple où la famille détient quelques immeubles, il va demander au family officer d'y partir dans les plus brefs délais pour faire le point et revenir avec une recommandation. Même chose s'il souhaite acquérir un vignoble dans le Bordelais et s'interroge sur les grands crus disponibles et le niveau des prix.

S'il effectue ce type de demande à son family officer, celui-ci ne peut qu'obtempérer et se rendre sur place dans les plus brefs délais. L'expert-comptable, le fiscaliste, le notaire ont de nombreux autres clients, des agendas bien remplis, des dossiers en cours à étudier et à faire progresser.

Sur un sujet concernant leur centre d'activités, ils seront désireux de répondre à la demande de la famille, mais sans ce lien de subordination, donc dans les limites de délai et de temps disponible que leur laissent leurs autres clients.

Le multi Family Office

Le multi Family Office n'est pas dédié à une seule famille mais consacre son activité à plusieurs d'entre elles. Le lien de subordination évoqué ci-dessus est remplacé par une relation étroite voire très étroite. Même proche de chacune des familles pour lesquelles il travaille, le multi family officer ne dispose pas de la même qualité de relation, de l'intimité personnelle avec chacun des membres, auxquels pourtant il s'astreint de parler de façon fréquente, souvent quotidienne. Il reste à l'écoute des demandes de la famille, prêt à partir à Londres ou à Bordeaux, mais pas de la même façon que le membre d'un single family office, seulement dans toute la mesure du possible. Le nombre de familles clientes est très limité et sans commune mesure avec le nombre de clients des professions libérales.

Des conflits d'agenda, des choix de priorité risquent cependant parfois de s'imposer, entre les demandes des différentes familles.

Un multi Family Office peut être créé de trois façons différentes :

– **la première**, avant tout dans les pays anglo-saxons, provient de la transformation d'un Family Office dédié. La famille, considérant que son Family Office lui coûte trop cher, décide d'en mutualiser le coût en ouvrant ses services à une ou plusieurs autres familles. Tel a été le cas en particulier dans la baisse des marchés boursiers des années 2001-2003 puis 2007-2009. Voyant la valeur de leur entreprise familiale, donc de leur patrimoine, fortement réduite, certaines familles ont cherché ce type de solution. D'autres ont rapproché leurs Family Offices, pour des raisons de coût également mais aussi parfois afin d'élargir la palette et la qualité des services que le Family Office ainsi renforcé pouvait leur apporter.

Ainsi en est-il aux États-Unis où de tels rapprochements sont plus fréquents : la motivation première n'est pas de réaliser des économies d'échelle (encore que...) mais d'avoir à plusieurs familles la capacité de se doter d'une équipe pluridisciplinaire compétente. Ce mouvement, clairement dessiné en Amérique, est en train d'émerger en Europe, au moins dans certains pays anglo-saxons ;

– **la deuxième façon** de développer le multi Family Office est due aux initiatives de professionnels, travaillant souvent dans des établissements financiers et, si possible, disposant déjà de relations privilégiées avec une ou plusieurs familles prêtes à les suivre dans leur création. La personne seule, telle que François Mollat du Jourdin lors du lancement de Financière MJ, ou les associés qui se sont regroupés pour créer leur société tels que les fondateurs d'Intuitae... s'efforcent ensuite par la qualité de leurs prestations de développer le nombre de familles dont ils vont s'occuper de façon à rentabiliser leur activité, mais tout en conservant des relations personnelles et souvent quotidiennes avec les membres des familles ;
– **dernière façon** de créer un multi Family Office : le développement par un établissement financier d'une activité spécifique. En France nous pouvons citer par exemple Neuflize OBC et Rothschild & Co. En Suisse, Pictet, on l'a vu, mais aussi Julius Baer, Crédit Suisse dans le passé, UBS et quelques autres ont été dans ce sens. En France, les établissements qui sont allés au bout de la logique sont peu nombreux. Citons le cas de Quilvest Banque Privée, qui avait été créée par la famille Bemberg. Une activité de Family Office y avait été développée parallèlement à celle de la banque, pour répondre en premier lieu aux besoins des membres de la famille. À partir de 2005, ces services avaient été intégrés dans la banque et proposés aux clients les plus fortunés. Cette banque a été récemment rachetée par la banque Oddo, elle-même détenue par une famille à titre principal et à titre subsidiaire par une partie de ses salariés et d'autres familles actionnaires (notamment la famille Bettencourt-Meyers).

Au-delà de l'accompagnement de familles il convient aussi de mettre en exergue le besoin d'être accompagné de certains institutionnels désireux de se décharger mentalement de l'animation et du suivi de leur patrimoine aux enjeux complexes. Associations, Fondations, Ordres religieux ou encore congrégations sont autant de structures potentiellement intéressées par notre métier et sa perspective d'accompagnement à long terme.

On constate désormais des structures d'un type nouveau qui émergent : dédiées à un service ponctuel (investissement immobilier, venture, dette privée...) fonctionnant au coup par coup avec une offre de services ou la vente de produits spécialisés sur une classe d'actifs. Cela peut se faire notamment au travers de « club deals » c'est-à-dire en associant plusieurs investisseurs structurés ensemble ou bénéficiant d'accès privilégié à des opportunités d'investissement sous forme de conglomérat de tickets d'investissement chacun pour des valeurs moindres mais qui, une fois assemblés, représentent un investisseur d'une seule voix du niveau de certains investisseurs institutionnels.

Qu'il s'agisse d'un mono Family Office ou d'un multi Family Office, le rôle du family officer est de représenter les intérêts de son client et travailler au service de ces derniers. Le rapport de confiance est inhérent à ce métier et des outils de contrôle aux mains des clients sont essentiels pour s'assurer du sérieux de leur équipe dans la bonne réalisation de leurs activités.

Ainsi, certaines familles accompagnées recherchent par leur family officer un interlocuteur en face des propositions d'investissements que la famille reçoit par des sollicitations en provenance d'amis entrepreneurs (ou d'inconnus) en cours de levée de fonds, de projets philanthropiques, ou encore d'investissements divers voire par certains interlocuteurs d'opportunités à fort effet de levier sur un marché non réglementé de type promotion immobilière...

Le rôle du family officer est de représenter les intérêts de la (ou des) famille(s) qu'il représente. Par sa connaissance des besoins et des capacités de chaque famille, le family officer est capable d'anticiper et rechercher les opportunités d'investissements ou de structuration. Tandis que d'autres prestataires de la gestion de patrimoine (assureurs, conseillers en gestion de patrimoine, banquiers...) sont vendeurs de solutions auprès des clients, notre responsabilité en tant que family officer est de trouver pour la famille les meilleurs prestataires externes et les meilleurs projets au meilleur prix. Cette distinction, développée dans un autre chapitre, se retranscrit dans la méthode de rémunération.

À la différence des précédents prestataires évoqués qui perçoivent des rétrocessions sur les produits souscrits, le family officer facture des honoraires à ses clients (ou est rémunéré comme salarié lorsqu'il s'agit d'un mono family office). Il n'y a donc en principe pas lieu de percevoir des commissions liées aux investissements souscrits. Un multi Family Office peut cependant en percevoir en tant que courtier ou intermédiaire. La transparence et la confiance requièrent alors la complète information auprès de son client et selon les conditions de sa lettre de mission, prévoir un impact sur ses honoraires. Ainsi, le client est le premier bénéficiaire de la force de négociation de son family officer et le sait aligné avec lui.

Des associations rassemblant des mono ou multi Family Offices se mettent en place progressivement : l'AFFO, déjà citée, dédiée aux mono et multi Family Offices ainsi qu'aux métiers liés, le Club F dédié aux mono Family Offices, le Club MFO dédié aux multi Family Offices. Le FBN consacré aux entreprises familiales ou, à l'étranger, des groupes tels que Camden ou des associations confidentielles. Le Mouvement des Entreprises de Taille Intermédiaire (METI) permet également de représenter les enjeux liés à de nombreuses entreprises familiales.

En 2016, Clément Jorez, alors mono family officer a cofondé avec un autre mono family officer un groupe confidentiel rassemblant désormais une cinquantaine de mono family officers de moins de 40 ans (membres familiaux actifs dans la holding familiale ou individus travaillant pour le mono), afin de partager leurs expertises variées et de mettre en commun des réflexions sur l'évolution du métier et ses enjeux.

Le recrutement au sein du Family Office, dédié ou multi

On pressent bien que la difficulté majeure, liée à celle du coût annuel de fonctionnement, est le recrutement et le maintien dans l'effectif de family officers de bonne qualité personnelle et professionnelle.

La famille ou le Family Office dédié va chercher, parfois au sein de l'entreprise familiale ce qui est une bonne solution si elle existe, souvent à l'extérieur, si besoin est avec l'aide d'un chasseur de têtes, l'oiseau rare qui sera à la fois compétent professionnellement et prêt à s'adapter dans les relations avec les différents membres de la famille, avec lesquels s'établira par conséquent l'indispensable relation de confiance ; et en outre, qui sera disposé à quitter l'environnement professionnellement porteur dans lequel il travaille pour rejoindre une petite structure.

Il va quitter un établissement qui pouvait lui offrir des perspectives de carrière intéressantes, s'il était un aussi bon élément qu'on le souhaite ; dans lequel il évoluait au milieu de collègues de différents horizons avec lesquels il échangeait régulièrement des idées ; qui l'approvisionnaient, grâce au réseau de relations extérieures, en informations sur les nouvelles réglementations, les évolutions des marchés, l'apparition de nouveaux prestataires de qualité ; et qui lui permettaient d'exprimer dès à présent son talent sur de nombreux dossiers de nature différente.

Ceci pour rejoindre une équipe où la perspective de carrière est limitée ; dont le nombre de collaborateurs est réduit ; où les relations extérieures sont également moins nombreuses ; enfin où le nombre de dossiers est réduit à un dossier principal, celui de la famille, avec des sous-dossiers concernant chacun des membres.

Les profils académiques susceptibles d'intéresser un Family Office sont vastes : une formation financière mais aussi juridique et fiscale permettent d'avoir un vernis suffisant sur une partie importante de l'activité à mener. L'agilité intellectuelle permettant au candidat par exemple de passer d'un sujet de philanthropie à un point de gestion avec un fonds d'investissement est clé. Elle détermine sa capacité d'adaptation aux sujets variés que nous traitons au quotidien. Ainsi les parcours les plus couramment retrouvés sont des formations de type école de commerce, facultés de droit etc. La matière financière, par la technicité des supports susceptibles d'intéresser les familles, doit être savamment comprise. La matière juridique et fiscale permet également une vision stratégique des enjeux patrimoniaux notamment sur les impôts associés à la gestion dynamique d'un portefeuille confié en gestion ou de la détention d'actifs immobiliers.

La rémunération et l'évolution de la rémunération au sein d'un Family Office sont bien sûr différentes de celles de structures importantes à l'image de banques, sociétés de gestion, cabinets d'avocats ou groupes de conseillers en gestion de patrimoine. Ces structures de taille plus importante bénéficient le plus souvent de mécanismes d'intéressement, de convention collective plus généreuse que la convention Syntec souvent employée dans le métier du Family Office (cinq semaines de congés payés + dix jours de RTT par la convention Syntec versus jusqu'à dix semaines de vacances au sein de certains établissements bancaires).

La formation dans la durée est également permise par des mécanismes bancaires que les Family Offices, structures disposant sauf exception de moins d'une vingtaine de salariés, ne sont pas aujourd'hui prêtes à offrir cette possibilité. On peut encore ajouter les comités d'entreprise, la promotion à l'international ou encore l'organisation du temps de travail qui change d'une entreprise à l'autre, d'un secteur à l'autre.

Aujourd'hui on estime un salaire sur douze mois de jeune sorti d'école autour de 40 000 € bruts là où il y a une dizaine d'années un jeune diplômé débutait environ à 35 000 € bruts annuels.

L'activité de multi Family Office étant par essence moins rémunératrice que celle d'une société de gestion (environ 1,20 % par client/an), il est bien sûr justifié que la rémunération ne permette pas toujours d'attirer ou de conserver les talents vers ce métier.

À l'inverse, la diversité des sujets et des familles permet à beaucoup de trouver leur compte dans ces missions intéressantes et concrètes au service de valeurs de transmission réjouissant de nombreux profils.

Il apparaît également de plus en plus de Mono Family Offices où un membre de la famille, au terme de plusieurs années d'expérience hors de l'entreprise familiale ou du business familial, désire poursuivre l'œuvre familiale (historique ou au travers du produit de la vente de l'entreprise) comme family officer. Dans le cadre de ses fonctions il pourra challenger ses idées auprès des experts spécialisés (notaire, avocat, banquier ou encore expert-comptable) avant d'éventuellement se structurer et s'équiper de salariés auprès de lui afin de fluidifier la réactivité, la connaissance ou le suivi selon les qualités du profil recherché par le family officer constatant une limite des compétences disponibles.

Il est de nombreux intérêts à rejoindre un single ou un multi family office. La diversité des thèmes abordés, la qualité des interlocuteurs (entrepreneurs, héritiers perdurant un patrimoine familial, artistes...) permet à chacun de se confronter à des sujets intéressants, découvrir de nouvelles thématiques d'investissements, être aux côtés de personnalités foisonnantes d'idées avec les moyens permettant de les mettre en œuvre s'ils sont convaincus de leur choix. Ce métier intéresse ainsi autant les *family officers* extérieurs à la famille que de nombreux family members (membres familiaux) trouvant dans cette activité nouvelle la concrétisation de projets en lien avec leurs racines et porteurs de valeurs.

La généralisation de l'intelligence artificielle amène progressivement des évolutions dans le recrutement, les compétences recherchées et le nombre de salariés nécessaires pour la réalisation des différentes missions.

La diversité des thèmes d'investissements (actifs cotés et non cotés, sujets ESG), la protection des données, la consolidation des actifs mais aussi la lutte contre la cybercriminalité viennent amender les profils des équipes.

À la différence de certains établissements où les changements de postes sont inhérents aux plans de carrière destinés à éviter l'ennui ou la trop forte connexion entre les clients et leur conseil fragilisant la mainmise de l'enseigne, un family officer a une perspective à long terme de suivi auprès des familles qu'il assiste. La famille qui confie son histoire à son family officer n'a pas le souhait de devoir faire confiance de manière régulière à des personnes différentes. Son family officer est le gardien des informations confidentielles et souvent complexes d'une famille sur plusieurs générations. On sait comment dans toute famille les évènements passés peuvent avoir un impact important sur les évolutions d'une situation et les réactions en chaîne de ses membres. La bonne connaissance des comportements des différents membres et l'attention portée à l'histoire peuvent ainsi grandement fluidifier les prises de décision.

L'intérêt du travail du family officer dédié est, il est vrai, d'autant plus important que la famille est fortunée, car dans ce cas son patrimoine est inévitablement diversifié. Ceci amène le family officer à s'intéresser par exemple au private equity, à aider la famille à sélectionner ses investissements puis à les suivre pour son compte. Plus intéressant encore est le travail, si la famille le souhaite, de suivi pour son compte de la marche de l'entreprise familiale ou de recherche de cibles de diversification et de prises de participation ou de contrôle dans les secteurs retenus.

Embaucher des cadres de bonne qualité pour un Family Office dédié implique avant tout un environnement agréable marqué par la confiance réciproque ; des thèmes divers et intéressants à traiter ; mais aussi le maintien de relations les plus ouvertes possible avec l'extérieur de la famille de façon à continuer à être alimenté en informations utiles ; enfin, une rémunération alléchante, plus élevée que celle dont bénéficie dans son poste actuel le candidat recherché. Et, aux États-Unis du moins, une rémunération complémentaire fondée sur des critères de surperformance par rapport à un benchmark et la possibilité offerte par la famille de co-investir à ses côtés ou aux côtés du Family Office dans les sociétés non cotées.

Or, force est de constater que les family officers sont fidèles aux familles qui les emploient. Au vu des éléments cités ci-dessus, on pourrait penser que le turnover des Family Offices est rapide. Dans les faits, la proximité de relations avec les membres de la famille aidant, des liens forts se créent au fil des ans, les family officers se sentent bien dans leur rôle et demeurent à leur poste de nombreuses années. Ceci confirme l'importance dans le recrutement et le maintien dans son poste du family officer de la qualité de vie professionnelle qui lui est offerte par le family office, par opposition aux grandes structures, en règle générale, plus difficiles à vivre.

L'une des causes de leur départ peut être le changement de chef de famille, le nouveau leader souhaitant éventuellement renouveler son équipe ; ou du manager du family office, le nouvel homme pouvant lui aussi souhaiter remplacer les collaborateurs en place, comme cela a été le cas en 2005-2006 dans l'un des grands Family Offices français. On constate également depuis les années 2010 et une ouverture à la concurrence plus forte du multi Family Office, une plus forte attractivité vers ce métier entraînant avec elle un risque de mobilité croissante et du turnover associé en hausse. Intéresser les équipes à l'évolution des familles et à la stratégie des entreprises est un point clé pour la pérennité de l'équipe du single ou multi Family Office.

Un développement de même intensité concerne les single Family Offices. Ceux-ci ont également tendance à recruter au sein des banques d'affaires ou des Big Four des consultants spécialisés sur une matière propre à la holding d'investissements. Comme évoqué dans un article web du 13 juillet 2023 d'Option finance, la perspective de rejoindre un Family Office peut intéresser des profils variés par le projet global d'entreprise. Ainsi, Creadev, fonds d'investissement de la famille Mulliez disposant de 250 millions d'euros de capacité annuelle d'investissement, est aujourd'hui organisée avec des profils issus des services de M & A capables de sourcer des opérations, gérer du management et accompagner le développement des entreprises. Les salaires liés à ces profils oscillent entre 100 000 et 200 000€ de salaire pour un directeur financier ou un *investment manager*. Le livre blanc de KPMG et Agreus « 2023 Global Family Office Compensation Benchmark Report » annonce un salaire moyen en Europe pour un CEO de Family Office (en moyenne entre 45 et 56 ans) entre 200 000 et 260 000€ bruts annuels auxquels il convient d'ajouter un bonus allant jusqu'à 30 % du salaire brut annuel.

Ces investisseurs équivalents à des institutionnels sont notamment favorisés par les sociétés en tant qu'actionnaires pérennes. Ainsi, la famille Bettencourt-Meyers au travers de leur holding d'investissements Tethys est actionnaire de très long terme avec CPPI l'office d'investissement du régime de pensions canadien dans Galileo, aux côtés de BPI France. Galileo est un groupe d'écoles privées.

Mais, dans tous les cas de figure, Family Offices dédiés ou multi Family Offices, les qualités qui priment pour conforter les relations avec la famille sont les mêmes : capacité de nouer des liens étroits avec une confiance réciproque ; expertise, compétence ; transparence, objectivité, neutralité conduisant à ne fournir de conseils que dans l'intérêt de la famille ; et bien entendu confidentialité absolue, terme dont on ne peut d'ailleurs manquer de noter la proximité de son origine avec celle du mot confiance.

Family Office dédié ou multi Family Office

Le premier critère de choix est évident : seules peuvent se permettre d'envisager les frais de fonctionnement d'un Family Office dédié les familles vraiment très fortunées. Mais on voit aussi apparaître des structures autour de familles disposant de dizaines de millions d'euros dès lors que l'activité n'est pas un Family Office au spectre d'interventions le plus large mais un Family Office consacré à une tâche circonscrite : l'investissement non coté par exemple.

Les coûts de création, pour la plus grande partie non récurrents, sont élevés puisqu'il faut recruter une équipe et lui permettre ensuite de travailler efficacement en disposant de locaux, et surtout d'équipements, logiciels inclus, adaptés à sa mission. Du temps, de l'énergie vont être dépensés par les membres de la famille chargés de mener à bien le projet de création. Ils vont confier des missions de recherche de bureaux, de chasses de tête, de rédaction de contrats à des spécialistes en engageant des frais non négligeables.

Bien sûr, il est conseillé d'avancer « pas à pas » en recherchant d'abord le responsable du Family Office dédié, à charge pour lui de recruter la ou les personnes supplémentaires, chacune avec l'aval de la famille.

Plus importants, car récurrents, sont les coûts de fonctionnement annuels. Une règle française d'approximation grossière, mais utile faute de données précises, est d'estimer ces frais à deux fois la masse salariale. Ce qui revient à dire que pour 100 de salaires il faut ajouter 50 de charges sociales (peut-être moins pour les salaires élevés) et de l'ordre de 50 pour les autres frais tels que le loyer, l'informatique, les assurances…

Le coût annuel d'un Family Office de deux ou trois seniors atteint ainsi facilement 1 million d'euros. Certains peuvent avoir des frais de fonctionnement plus faibles ; d'autres à l'inverse des budgets sensiblement plus importants. Retenons ce chiffre rond de 1 million d'euros. Certains fixent un niveau plus élevé pour que le Family Office dispose d'une équipe compétente en matière avant tout d'investissements financiers et retiennent des chiffres de 2,5 à 3 millions d'euros.

Le second élément à considérer est le pourcentage de son patrimoine que la famille, consciemment ou inconsciemment, est prête à consacrer au family office. Ce pourcentage varie mais, sauf exception, ne dépasse pas 0,5 % (certains disent même 0,10 % à 0,25 %) soit 1/200 du patrimoine.

Autrement dit, les frais annuels de 1 million d'euros, par exemple, ne doivent pas dépasser 1/200 de la valeur du patrimoine. Ce dernier doit donc être égal au moins à 200 millions d'euros (400 millions si l'on retient 0,25 % au lieu de 0,5 % ci-dessus).

Un autre mode de calcul aboutit à un résultat proche, en fixant le coût de fonctionnement annuel du Family Office dédié à 2,5 à 3 millions d'euros, mais à 1 % le pourcentage des actifs financiers de la famille consacrés annuellement à ce budget. D'où un montant minimum d'actifs financiers de 250 à 300 millions d'euros.

Rappelons que le classement Challenges 2023 ne recense qu'une trentaine d'actionnaires ou fondateurs de start-up valorisées au-delà d'un milliard d'euros. Toujours dans ce classement on dénombre 488 familles disposant d'un patrimoine estimé au-delà de 250 millions d'euros. Et encore ce classement ne recense que des familles entrepreneuriales ce qui exclut ainsi les familles ne disposant plus d'entreprises opérationnelles.

En incluant les familles ayant cédé leur entreprise et disposant du produit de leur cession et les familles (il en reste) ayant hérité d'une large fortune, on arrive à un chiffre de vraisemblablement 1,5 à 2 fois le chiffre ci-dessus.

Pour ce qui est du multi family office, la question de la taille minimale du patrimoine de la famille se pose différemment : la famille ne doit pas financer à elle seule la création et le fonctionnement permanent d'une équipe. Elle confie à un extérieur, le multi family office, une mission que celui-ci remplira en y affectant les moyens nécessaires. Mais l'équipe travaillera selon leurs besoins pour diverses familles. La création du multi Family Office se fait en général indépendamment des familles. Et les coûts de fonctionnement sont mutualisés entre elles selon la mission confiée à l'équipe ou les besoins additionnels apparus en cours d'année.

Le multi family office, travaillant comme une profession libérale et sur lettre de mission va adresser à la famille un devis puis une note d'honoraires. Son montant va se chiffrer en dizaines voire centaines de milliers d'euros par an. D'une certaine manière, on revient cependant à l'approche de calcul du Family Office dédié : qui est prêt à régler une telle facture ? Pour la grande majorité des Français, une facture de 100 000 euros par exemple est aberrante. Encore plus si elle revient tous les ans. À partir de quel montant de fortune un tel montant devient-il envisageable ? De nombreux multi Family Offices répondent en fixant un seuil minimum de 15 à 25 millions d'euros d'actifs financiers. Ceci est vrai en France, mais également dans les pays voisins.

À noter que certains multi Family Offices français et étrangers fixent des seuils minimaux extrêmement plus élevés au-delà de 100 millions d'euros. Lorsque le multi Family Office est rémunéré en partie ou totalement par des commissions de gestion perçues en complète transparence vis-à-vis de la famille, on retrouve un chiffre d'avoirs financiers confiés, seulement légèrement inférieur, de l'ordre de 10 à 15 millions d'euros voire moins selon l'activité déployée par certains Multi Family Offices ne réalisant par l'intégralité de l'offre de services que nous pouvons retrouver auprès de certains acteurs (assistance administrative, accompagnement juridique, financier, fiscal, reporting et consolidations...).

Il est également des familles pour lesquelles des sujets en amont d'une transmission (capitalistique ou familiale) peuvent justifier le recours à la vue à 360° d'un Family Office. Alors même que les actifs financiers sont faibles nous constatons des situations dans lesquelles la structuration de la rémunération du chef de famille ou le schéma de détention de l'outil professionnel ou d'un bien doivent être appréhendés en amont d'une opération. Avoir recours au Family Office peut ainsi dans certaines hypothèses être décorrélé de la détention d'actifs financiers.

En conclusion il existe autant de Family Offices que de familles et de besoins disparates ou plutôt singuliers pour une prise en charge dédiée à chacun. Pour ce qui est de la rémunération, la perception d'honoraires (forfaitaires, au pourcentage des actifs sous supervision ou encore à l'heure) permet déjà de distinguer le Family Office du Conseiller en Gestion de Patrimoine rémunéré principalement au travers des commissions perçues sur les actifs gérés. L'évaluation du coût de la prestation pour le Family Office permettra au client d'arbitrer son besoin et le coût associé qu'il est prêt à payer de manière récurrente pour cet accompagnement à long terme sur plusieurs générations tel que c'est le souhait *ab initio* d'un family office, au sens courant.

On notera que, dans les deux cas, Family Office dédié et multi family office, le raisonnement ci-dessus ne retenait qu'un chiffre brut de dépenses : le montant des frais de fonctionnement à couvrir.

Il va de soi que le recours aux services d'un Family Office doit permettre d'aligner en face des coûts, donc en déduction du chiffre brut, des économies que la famille pourra réaliser. Ainsi en est-il des commissions perçues par les prestataires extérieurs : le pouvoir de négociation du Family Office dédié regroupant les principaux membres de la famille - ou du multi Family Office travaillant pour plusieurs familles - est plus élevé que celui de l'investisseur discutant seul avec son gestionnaire par exemple. Le taux des commissions de gestion sous mandat, droits d'entrée ou frais de gestion d'OPCVM ou des contrats d'assurance-vie peut ainsi fréquemment être réduit.

Le family officer est un professionnel. Son rôle n'est pas d'empêcher les prestataires extérieurs de gagner normalement leur vie. Mais d'éviter les excès éventuels et de permettre, pour chaque partenaire, une rémunération juste et stimulante, adaptée au marché et équivalente à celle appliquée aux acteurs institutionnels.

En matière d'assurance-vie, deux exemples vécus récemment en témoignent :

– **celui tout d'abord d'une famille** bénéficiant d'un excellent contrat signé il y a neuf ans. L'assureur a très sensiblement relevé ses commissions à l'occasion de la transformation automatique en un nouveau contrat au bout de huit ans, comme initialement prévu d'ailleurs dans les documents de souscription signés sans que la famille n'y ait alors prêté attention. Le Family Office est intervenu pour obtenir le retour aux conditions antérieures, rétroactivement depuis l'application de ces nouveaux taux de commissions ;

– **dans un autre cas**, à la suite d'un appel d'offres réalisé pour le compte d'une famille, le Family Office lui a fait part des droits, notamment droits d'entrée, pratiqués sur la place par les grandes sociétés pour le type de contrat envisagé. Pour des raisons qui lui étaient propres, la famille souhaitait qu'une partie de l'assurance-vie soit confiée à une société d'assurances qui n'avait pas été incluse dans l'appel d'offres… et dont les droits d'entrée étaient doubles de ceux pratiqués sur la place. Le rôle du Family Office a été d'appeler l'attention de la famille, lui permettant ainsi, si elle le souhaitait, ce qu'elle a choisi de faire, d'obtenir un alignement de ces frais sur le tarif « normal ».

Autre exemple : la supervision par le Family Office de la gestion pratiquée par les gérants choisis par la famille, permet de détecter des anomalies, à savoir erreurs banales, cours de la valeur achetée ou vendue qui n'était pas pratiqué durant la séance ou plus précisément à l'heure de la transaction, taux de change peu avantageux.

Et bien sûr, beaucoup plus importants mais de nature plus indirecte, sont les gains financiers apportés par le Family Office dans son aide dans la supervision de la gestion, dans son suivi et idéalement son anticipation des questions de nature fiscale – ou même juridique – dans le bien-fondé des schémas recommandés.

Tout ceci pour montrer que le recours à un Family Office n'est pas une dépense sans retour espéré et que bien souvent les familles en viennent même à se rendre compte que dans le bilan global les avantages financiers ont dépassé les frais engagés. Il n'en reste pas moins que ceux-ci existent bien et que le choix entre Family Office dédié à une seule famille et recours à un multi Family Office est avant tout fondé sur le niveau de fortune de la famille. Au minimum plusieurs centaines de millions d'euros dans un cas, une vingtaine de millions d'euros d'actifs financiers dans l'autre.

3. Comparaison Family Office dédié et multi Family Office

Au-delà de ce point, on peut lister les avantages et les inconvénients du Family Office dédié par rapport au multi Family Office pour ceux qui, financièrement, peuvent choisir entre les deux possibilités.

Avantage principal : être chez soi.

Les family officers ont à l'égard de notre famille un lien de subordination. Ils dépendent de nous et effectuent leur travail selon ce que nous leur demandons. Nous organisons le Family Office comme nous le souhaitons. Nous avons l'exclusivité de leurs services et leur fixons par conséquent les priorités que nous avons définies nous-mêmes.

C'est nous qui choisissons l'ensemble des family officers, même s'il ne s'agit que de donner notre aval au choix réalisé par le responsable du bureau. Nous établissons avec eux une relation de confiance extrêmement étroite. Ils sont nos « *trusted advisors* ».

Grâce aux liens ainsi établis entre eux et nous, ils sont tenus au courant de la vie de notre famille, de nos projets personnels, familiaux, entrepreneuriaux et assument ainsi mieux encore la proactivité que nous leur demandons : répondre aux questions que nous ne leur avons pas posées – sans doute parce que, à tort, nous ne nous les sommes pas posées nous-mêmes.

Cette étroitesse des relations conforte la confidentialité que nous recherchons. Enfin, le fait que le Family Office nous soit totalement dédié nous permet de l'orienter comme nous l'entendons avec une vocation plus juridique et fiscale, plus comptable ou plus tournée vers les investissements financiers, le private equity, l'investissement durable et de choisir ensuite des family officers de qualité selon ces critères.

Le multi family office, outre l'avantage essentiel d'un coût sensiblement plus faible ouvrant cette possibilité à un nombre beaucoup plus élevé de familles, présente ses propres points positifs.

Ceux-ci tournent autour de la même idée : une équipe plus large travaillant pour plusieurs familles, souvent au sein d'un groupe important, permettra à chaque famille de bénéficier d'un ensemble d'expériences extérieures à elle, d'informations en provenance de l'extérieur, d'un réseau de prestataires externes plus développés. Tandis que la difficulté du Family Office dédié est de réussir à rester ouvert à l'extérieur, à se tenir constamment informé des évolutions en cours ou mieux encore en préparation, des innovations financières et plus largement patrimoniales.

Une équipe de multi Family Office disposant autour d'elle de spécialistes d'autres secteurs sera beaucoup plus facilement informée, bénéficiera d'un réseau de communication ouvert de l'extérieur vers l'intérieur. Travaillant pour plusieurs familles, l'équipe d'ingénierie patrimoniale, par exemple, comprendra plusieurs juristes, plusieurs fiscalistes, spécialisés dans des domaines divers, jouissant chacun de leur réseau de relations, donc mieux informés que les membres d'une équipe plus restreinte dédiée à une seule famille. Tandis que le défi pour les personnes, en principe qualifiées, qui auront été recrutées par la famille au sein du Family Office dédié, sera de maintenir ouverts et d'accroître les canaux d'informations en provenance de l'extérieur pour être à même de formuler en permanence les meilleurs conseils.

Et, en fin de compte, les familles qui ont compris tout ce que peut leur apporter un family office, notamment dans la préservation de l'harmonie familiale, préféreront avoir leur « *single Family Office* » travaillant pour elles seules, comme elles l'entendent, c'est-à-dire avant tout « être chez soi ».

Il leur faut cependant être bien conscientes des points évoqués ci-dessus. Les family officers, avec les difficultés de recrutement que l'on connaît, devront avoir au sein de leur définition de mission l'obligation de maintenir ouvert un réseau d'informations d'excellente qualité leur permettant de suivre les évolutions et innovations, que leur bureau soit situé à Paris ou en province. Ceci implique de la part de la famille une confiance dans le respect par les family officers de l'obligation de confidentialité lors de leurs contacts extérieurs, et dans la bonne utilisation qu'ils feront des moyens financiers mis à leur disposition dans ce but (frais d'inscription à des séminaires en France et à l'étranger, etc.).

Avant la création du Family Office dédié, il sera nécessaire de consulter toutes les parties prenantes et d'obtenir un consensus sur le projet. En particulier d'arriver à bien préciser les missions du family office, d'où découlera la composition de l'équipe. Il faut ensuite décider comment et par qui seront choisis les family officers, vérifier l'existence de liens, encore embryonnaires, de sympathie et de confiance réciproques, et leur présenter un projet qui s'inscrit dans la durée de façon à attirer les meilleurs candidats.

À noter qu'il existe en Europe peu de spécialistes de la chasse de têtes pour les Family Office dédiés alors qu'aux États-Unis où les Family Offices se comptent en milliers, ce métier s'est développé depuis longtemps.

4. La sélection parmi les multi Family Offices existants

Pour les autres, les familles qui ne peuvent ou ne veulent pas opter pour la solution du Family Office dédié mais souhaitent utiliser les prestations d'un multi family office, se pose la question du choix.

Premier élément à considérer, la distinction, pas nécessairement discriminante, entre les multi Family Offices dits « bancaires » créés par ou avec l'aide d'une banque ou d'une société de gestion et les Family Offices dits « indépendants » au sens d'indépendants d'actionnaires financiers au capital.

Ces derniers peuvent avoir leur capital détenu exclusivement par les family officers eux-mêmes.

Ou dans certains cas les family officers s'adossent comme actionnaires à des contacts voire des clients. Dans cette hypothèse les clients actionnaires peuvent avoir un rôle actif dans le développement commercial de l'entreprise dans laquelle ils investissent en vue d'un évènement de liquidité futur. Les capitaux investis permettant aux family officers fondateurs de lancer le projet entrepreneurial avec une assise économique stable support d'investissements en communication ou en projets technologiques. Toutefois, il convient de prendre garde au projet global à long terme : l'investisseur non opérationnel souhaite récupérer son capital avec une plus-value à moyen terme ce qui implique un projet de cession ou de concentration avec d'autres acteurs.

L'avantage principal supposé des Family Offices « indépendants » en termes de capital social détenu en dehors d'un établissement bancaire ou d'une société de gestion est celui de l'objectivité. N'étant lié par son capital à aucun gestionnaire, créateur ou vendeur de produits financiers, le Family Office serait plus à même de choisir les produits et services les mieux adaptés aux besoins de la famille.

Dans la réalité des faits, cet avantage n'est pas toujours confirmé. « Indépendant » ou lié à un établissement financier, le bon multi Family Office doit être objectif, d'une totale neutralité et n'effectuer ses choix de gestionnaires et de prestataires de services qu'en fonction de l'intérêt des membres de la famille. Le multi Family Office « bancaire » lié à un établissement financier risquerait, peut-on penser, d'être tenté, voire incité, à placer dans les avoirs de la famille des produits « maison ». De son côté, le multi Family Office indépendant par son capital pourrait, à tort cela va de soi, désirer maximiser son résultat en orientant la famille vers les prestataires accordant au Family Office des commissions ou rétrocessions non révélées.

Les autorités de tutelle supervisent les activités de gestion financière (asset management), de courtage d'assurance-vie et immobilier ; et non celles de Family Office proprement dit. S'il y a surveillance, c'est au niveau des prestataires exerçant ces activités vers lesquels se tourne le Family Office et non au niveau du Family Office s'il délègue ces activités et ne les exerce pas lui-même.

L'évolution réglementaire ces dernières années permet toutefois de rendre transparent au profit du client consommateur toute rémunération perçue par l'intermédiaire. Par son activité éventuelle de courtage, le family officer dit indépendant tout comme celui ayant à son capital un établissement bancaire ou une société de gestion est en principe tenu d'informer ses clients de toute rémunération complémentaire aux honoraires qu'il facture dans le cadre de sa lettre de mission. Les autorités de tutelles liées aux agréments nécessaires aux Family Offices pour l'exercice de ces fonctions veillent à inscrire dans les outils de liaison entre le Conseil et le Client la transparence de ce sujet. Ainsi un Family Office pouvant percevoir des rétrocessions au titre de son activité d'intermédiaire ne saurait être dit « indépendant » dans sa pratique. Il convient ainsi de distinguer l'indépendance en capital par rapport à un établissement financier juridiquement actionnaire, de l'indépendance dans le conseil liée à la possible perception de rétrocessions.

Dans les deux cas de figure, seule compte la transparence. La famille doit impérativement connaître la rémunération perçue par le multi family office. Et à la limite, ceci apparaît plus clairement si les actifs financiers incluent des produits-maison pour ce qui est du Family Office « bancaire », sur lesquels il est loisible d'interroger le family officer, que dans le cas de souscription d'OPCVM extérieurs ou de contrats d'assurance-vie par les Family Offices, qu'ils soient dits « indépendants » ou « bancaires ».

La qualité morale, le respect de la transparence, la priorité absolue donnée à l'intérêt de la famille sont les éléments premiers du choix.

Et, comme on l'imagine, ceci ne se confirme qu'avec l'expérience au fil des ans. Au moment du choix, de la prise de décision de travailler avec tel ou tel multi family office, interviennent donc le jugement, et le sentiment personnels. Mais aussi l'image du Family Office et les avis recueillis auprès des familles déjà travaillant avec le multi family office, qui d'ailleurs auront souvent été les prescripteurs de ce contact (un peu moins fréquemment selon les études américaines les autres prescripteurs importants sont les professionnels tels qu'experts comptables, avocats et, chez nous, notaires).

Ensuite, viennent les questions de compétence, expertise, qualité du travail fourni. Celles-ci peuvent se juger de différentes manières :

– Quelle est la composition de l'équipe, l'expérience de ses membres, leur compétence, leur expertise, leur réseau de contacts et leur ouverture à l'extérieur ?

– Quelle est la clientèle existante : nombre de familles clientes, niveau moyen de fortune, niveau le plus élevé parmi elles ?

– Et en conséquence l'adaptation du nombre de family officers (et des services administratifs) au nombre de membres de famille suivis.

– Quels sont les services proposés (le plus important demeurant la façon de rendre ces services et d'y apporter la valeur ajoutée recherchée par la famille) : conseil en gestion financière incluant le reporting consolidé, ingénierie patrimoniale (juridique et fiscal), gouvernance familiale, formation, philanthropie, bref toutes les prestations détaillées dans les chapitres suivants ?

– Quelle part est effectuée en interne et quelle partie confiée à l'extérieur ? Quelle transparence est offerte, avant tout dans les accords éventuels avec les prestataires extérieurs ? Quelle assurance peut être donnée que le travail du multi Family Office sera bien réalisé exclusivement dans l'intérêt de la famille ?

Depuis les années 2010 les structures se développant, certains multi Family Offices cherchent à se distinguer en se spécialisant pour certaines sur une typologie de clients : le top management d'entreprises cotées, les jeunes entrepreneurs, l'approche internationale, les clients ayant une volonté d'impact dans leurs investissements…

Dans le cadre de l'appel d'offres mené par la famille désireuse d'être conseillée, il convient de l'aider à se poser les bonnes questions pour rompre avec la culture du secret de notre métier. Ainsi, demander l'historique de la société, les expériences passées de chacun des membres de la société pour s'assurer de la pluridisciplinarité des équipes et bien sûr la prise de recommandations auprès de prestataires externes (banques, notaires, avocats…) permettent de challenger les candidats et avoir des échos sur les partenaires du Family Office avec lesquels chaque acteur est amené à travailler en étroite collaboration. Différentes organisations de type associatif existent et peuvent également démontrer l'implication de l'équipe au service des évolutions du métier.

De plus, demander à être mis en contact avec certaines familles clientes peut permettre une franchise dans le discours sur des sujets partagés démontrant la diversité des sujets traités et la méthodologie du family officer rencontré.

Obtenir des informations quant aux typologies de familles conseillées, la médiane du patrimoine supervisé ou encore les actifs sous gestion permet de rendre compte de la force de négociation de la structure vis-à-vis des partenaires bancaires, acteurs du non coté (dette privée, actifs tangibles, private equity et immobilier) et de compagnies d'assurances. La consultation des éléments produits auprès des clients permettra aussi de se rendre compte du travail fait, des qualités de synthèse et du niveau de précision offert par l'acteur rencontré.

Parmi les services proposés, là encore comme précisé précédemment, le champ d'action est différent selon les Family Offices du fait des parcours des family officers qui peuvent être plutôt financiers, juristes, fiscalistes ou autres.

Il existe dix services de base essentiels pour les grandes fortunes familiales. Mais le plus important est d'être capable de les coordonner, de les intégrer ensemble et de les diriger efficacement et en permanence pour améliorer les services rendus aux clients.

Ces dix services sont les suivants :

1. Ingénierie patrimoniale juridique et fiscale.
2. Gestion de portefeuille coté et non coté (private equity et immobilier).
3. Administratif (*back-office*).
4. Reporting consolidé.
5. Transmission (donations, successions).
6. Risk management.
7. Gouvernance familiale, formation
8. Philanthropie.
9. Services de trustee ou équivalent.
10. Aide au quotidien (secrétariat, confort...).

Selon les organisations, certains de ces services peuvent être assurés en interne par des équipes dédiées ou supervisés lorsque leur gestion est déléguée en dehors du family office.

Les réglementations en vigueur et les associations professionnelles (ANACOFI et CNCGP à titre d'exemple pour les activités CIF de Family Office et conseil en gestion de patrimoine) et les agréments concernant certaines activités sous-jacentes du métier de family officer (selon les offres de services : IAS / CIF / IOBSP / Carte T) doivent également rassurer les prospects dans le cadre de leur recherche. La conformité des Family Offices au bon respect de ces normes protège le client consommateur. L'expérience des family officers, leurs compétences académiques leurs garanties couvertes par des assurances sont autant de protection permettant de rassurer le client sur la prise en charge de ses intérêts.

Dans le cadre de leurs statuts, ces associations professionnelles guident le multi Family Office dans la rédaction de son objet social afin d'encadrer le champ des possibles. Selon le périmètre d'intervention souhaité par le family office, son objet social intégrera ou non les sujets de courtage d'assurances, d'intermédiaire financier ou la pratique immobilière.

Et, comme on ne peut trop le répéter, l'élément principal dans la sélection d'un multi Family Office est la confiance, la sympathie, la proximité intellectuelle, le désir que l'on ressent de travailler avec cette équipe.

Des chiffres intéressants sont contenus chaque année dans l'étude de Cap Gemini, « *World Wealth Report* ». Nous présentons ci-dessous les principaux d'entre eux pour 2023. Ils concernent le monde entier.

En 2022, les *Ultra High Net Worth Individuals* (UHNWI), ceux dont les avoirs financiers dépassent 30 millions de dollars (environ 27 millions d'euros), sont au nombre de 210 000 environ (tandis qu'ils étaient 100 000 environ lors de la première édition de cet ouvrage en 2008). Les familles disposant de plus de 30 millions d'euros représentent en capitaux 34 % de la population disposant de plus d'un million de dollars tandis qu'en nombre elles en représentent seulement 1 %. Ce nombre est en baisse sur l'année 2022 de 4.6 % tandis que la fortune est en baisse sur cette même période de -3,7 %. Ce recul est notamment lié à l'année boursière 2022 très chahutée par la hausse des taux mise en œuvre par les banques centrales dans le Monde entier impactant lourdement le marché obligataire et les acteurs cotés de croissance (S & P 500 Growth index -30 %), créant de l'inflation au-delà de 6 % ; et par le conflit armé entre l'Ukraine et la Russe donnant lieu à une forte volatilité des marchés boursiers, du prix des matières premières, du transport et des services.

En France, les statistiques liées à l'impôt sur la fortune permettaient une vue exhaustive des actifs des personnes jusqu'en 2018. Le changement au profit de l'impôt sur la fortune immobilière limite l'information dont dispose l'Administration.

Quel serait le nombre de familles susceptibles d'avoir un single Family Office dédié ? Une estimation très approximative peut être calculée à partir des chiffres des grandes fortunes entrepreneuriales publiées chaque année par Challenges : en appliquant un coefficient multiplicateur de 2, pour inclure les familles ayant déjà cédé leur entreprise et les fortunes d'autres sources, par exemple héritées, au nombre de familles qui disposeraient en tenant compte de leur entreprise opérationnelle de plus de 250 millions d'euros au dernier classement du magazine Challenge, soit 340 familles on obtient un chiffre d'environ 700 familles.

En Europe, les analyses statistiques précisent que de l'ordre de 50 000 personnes détiennent plus de 30 millions d'euros. Il ne s'agit donc là que d'une grossière approximation destinée à montrer en ordre de grandeur le nombre de familles qui pourraient/devraient s'intéresser aux apports des multi Family Offices.

Le PIB de la France en 2021 représente 3 billions de dollars contre 15 billions pour l'Union européenne soit 20 %. Ainsi cela représenterait, par un calcul arithmétique, environ 10 000 personnes disposant de plus de 30 millions d'euros. Mais on a vu que, en raison des différences en matière de droit de succession comme de politique industrielle, les chiffres français de grandes fortunes étaient inférieurs à ceux de certains de nos voisins.

Par ailleurs, eu égard au seuil d'accès au single Family Office (patrimoine supérieur à plusieurs centaines de millions d'euros), le nombre d'utilisateurs potentiels des prestations de Family Office serait d'environ 2 000 en single Family Office et 8 000 en multi family office.

5. Rappel de l'évolution des métiers : gestion de portefeuille, gestion de patrimoine, Family Office

Les notaires, on l'a vu, revendiquent une longue tradition d'exercice de leur métier dans une optique proche de celle du family office. Certains d'entre eux exercent effectivement de longue date leur activité en ayant à l'esprit l'environnement familial de leurs clients (ascendants, descendants, frères et sœurs), en matière de droit civil avant tout.

Dans un autre registre, les financiers, avec la gestion de portefeuille, se sont concentrés historiquement sur un seul aspect d'une seule personne : le portefeuille de valeurs mobilières de leur client. L'objectif du gérant de portefeuille est de faire fructifier les avoirs qui lui ont été confiés. Son horizon a, depuis quelque temps, tendance à se réduire du long terme vers le court-moyen terme : les clients eux-mêmes, suivant de plus près l'évolution de leur portefeuille, plus compétents car mieux formés ou mieux informés, veulent des performances à relativement court terme.

Pour le moment, en France tout au moins, ils recherchent avant tout la performance en elle-même, en lui donnant trop fréquemment plus d'importance qu'au niveau de risque de leur portefeuille. Il s'agit donc d'une vision étroite du patrimoine.

Une révolution est intervenue à la fin des années 1970 - début 1980, avec le développement de la gestion de patrimoine. C'est à cette époque qu'a été déposé le terme « Approche Patrimoniale Globale, APG ». À partir de cette date, progressivement les gestionnaires de patrimoine vont instaurer des bilans patrimoniaux : détails des actifs du patrimoine, détails, c'est une nouveauté, du passif, des flux de revenus passés, actuels et espérés, y inclus les flux sociaux (droits à retraite prévisionnels). À ceci s'ajoutent les éléments personnels, professionnels, juridiques et fiscaux permettant de faire le point pour un individu et de l'assister dans la gestion globale de son patrimoine.

Il s'est donc agi d'une modification capitale dans le suivi patrimonial d'une personne. L'approche patrimoniale globale élargit la vision de la situation présente, la projette dans l'avenir et s'intéresse non seulement aux stocks mais également aux flux. Pour autant, elle demeure centrée sur le client, la personne physique venue consulter le spécialiste et sur ses intérêts patrimoniaux quantifiables à l'exclusion des autres aspects de sa vie professionnelle et privée, notamment familiale.

Le développement du Family Office il y a seulement une vingtaine d'années signifie le passage à une nouvelle étape : il ne s'agit plus d'étudier et de gérer les actifs financiers d'une personne (gestion de portefeuille), ni même l'ensemble de son patrimoine (gestion de patrimoine). L'objet est de suivre, d'accompagner, de conseiller la famille prise dans son ensemble et chacun de ses membres pris séparément avec une vision dynamique des flux à court, moyen et long terme.

Un premier exemple (réel) permet de distinguer Family Office et gestion de patrimoine : celui de la succession d'un père ayant deux enfants résidents de pays à fiscalité différente. L'intérêt de l'un d'entre eux était de fixer (dans les limites acceptables par les autorités fiscales) les évaluations des biens composant la succession au niveau le plus bas pour avoir peu de droits de transmission à payer, sachant que dans son pays de résidence il existait des droits de succession mais pas d'impôt sur les plus-values à régler le jour où les actifs seraient cédés par l'ayant droit. À l'inverse son frère résidait dans un pays où les droits de succession sont faibles et l'imposition sur les plus-values coûteuse en cas de revente par les ayants droit. D'où le désir de ce dernier de fixer les évaluations à un niveau élevé.

Si chacun des enfants s'adresse séparément à son gestionnaire de patrimoine, celui-ci leur donnera à chacun un conseil plaçant l'ayant droit en conflit direct avec son frère. La meilleure solution est bien entendu d'avoir une vue globale, familiale de la question : selon le niveau de prix retenu et en cas de cession rapide par les ayants droit, quels sont les montants totaux de droits de succession et d'impôts sur les plus-values à régler par l'ensemble des enfants ?

La famille doit choisir la solution la plus favorable en global, puis rétablir l'équité en indemnisant celui des enfants « lésé » par le choix qui a été effectué dans l'intérêt de tous. Dans ce cas précis, c'est la mère de famille qui a conclu un contrat d'assurance-vie au bénéfice de celui-ci, rétablissant ainsi l'équilibre entre ses enfants, en préservant l'harmonie familiale et en optimisant le total net d'impôt de la succession.

Le Family Office est « **acheteur** » au côté de la famille.

Comme on le verra plus loin, le Family Office se différencie de la gestion de patrimoine par l'étendue des missions dont il est chargé ; mais le plus important est la différence fondamentale qui existe dans la nature des relations avec la famille et ses membres.

Dans le cas de la gestion de patrimoine, quelles que soient les qualités morales et éthiques des dirigeants et des collaborateurs, le résultat annuel de la société exerçant ce métier est obtenu par l'accroissement du montant des encours suivis et gérés, notamment par des apports de clients existants ou de nouveaux clients, mais aussi par l'augmentation du produit dégagé par chacun des euros sous gestion.

Pour un même montant, géré ou en conservation, le produit généré au profit du gestionnaire sera d'autant plus élevé que le client aura été orienté vers les produits et services à meilleure marge (gestion de portefeuille, gestion collective, assurance-vie, opérations de Bourse...). Sans que ce terme ne doive être vu de manière péjorative, le gestionnaire de patrimoine a par conséquent en règle générale une approche « ***vendeur*** » : il cherche à éveiller l'intérêt de ses clients, à leur « vendre » davantage de produits et de services, avec des marges de commissions accrues. Tout ceci bien sûr en respectant les règles de déontologie, qui vont au-delà des obligations imposées par les Directives MIF et les règlements pris depuis ayant pour objectif d'offrir aux consommateurs une meilleure information sur les niveaux de risques et les rémunérations appliquées à chaque produit. Le gestionnaire de patrimoine s'efforce d'atteindre l'objectif de sa maison de développement à moyen long terme de la clientèle par la satisfaction des clients suivis, donc sans aller à l'extrême de cette description quelque peu forcée et court-termiste.

À l'inverse, le Family Office a une approche « **acheteur** ». Le rôle du Family Office est d'accompagner, voire de précéder la famille et de l'assister dans la sélection des prestataires et des produits et services. Le Family Office se situe aux côtés de la famille, d'une certaine manière se substitue à la famille ou tout au moins raisonne comme s'il était un membre de la famille. Il n'a rien à vendre et bien au contraire aide la famille à rechercher les meilleurs produits et services en fonction de ses besoins, en l'aidant également à trouver pour ses « achats » le juste prix. Par le montant d'actifs que le mono parfois, et surtout le multi Family Office représente, son pouvoir est assimilable à celui d'un institutionnel (compagnie d'assurances, mutuelles...) et permet ainsi de négocier des tarifications plus attractives que celles auxquelles la famille pourrait prétendre à titre individuel.

Le juste prix n'est pas nécessairement le prix le plus bas possible. Le Family Office n'a pas pour mission de pressurer les prestataires en les obligeant à baisser leur tarif jusqu'à un niveau qui ne leur laisserait pas une marge suffisante. Les bonnes relations avec ces prestataires impliquent que ces derniers y trouvent aussi un avantage financier.

En revanche, pour prendre un cas réel, si trois des « fournisseurs » habituels de la famille facturent 0,5 % et le quatrième 1 %, il est du devoir du Family Office de s'enquérir auprès de celui-ci de la raison d'être de ce surcoût. Est-il justifié par des prestations plus sophistiquées, plus coûteuses ? Sinon ce quatrième fournisseur devra s'aligner sur les trois autres et, en cas de refus, ce sera à la famille d'intervenir le cas échéant auprès de lui, ou de donner un feu vert au Family Office pour aller éventuellement jusqu'à une modification de la nature des relations avec ce prestataire.

6. La rémunération du multi Family Office : honoraires et/ou commissions ?

Une telle manière de voir les choses (le Family Office « acheteur » aux côtés de la famille et non « vendeur ») conduit à une vraie différence entre le gestionnaire de patrimoine et le family office. Le premier est rémunéré par des commissions de gestion, de bourse..., à l'exclusion en général d'honoraires pour services rendus. Ainsi les établissements réalisant une étude patrimoniale en interne pour le compte d'un client ou d'un prospect suffisamment important hésiteront à facturer ce travail supplémentaire : tant l'établissement que le client considèrent que la rémunération des services rendus est déjà ou sera assurée par les commissions perçues sur le patrimoine suivi et géré. Certains multi Family Offices appliquent ce même raisonnement, en affichant la gratuité des prestations de Family Office dès que la famille a confié en gestion un montant minimum fixé par exemple à 25 millions d'euros.

Le raisonnement financier, le *business model*, est donc que les commissions et autres produits générés par la gestion vont être suffisamment importants pour couvrir les frais occasionnés par les besoins de la famille en matière de family office.

La règle a le mérite d'être claire. Elle est par ailleurs souvent plus facilement acceptable par les membres de la famille qui ne voient pas passer de factures supplémentaires à régler par le débit de leur compte.

Mais pour que demeure la confiance de la famille envers l'établissement, il est nécessaire que l'objectivité dans les conseils ne puisse être mise en doute : puisque la rémunération est assurée par des commissions ou des rétrocessions de commissions reçues d'autres prestataires, le choix préconisé par le Family Office n'est-il pas biaisé par le niveau de ces commissions ? Ceci implique une transparence dans les commissions générées de cette façon par la famille qui appréciera ensuite si la valeur des services reçus justifie bien un tel montant global.

Cette notion de transparence absolue s'inscrit de toute façon dans l'évolution en cours en matière de gestion sous l'influence de Bruxelles. L'application de la Directive MIF a obligé les prestataires de services à faire état des commissions perçues. Cette obligation s'est généralisée auprès des établissements ayant désormais l'information à fournir à chaque client de la rémunération perçue au titre des droits de garde, frais de gestion et opérations. Les Family Offices ne reçoivent pas d'agrément en tant que tels, mais selon le statut professionnel choisi et au titre de certaines activités qui seraient exercées directement par le Family Office au lieu d'être déléguées à un prestataire externe. Ainsi ces contraintes applicables plutôt aux multi Family Offices imposent des obligations équivalentes permettant une saine transparence auprès des clients. Inhérente au lien de confiance qui doit exister et perdurer entre la famille et son Conseil, cette obligation ne peut qu'être saluée.

En outre cette approche permet de mettre immédiatement sur la table la notion de conflit d'intérêts : la famille dans un tel cas ne peut ignorer son existence et se donnera par conséquent les moyens de vérifier qu'il a été résolu de manière élégante.

Une autre approche, à l'opposé, sépare la rémunération du Family Office du choix des prestataires. Ces commentaires s'appliquent bien évidemment exclusivement aux multi Family Offices. Pour ce qui est des mono Family Offices, leur coût de fonctionnement est supporté par la famille, directement ou par voie d'un instrument intermédiaire (holding familial...). Il n'est donc question ni d'honoraires ni de commissions.

Dans ce cas, le multi family office, entité qui raisonne de façon indépendante, même si tout ou partie de son capital est détenu par un établissement financier, établit son compte de résultat sans commissions ou rétrocessions de commissions de la part de son actionnaire principal ni d'autres prestataires. Sa seule rémunération lui est versée par la famille sous une forme principale, et éventuellement une forme annexe comme on le verra ci-dessous.

Avant tout, cette rémunération est fixée par une lettre de mission à laquelle est associé un devis établi en début d'année ou de semestre selon le descriptif de la mission à accomplir par le Family Office telle qu'elle est envisagée à cette date pour les mois à venir.

Selon l'envergure, la complexité de cette mission et le nombre estimé d'heures de travail de seniors, juniors, assistants..., le montant de la rémunération du Family Office est indiqué en annexe au contrat liant la famille au family office. Il peut s'agir soit d'un forfait fixe soit d'un pourcentage appliqué à une enveloppe financière définie avec le client tenant compte des actifs de rendements (liquidités, comptes et contrats, immobilier loué, private equity) sur lesquels le Family Office doit être moteur de propositions et de suivi stratégique. Ce montant pourra être revu rétroactivement d'un commun accord si le travail demandé a été plus important que prévu, si des besoins nouveaux sont apparus, si des évolutions, des événements inattendus se sont produits.

Par ailleurs, il n'inclut que la rémunération de Family Office pour son propre travail et non celui de prestataires externes, gestionnaires, assureurs-vie... mais aussi spécialistes qu'il peut s'avérer nécessaire de consulter, soit en raison de l'importance des enjeux financiers de la question à résoudre, soit en raison de la spécificité d'un nouveau sujet, tel que les conventions fiscales entre la France et l'Argentine, le Brésil ou l'examen pour les membres de la famille actionnaires de l'entreprise familiale de la diversification projetée dans un autre secteur d'activité.

Ainsi est déterminé le montant de la rémunération du family office. De manière annexe, il est possible d'envisager une rémunération supplémentaire « au résultat », une forme de « *success fee* » dans la bonne réalisation d'une opération pour le compte de la famille, voire un pourcentage de la valorisation du patrimoine financier à définir de manière précise.

Puisque la gestion financière doit être vue dans une optique à long terme, avec une allocation d'actifs stratégique assez conservatrice, on peut imaginer une rémunération fondée sur la performance encadrée par un plancher (*hurdle rate*) et un plafond, par exemple au-delà d'un seuil de 4 % considéré comme pouvant être obtenu dans des conditions normales, et jusqu'à 8 %, niveau au-delà duquel une performance trop élevée signifierait une prise de risque sur la période, non compatible avec l'objectif de pérennisation du patrimoine familial.

À chaque famille de déterminer le cas échéant un lien entre les seuils en pourcentage de performance et l'évolution des marchés : réaliser une performance autour de zéro quand les marchés s'effondrent n'est pas comparable à la même performance en période de hausse des marchés.

De cette manière sont récompensés les efforts du Family Office pour aider intelligemment la famille dans son allocation stratégique, son allocation tactique, mais aussi dans le choix et la supervision des gestionnaires ou des produits de gestion collective (étant entendu que le Family Office n'est alors pas lui-même un gestionnaire).

En dehors de ce mode de rémunération annexe, aucune commission ou rétrocession de commission n'est encaissée par le family office. La famille connaît les prestations qui doivent lui être fournies et le montant de la rémunération de ces prestations.

L'inconvénient majeur de ce type de relations entre famille et Family Office tient à un aspect psychologique. Dans notre pays, contrairement à d'autres, les membres de la famille vont mal ressentir les débits sur leur compte en faveur du Family Office pour services rendus, ce qui n'est pas le cas si le Family Office encaisse des commissions ne provenant donc pas du compte des membres de la famille. Dans cette hypothèse, la rémunération complémentaire perçue par le Family Office en tant qu'intermédiaire peut venir réduire la facturation théorique convenue dans la lettre de mission. Il convient alors d'avoir préalablement défini dans la lettre de mission, en accord entre le Family Office et le client, le quantum de ces rétrocessions venant en réduction de la facture théorique. Selon les acteurs ou selon le patrimoine du client conseillé, le pourcentage déduit de la facture peut être variable.

Mais les mentalités évoluent. Le rapport Delmas-Marsalet de novembre 2005 ouvrait déjà des pistes pour tenter de développer une rémunération des conseils sous forme d'honoraires en lieu et place de commissions. La nature même de la mission du Family Office vis-à-vis de la famille, le besoin de transparence, d'objectivité, de neutralité, donc la création et le maintien de la confiance vont conduire de plus en plus vers cette solution.

Dans le cas où la famille le souhaite, ou si certains prestataires sont habitués à travailler en versant des commissions ou rétrocessions, ceci n'est pas à exclure ; mais il faut alors imposer une discipline rigoureuse de transparence.

Peut-être même faut-il aller plus loin et reconnaître que certaines commissions peuvent être conservées par le Family Office ou plutôt partagées entre famille et family office. Ainsi en est-il dans le cas d'opérations que le Family Office a permis à la famille de réaliser et qui se révèlent particulièrement fructueuses ; ou dans les cas où l'intervention ou l'interposition du Family Office a permis de récupérer des rétrocessions de commission que fa famille n'aurait jamais pu obtenir seule.

Une seule condition primordiale, toujours la même transparence absolue. Aucune commission ou rétrocession perçue sans que la famille ne soit informée et ne donne son accord (*a priori ou sinon au moins a posteriori*).

Rares sont les Family Offices proposant une facturation au tarif horaire ou à la demi-journée à l'exception de certaines missions isolées telle que l'assistance administrative. Toutefois, à l'image de la diversité des modèles existants, dès lors que l'information est transparente, réglementairement valable et compréhensible par le client, cela est possible. On voit également se développer par l'essor des investissements en private equity le recours à des frais de gestion sur des structures dédiées à des club deals ou encore des frais d'entrée pris sur des opportunités présentées comme exclusives.

Le business model d'une profession libérale ?

Ainsi, la rémunération du Family Office est réalisée en totalité ou pour l'essentiel sous forme d'honoraires, ce qui rapproche son activité de celle des professions libérales. Et ce n'est pas par coïncidence que certains multi Family Offices ont choisi comme tarif horaire des taux alignés sur ceux des avocats d'affaires.

Le *business model* du Family Office est donc bien différent de celui des gestionnaires de patrimoine. La rémunération de ces derniers est liée pour une grande partie à la gestion financière en direct ou sous forme d'assurance-vie. Leurs revenus sont donc encore grandement corrélés au niveau des marchés financiers. Lorsque les marchés sont anormalement bas comme tel a été le cas fin 2002 et surtout début 2003, puis en 2008-2009, les produits générés par la gestion sont eux-mêmes faibles : les commissions de gestion ou de transaction de bourse sont en effet calculées *ad valorem*.

Si la valeur des lignes de titres, en raison de l'effondrement du niveau des marchés, a baissé de moitié, les commissions générées baissent également de moitié, ou même pire encore puisque durant ces périodes les clients ont tendance à se retirer des marchés ou tout au moins à s'orienter vers des produits financiers ou monétaires moins risqués, dégageant donc des commissions plus faibles pour les gestionnaires.

Durant ces périodes de bas niveau des marchés boursiers, il est vraisemblable que l'activité *Private Banking* en France a été globalement déficitaire pendant quelques semaines ou quelques mois. Mais ensuite, au fur et à mesure que les marchés ont remonté la pente, les revenus générés par les portefeuilles de clients, leurs contrats d'assurance vie ont rapidement progressé. Tandis que de leur côté les coûts de gestion n'avaient pas de raison de s'accroître très sensiblement. Après un effet de ciseaux négatif mettant en péril ceux d'entre eux qui s'étaient laissé porter par l'euphorie au point de ne pas contrôler la croissance de leurs coûts, les établissements financiers ont connu une période heureuse de hausse rapide des revenus avec un maintien des coûts à un niveau raisonnable, donc un effet de ciseaux positif important.

Le *business model* du Family Office tel que décrit ci-dessus est bien différent. Les effets de ciseaux ne le concernent pas dans l'hypothèse d'une rémunération forfaitaire offrant au client une connaissance exacte du prix de la prestation d'une année à l'autre. En revanche, dans l'hypothèse d'une facturation au pourcentage, l'évolution des marchés impacte à la hausse comme à la baisse la rémunération du service fourni. Le Family Office est aligné avec le client sur la variation du capital au travail. Le résultat de l'activité est fonction directe du travail accompli pour les familles, donc de la croissance de la clientèle, de la qualité des prestations rendues.

Ce *business model* est moins attrayant pour les établissements financiers importants qui recherchent dans la gestion un moyen d'accroître leurs résultats de façon significative. Les résultats du Family Office seront peu spectaculaires mais plus réguliers et permanents, sans volatilité dès lors que les activités sont réalisées dans les bonnes règles de l'intérêt des familles.

Le Family Office gestionnaire d'actifs financiers ?

C'est pourquoi une autre école existe. Le débat n'est pas terminé en France entre les « puristes » tenants de la version ci-dessus (le multi family office, pour éviter tout conflit d'intérêts, n'est pas lui-même, ou sa maison-mère, un gestionnaire) et ceux qui estiment à l'inverse que le Family Office peut tout à fait exercer une activité de gestion pour le compte des familles, voire que celles-ci risqueraient sinon d'interpréter ce refus comme un signe de défiance de l'activité *asset management* de leur propre maison dans le cas de multi Family Office « bancaire ».

Aux États-Unis, ce débat n'existe pas : les multi Family Offices sont classés et segmentés par taille d'actifs sous gestion (*assets under management* ou AUM). Le business doit dégager une marge de l'ordre de 20 à 25 % du chiffre d'affaires et ceci ne peut être obtenu que grâce aux commissions dégagées par la gestion d'actifs financiers, gestion directe ou pour une grande part multigestion sous forme d'architecture ouverte.

Les familles américaines s'estiment tout à fait armées pour surveiller les bonnes règles avec lesquelles opèrent les Family Offices et détecter les éventuelles mauvaises pratiques qui seront rapidement sanctionnées par le « marché ». Un multi Family Office qui ne respecterait pas la déontologie en matière de conflits d'intérêts et de transparence verrait son image se dégrader rapidement par le bouche-à-oreille et les autres moyens d'information existant entre les familles, les consultants, etc.

Quelle sera l'évolution en France ? Quelle école l'emportera ? En matière de family office, les États-Unis ont montré l'exemple. Leur pragmatisme, de manière générale, est bien connu. Et leur respect de la déontologie se compare au nôtre. Voici qui militerait pour un rapprochement des pratiques françaises vers celles des États-Unis.

D'autant que notre pays paraît de plus en plus isolé dans cette vision d'une profession libérale rémunérée par des honoraires en lieu et place de commissions.

À titre d'exemple, les Family Offices dédiés européens, britanniques et allemands, considèrent que leur rôle essentiel vis-à-vis de la famille est de l'assister dans la gestion et la conservation de ses actifs financiers, avant tout grâce aux ressources internes et non par externalisation. Cette activité l'emporte largement sur les autres types d'assistance à la famille en matière patrimoniale (juridique, fiscal, successoral...), y compris la philanthropie et la formation des jeunes générations.

Ce besoin d'améliorer constamment la compétence de l'équipe financière du Family Office dédié explique d'ailleurs les regroupements ou tout au moins les collaborations (co-investissements par exemple) déjà développés aux États-Unis et gagnant en importance chez nos voisins européens. Certains Family Offices dédiés s'efforcent de proposer à d'autres familles ou à d'autres Family Offices dédiés leurs services d'investissement afin d'accroître les AUM (*Assets Under Management*) et ainsi renforcer la qualité des équipes ou réduire les coûts de fonctionnement par euro « *under management* ».

Une étude récente estime ainsi qu'une centaine de Family Offices européens (dédiés et multi) dépassent désormais la barre de 1 milliard d'euros d'AUM. En 2023 en France la disparité entre les acteurs est très forte : de structures unipersonnelles à des multi Family Office ayant plus de quarante salariés. À ce jour les modèles coexistent. Les contraintes réglementaires qui s'appliquent aux banques donnent lieu à des concentrations d'acteurs, car implémenter ces services de contrôles est très onéreux et les marges sur l'activité se réduisent. Les acteurs bancaires ayant créé une activité de Family Office ne sont pas aussi nombreux que les acteurs créés en dehors des établissements bancaires, des sociétés de gestion ou des compagnies d'assurances.

Le niveau « modéré » de rentabilité de l'activité de Family Office dissuade d'autant plus qu'elle exige de recruter de manière importante pour offrir une qualité de service et de réactivité aux clients (une dizaine maximum par family officer) plus forte que celle d'un banquier privé s'occupant d'une centaine de clients.

Mais à l'inverse, plusieurs raisons existent pour un établissement financier de développer une activité de multi family office. *A contrario*, avec le développement en leur sein d'activités de family office, les établissements de crédit bénéficient d'un enrichissement des connaissances en matière d'ingénierie patrimoniale, voire d'activités annexes telles que l'art pour lesquelles aucun spécialiste n'existe bien souvent ailleurs dans l'établissement. Ceci en respectant les règles de l'indispensable muraille de Chine.

En outre, le développement d'activités de Family Office ne va concerner qu'une partie des membres de la famille. Si ceux-ci sont satisfaits, les autres membres deviendront plus facilement clients (non family office) de l'établissement.

Et ces activités, cette expertise renforcée permet de pénétrer le milieu des grandes fortunes, d'attirer les amis et relations des clients du family office, d'améliorer l'image de l'établissement aux yeux des clients potentiels. La fidélité de la clientèle est également ainsi renforcée : la prestation – souvent offerte en échange des frais de gestion perçus par ailleurs – se matérialise par l'apport d'une activité supplémentaire (reporting, ingénierie patrimoniale, déclarations fiscales… par exemple).

Ainsi, bien que l'allocation financière risque de devoir se faire au-delà du spectre d'intervention de la banque et donc donner lieu à des sorties de capitaux vers des fonds de private equity par exemple, il est nécessaire pour les banques de s'adapter aux offres de services globales ; ceci découle de l'évolution de ces dernières années avec des clients de mieux en mieux informés et désireux de recourir à la totalité du champ des possibles que leur donne leur patrimoine important.

Exemple : Cash out et diversification patrimoniale

Dans l'hypothèse d'une cession de l'entreprise, le cédant et sa famille sont confrontés à la diversification des liquidités ainsi obtenues. Le family officer, intervenant en amont de la cession lorsqu'il connaît la famille entrepreneuriale, a permis d'accompagner la détention de l'outil professionnel et d'appréhender les liquidités issues en ligne avec les projets de la famille à court, moyen et long terme. C'est l'exemple d'un entrepreneur de 45 ans ayant créé son entreprise en Italie avant de la développer en France et de la céder à un autre acteur étranger dans le secteur de télécoms.

Le rôle du family officer :

1) À l'image d'une succession anticipée et donc réussie, l'appréhension d'une cession suffisamment tôt avant l'opération capitalistique permet de faire échec à certaines mauvaises surprises. La détention du capital en direct, la quotité à apporter à une société holding dans l'hypothèse d'un projet entrepreneurial à l'avenir, l'apport de titres à un fonds de dotation avant cession pour permettre *in fine* la transmission d'un capital important dans un projet philanthropique, sont deux exemples essentiels. On complète ces exemples avec la structuration de la rémunération du dirigeant, la prise de contact avec les banquiers d'affaires, les solutions de refinancement de l'immobilier d'entreprise ou encore les conditions de sorties du fondateur ou les modalités de poursuite de son intervention en tant que dirigeant pendant une période de transition ou le réinvestissement d'une partie de ses liquidités au capital de la société ayant racheté son outil professionnel. La transmission anticipée d'une partie des titres de l'éventuelle holding à ses enfants est également à prendre en compte pour améliorer la transmission à ses héritiers légaux et profiter des abattements possibles si cela se conjugue avec un démembrement des titres avant *in fine* de prévoir un projet commun aux différentes générations au travers de la société holding.

2) Les opérations capitalistiques depuis les années 2015 se faisaient de manière précipitée. Le Family Office conseillant ainsi un entrepreneur devait mettre en place rapidement la structuration de ses titres s'il souhaitait considérer l'intérêt d'une société holding eu égard aux contraintes de réinvestissement : dans l'hypothèse d'une cession dans les trois ans suivant l'apport, 60 % du produit de la vente doit être réinvesti sous 24 mois dans les activités éligibles à l'article 150-0 B ter du Code général des impôts pour permettre de bénéficier du report d'imposition de la plus-value. Le champ des possibles étant restrictif, la mission du family officer est d'accompagner le client dans la définition des activités qui l'intéressent et sélectionner pour lui les opportunités éligibles. Par ailleurs la valorisation des entreprises dans le secteur des technologies, les taux bas rendant peu intéressantes les opportunités obligataires ont contraint les institutionnels à revoir leurs allocations des liquidités en favorisant les actions et le private equity. Les importantes liquidités à investir à la fois par les institutionnels et par certains cédants d'entreprises devant procéder à des remplois du produit de leurs cessions ont donc donné lieu à des opérations pour des valorisations très élevées et trop souvent sans avoir réalisé de façon suffisamment approfondie les vérifications des chiffres et autres éléments mis en avant par la société dans laquelle ils investissaient.

Depuis 2022 et la remontée des taux, la situation s'inverse avec un intérêt retrouvé sur la classe d'actifs obligataires et un moindre risque pour les acteurs institutionnels. Dans l'hypothèse d'une cession des titres au terme du délai de trois années, le cédant n'est pas soumis à ces contraintes. Le rôle du Family Office est donc d'alerter l'entrepreneur sur le champ des possibles et lui permettre d'arbitrer de manière éclairée.

3) Sur le produit de la cession net d'impôt, le family officer doit en fonction du cahier des charges défini par la famille proposer une allocation d'actifs à jour de leur appétence/aversion au risque, des horizons d'investissements, des projets à financer mais aussi du séquençage de chaque classe d'actifs pour réduire le risque pris. Ainsi dans le cadre de l'allocation d'actifs cotés, on retient un investissement progressif dans le temps afin de lisser les points d'entrée à défaut de pouvoir connaître le cours le plus bas. Le family officer doit faire preuve de pédagogie auprès des membres qui le plus souvent ont eu comme patrimoine l'entreprise et n'ont pas eu l'occasion de connaître la volatilité d'un portefeuille. L'horizon de temps d'investissement du cédant et ses projets personnels sont autant de sujets à prendre en compte par le family officer pour intégrer et éviter toute déception de sa part. Les moteurs de performance, maintenant que l'entrepreneur ne perçoit plus une rémunération stable, doivent être en partie décorrélés des marchés cotés. Une approche de rendement peut notamment être mise en place en mêlant des actifs immobiliers, du private equity, de la dette privée, des supports obligataires à coupons... Ce rendement régulier permet à l'entrepreneur cédant d'avoir en face de ses dépenses une prise en charge sans avoir le sentiment de consommer le capital généré. Ce dernier continue de s'apprécier par ailleurs avec des actions dont le potentiel de revalorisation est élevé, des opportunités de capital-risque ou de promotion immobilière à forte valeur ajoutée par exemple.

7. La famille : définition et interaction avec l'entreprise familiale

Puisque le Family Office travaille pour une ou des familles, il importe de définir ce qu'est la famille, son ***périmètre***.

Il existe toute sorte d'approches sociologiques et même politiques du concept. Certains parlent de familles d'affinité par opposition à la famille de sang. Cette idée est intéressante pour notre sujet : la notion de famille dans le cadre du Family Office implique fortement cette notion d'affinité, de volontariat, mais seulement dans le cadre d'une famille de sang. Encore ce dernier terme doit-il être vu de manière assez souple pour inclure les conjoints des descendants directs qui n'ont pourtant aucun lien de sang avec le chef de famille, mais aussi les frères, sœurs, neveux, nièces, enfants d'un premier mariage, de ces conjoints des descendants directs.

Un exemple : le président d'une entreprise familiale annonce à ses frères que leurs fils travaillant déjà dans l'entreprise remplissent bien leurs fonctions respectives mais ne sont pas à même de lui succéder ; et que son choix s'est porté sur la fille d'un premier mariage de son épouse, seule à même selon lui de lui succéder ? Sans lien de sang, celle-ci peut-elle cependant être considérée comme faisant partie de la famille ?

Plus fréquemment, la question se pose pour les époux des descendants. À chaque famille de fixer où se situent les limites, la réponse pouvant être variable selon le sujet traité. Comment le périmètre de la famille doit-il être appréhendé ? Le family officer, quant à lui, ne peut pas faire abstraction de l'existence de conjoints qui vont parfois prendre eux-mêmes les décisions concernant le ménage à la place du descendant direct, ou qui à tout le moins seront consultés par leur mari ou leur femme et émettront une opinion dont il faudra tenir compte. Un surnom a pu exister aux États-Unis pour les désigner : les « *hidden giants* ».

Ces quelques considérations amènent à des réflexions sur les différences entre le rôle officiel et le rôle officieux des conjoints. Le rôle officiel est celui qui leur est accordé (ou non) de participer aux prises de décision de la famille dans les organismes de gouvernance plus ou moins formalisés, conseil familial réunissant les principaux membres et assemblée générale de la famille (à ne pas confondre avec les mêmes organismes existant au sein de la société) ou autres cercles informels au cours desquels la position de la famille sera décidée sur les sujets tenant avant tout à son patrimoine et en premier lieu l'entreprise. Au-delà, se posera la question de la participation du conjoint à la vie de l'entreprise, à son conseil d'administration ou à sa direction et plus simplement de la possibilité d'y travailler et d'y faire carrière.

Le rôle officieux est ce qui n'apparaît souvent pas au grand jour : la fonction de formation exercée auprès des enfants, eux-mêmes descendants directs, la transmission des valeurs familiales ; mais aussi après la réunion familiale dont le conjoint était peut-être exclu l'influence auprès du descendant direct qui va venir lui en faire un compte rendu et lui demander son avis.

Encore faut-il s'entendre sur ce que la famille entend par le terme « conjoint » et chaque famille peut avoir sa propre définition. Dans le passé, les choses étaient simples. Le mariage civil, accompagné obligatoirement ou non selon les familles d'un mariage religieux, était une condition nécessaire et suffisante.

Mais les mœurs évoluent. En 2022 on dénombre 244.000 mariages civils, 192.000 PACS et 723.000 naissances, parmi lesquelles 64 % des naissances hors mariage (contre 51 % en 2006) et 45 % de taux de divorce.

À chaque famille de déterminer si elle considère que le conjoint est celui qui a respecté les cérémonies habituelles ou bien si le conjoint est défini comme le parent d'enfants d'un descendant familial ; ou celui qui a officialisé ses liens par un acte juridique avec son partenaire (PACS). Dans une grande famille du Nord par exemple, la cohabitation de 10 ans est reconnue par la Charte familiale comme équivalent aux liens traditionnels, en l'occurrence non formalisés.

Mais il ne suffit pas d'être accepté par la famille. Descendant ou conjoint, je vais avoir à exprimer mon choix sur la manière dont je souhaite me situer par rapport aux autres membres de la famille, mais aussi par rapport au family office. Suis-je ou non prêt à mêler mes intérêts à ceux des autres membres de la famille ? Suis-je prêt à partager un family office, ou bien, pour reprendre le cas d'une famille scandinave pourtant de taille réduite, ne devons-nous pas avoir plusieurs Family Offices dédiés chacun à un tout petit groupe de personnes ? Ou à l'inverse dans le cas d'une famille française beaucoup plus large ou d'une famille hollandaise également très nombreuse, suis-je prêt à accepter les contraintes de toute nature que le Family Office (inspiré par la famille) va m'imposer ?

Certaines personnes, mais aussi certaines branches familiales préfèrent se retirer du cercle tel que défini par le family office, parfois alors que rien n'a changé dans la situation patrimoniale, plus souvent lorsque la détention de l'entreprise familiale se modifie. À la suite par exemple de successions, ou de donations, ou de rachats par une branche des titres détenus par une autre branche, cette dernière voit ses intérêts diverger de ceux des autres membres de la famille. Le cercle se rétrécit, une nouvelle « famille », plus réduite, se crée, centrée sur le chef de famille, chef de la branche contrôlant désormais ce qui s'appelle toujours l'entreprise familiale.

C'est pourquoi l'un des sujets importants du Family Office est d'aider la famille, avant toute chose à répondre au préalable à la question « Souhaitons-nous rester ensemble ? » ou mieux encore « Pourquoi souhaitons-nous rester ensemble ? ». Il sera ensuite plus facile de répondre aux questions « Comment rester ensemble ? » et « Quels sont les instruments, les structures, les projets à mettre en œuvre dans ce but ? ».

On en revient ainsi à l'objectif premier du Family Office tel que défini dans sa mission : **pérenniser à long terme l'harmonie familiale (et les intérêts patrimoniaux)**. Ce thème est celui de la **gouvernance familiale.**

8. Rappel des trois cercles

Le besoin de gouvernance familiale concerne d'ailleurs toutes les familles, mais principalement les familles entrepreneuriales, fortunées ou non, avec une intensité croissante selon la durée d'existence et la taille de l'entreprise familiale. L'image des trois cercles est de mieux en mieux connue dans les différents pays développés, au point de constituer le logo de FBN, *Family Business Network*. Dans notre pays, cette image se diffuse également mais il n'est pas inutile de rappeler brièvement sa signification et ses conséquences.

Les trois cercles, qui s'entrecroisent de toutes les façons possibles, représentent :

– **la famille**, les membres qui la composent, les différentes branches, son évolution à travers les générations ;

– **l'entreprise**, l'ensemble de son activité, les dirigeants et les salariés, sa croissance, sa diversification ;

– **l'actionnariat**, le capital de l'entreprise, l'entrée ou la sortie de certains actionnaires.

Chacun de ces trois cercles est organisé, ou devrait l'être :

– **l'entreprise** fonctionne avec un Conseil d'Administration, souvent présidé par le chef de familles, par ailleurs encore souvent également Directeur Général, ou un Conseil de Surveillance, la direction, un chef d'entreprise, éventuellement un directeur général, voire un directoire ou un comité exécutif, sa structure, son organisation, un rôle affecté à chacun, des modes de promotion interne, de fixation des rémunérations ;

– **les actionnaires** se retrouvent sous forme d'assemblées générales et sont représentés par les administrateurs au conseil d'administration ;

– **la famille** risque d'être celui des trois cercles le moins organisé, donc le moins bien « armé » lors de discussions entre les cercles, par exemple entre la famille et les dirigeants de l'entreprise. Ce qui constitue une des raisons de consacrer les efforts nécessaires à la mise en place d'une gouvernance familiale efficace.

Ces trois cercles, en s'entrecroisant, sous-divisent en sept parties les personnes situées au sein de ces cercles.

9. Les sept groupes

1. Les collaborateurs de l'entreprise qui ne sont ni actionnaires ni membres de la famille. Leurs seuls intérêts résident dans la bonne marche de l'entreprise qui assurera la pérennité de leur emploi et une amélioration au fil du temps de leur situation professionnelle et donc financière ; et dans le maintien au sein de l'entreprise d'un climat convivial, à tout le moins non conflictuel.

2. Les actionnaires de l'entreprise familiale qui ne font pas partie de la famille et ne travaillent pas dans l'entreprise. Il peut s'agir d'amis, de proches de la famille, de parents éloignés, auquel cas ils seront plus sensibles à des facteurs non strictement financiers que ne le sont les investisseurs actionnaires extérieurs purs ou certains fonds d'investissement en non coté qui ne recherchent souvent qu'une valorisation à court-moyen terme de leur investissement.

3. Les membres de la famille qui ne sont pas actionnaires et ne travaillent pas dans l'entreprise. En théorie, ils ne devraient pas être intéressés par la vie de la société et son devenir. En réalité, ils portent parfois le nom de l'entreprise familiale, y sont attachés affectivement car elle a été créée par un de leurs ascendants, ou sont indirectement concernés car un des membres de la famille proches en est actionnaire, dirigeant ou salarié.

4. Les salariés ou dirigeants extérieurs à la famille qui détiennent des actions. Ils ont pu les acquérir volontairement en en ayant fait la demande au chef d'entreprise ou ont pu bénéficier de stock-options, de plans d'achat d'actions, de distributions d'actions gratuites, ou de toute mesure relevant de l'incitation à l'actionnariat salarial. Plus encore que les salariés du groupe 1 (ni membres de la famille ni actionnaires), ils sont concernés par le développement de l'entreprise qui permettra une valorisation des actions qu'ils détiennent, outre bien entendu le maintien de leur emploi et l'amélioration de leur vie professionnelle et privée.

5. Les dirigeants et salariés qui ne sont pas actionnaires mais sont membres de la famille. Il s'agit parfois d'un service qui leur est rendu de leur fournir un emploi dans l'entreprise. Plus fréquemment, la famille souhaite utiliser au mieux les compétences des membres qualifiés, qui ont déjà fait leurs preuves à l'extérieur dans d'autres sociétés. Ce cas est relativement rare, la logique voulant qu'ils deviennent, même pour un montant faible, actionnaires (éventuellement en nue-propriété seulement) de l'entreprise dès lors qu'ils y travaillent.

N'étant pas actionnaires, ils recherchent le développement à moyen-long terme de la société car leur logique inclut à la fois leur souci personnel d'emploi et de développement de leur carrière et l'objectif de la famille de pérennisation à long terme du patrimoine familial.

6. Les actionnaires de l'entreprise, membres du groupe familial, ne travaillant pas dans l'entreprise. Ils ont leur mot à dire dans les orientations stratégiques de la société telles qu'elles vont être décidées par la famille avant d'être proposées à l'approbation du conseil d'administration et mises en œuvre par le président et la direction générale.

Un des sujets les concernant, certes comme les actionnaires non-membres de la famille, mais avec le risque dans leur cas de mener à un conflit intrafamilial, est celui du montant du dividende annuel. C'est un sujet extrêmement classique : les collaborateurs de l'entreprise, y compris ceux qui sont également actionnaires et membres de la famille (le groupe 7), souhaitent conserver au bilan de l'entreprise les capitaux qui vont permettre le développement et la croissance internes ou externes.

Ceux qui ne travaillent pas dans la société souhaitent un « revenu » annuel suffisant pour justifier leur investissement et si besoin est régler l'impôt sur la fortune immobilière (IFI), certes moins lourd que ne l'était l'ISF (impôt de solidarité sur la fortune). Rappelons la possibilité pour eux de régler annuellement le montant dû à hauteur de 50 000 euros par l'investissement de 133 % de cette somme dans le capital d'une PME, y compris l'entreprise familiale si elle répond aux critères réglementaires.

L'opposition demeure cependant vive au sein de la famille entre ceux qui souhaitent un dividende élevé et ceux qui préfèrent une distribution des résultats limitée dans un souci d'investissements pour permettre la croissance de l'entreprise.

7. Les membres de la famille, actionnaires, travaillant au sein de l'entreprise sont au cœur de la problématique. Mais ils ne sont pas nécessairement les seuls vrais leaders familiaux. Certes le président joue un rôle important, mais certains actionnaires familiaux, chefs d'autres branches, parfois grâce aux qualités professionnelles dont ils font preuve dans l'exercice de leurs métiers dans des sociétés totalement extérieures à la famille, parfois par leur expérience et la sagesse qui leur sont reconnus peuvent avoir une influence déterminante sur les décisions familiales.

Les membres de ce groupe 7 peuvent être vus à la fois comme les plus favorisés et comme les plus sujets à critique : ils bénéficient de tout ce que peut leur apporter l'entreprise familiale, un emploi, une rémunération, des avantages en nature (voiture de fonction, etc.), le renom de l'entreprise familiale dans la communauté locale, en suscitant parfois la jalousie des autres membres de la famille.

En revanche, ils sont face à des choix qu'ils doivent exercer pour eux-mêmes autant que pour les autres actionnaires. Ils sont responsables de la bonne marche de l'entreprise et doivent justifier la décision qui a été faite de leur confier un emploi au sein de l'entreprise familiale ou même sa présidence.

Comme on l'a vu, ils sont également responsables du choix de l'affectation des résultats de l'année entre le besoin de réinvestissement de l'entreprise et les demandes exprimées par les cousins et neveux de distribution de dividendes.

Au milieu de ces sept groupes ou sous-populations, le Family Office doit contribuer à la mise en place et au bon exercice de la gouvernance familiale, fonction fondamentale, au cœur même du rôle du Family Office tel qu'il est conçu en France.

Chapitre 2

Les domaines d'activité du Family Office

1. La gouvernance familiale

Celle-ci s'exercera aussi bien à l'intérieur de la famille que dans les relations entre ses membres et les dirigeants de l'entreprise. La gouvernance familiale est la définition et la mise en œuvre des grands principes qui vont régler ces relations.

Au sein de la famille, nombreuses sont les causes de conflit qui vont s'opposer au but recherché par le family office, la pérennité sur le long terme de l'harmonie familiale. Il s'agit parfois de sujets qu'une personne extérieure pourrait considérer comme mineurs mais qui viennent susciter ou exacerber une jalousie, « une rivalité » entre frères et sœurs par exemple. Cas typique : le fils aîné s'octroie sans consulter les autres enfants certains des objets personnels ayant appartenu au père décédé (montre, boutons de manchette) estimant qu'ils lui reviennent de droit, une gravure, un arbre généalogique sans valeur financière, mais tous porteurs d'une forte valeur affective.

Cas tout aussi fréquent, celui de rivalités entre frères et sœurs, de sentiment, justifié ou non d'avoir été le favori des parents ou d'avoir été le défavorisé, « l'incompris ». Ou d'avoir été durant toute son enfance brimé(e) par son frère ou sa sœur plus âgé.

La rancœur ne se manifeste pas toujours dans l'immédiat mais rejaillit sous une autre forme plusieurs années après, se traduisant par exemple par une obstruction systématique, sans fondement logique, aux propositions exprimées par l'un des autres enfants.

D'une origine plus sérieuse, toujours liée aux questions de successions (ou donations), sont les conflits relevant du thème du choix et de la valeur des biens attribués aux uns et aux autres lors de la succession et, avant tout, à l'affectation des titres de l'entreprise familiale, allant jusqu'au contrôle de la société.

On se situe là dans la sous-population des membres de la famille actionnaires : le père de famille détient des actions. Lequel, lesquels des enfants vont-ils en devenir propriétaires (en pleine propriété ou en usufruit) et quelle valorisation accorder aux titres de cette entreprise si elle n'est pas cotée ?

Les deux cercles « famille » et « actionnariat » se recoupent avec le cercle « entreprise » : l'enfant choisi pour détenir un nombre important d'actions va-t-il devenir l'un des dirigeants ou le dirigeant de la société, comme cela est le plus vraisemblable ? Va-t-il être administrateur, représentant en théorie non pas la famille mais, comme tous les administrateurs, l'ensemble des actionnaires ? Et que va-t-il se passer pour ses frères et sœurs amenés à détenir un nombre plus faible d'actions ? Pourront-ils eux aussi travailler dans l'entreprise ? Ou bien le père de famille a-t-il organisé de longue date sa succession professionnelle en faisant entrer dans l'entreprise le fils ou la fille choisi et en lui faisant gravir les échelons tout en lui attribuant progressivement des actions, avant de le consacrer définitivement comme dirigeant de l'entreprise et actionnaire principal ?

Application du rôle du family officer : communiquer, communiquer, communiquer

Le rôle du Family Office sera d'aider la famille, et avant tout le chef de famille, à préparer cette succession. Dans un cas récent, nous avons eu, au sein d'un multi family office, à aider une famille sur ce point. Le cheminement a commencé avec les grands-parents (génération G1) qui ont précisé leurs idées de transmettre une partie de leurs titres à leurs enfants (G2) mais aussi à leurs petits-enfants, tous mineurs (G3).

Dans le stade suivant, nous avons conduit une réunion avec les parents (G1) et les enfants (G2) pour que G1 fasse part à G2 de leurs intentions. Ensuite sont venus des entretiens séparément avec chacun des enfants G2, mais en présence de son conjoint de façon que ce dernier puisse exprimer son point de vue.

Les entretiens avec chaque ménage de G2 avaient un autre but : mieux connaître la situation patrimoniale de chacun d'entre eux (niveau de revenu, fortune, environnement familial du conjoint). Car parallèlement aux strictes questions de gouvernance familiale (pérennité de l'harmonie) doit être menée une étude sur les conséquences en matière de droit civil d'une part, de fiscalité d'autre part, de chacune des possibilités envisageables.

Cette étude est réalisée avec l'assistance du notaire de la famille, qui notamment avait rédigé les donations déjà effectuées, et de son fiscaliste, dès lors que les décisions de G1 vont avoir des conséquences touchant à leur domaine d'activité.

Le family officer lui-même pourra calculer, afin de les présenter à la famille, les chiffres les plus simples concernant les droits à régler selon la solution retenue (donation en pleine propriété, donation en nue-propriété à G3, et d'usufruit à G2 ou avec conservation par G1 de l'usufruit...).

Concernant l'impact fiscal, l'étude doit tenir compte des possibilités offertes par les textes récents mais aussi du niveau de fortune imposable de G1 et de chacun des ménages d'enfants G2.

Se présente alors une difficulté de confidentialité. Dans la mesure où les gendres, par exemple, n'ont jamais informé leurs beaux-parents G1 du niveau de leur fortune personnelle, tout chiffrage trop précis du calcul de l'impôt qui leur reviendra risquerait de permettre à G1 d'en déduire ce niveau de fortune. Ceci se règle avec un entretien sur le sujet entre le family officer et le gendre ou la belle-fille. Comme dans tous les sujets de gouvernance familiale, l'impératif principal, la clé des solutions réside dans la communication.

Rien n'est pire que le non-dit, que la rancœur accumulée. Beaucoup de difficultés se résolvent ou n'ont même pas le temps d'apparaître dès lors que la communication existe entre les membres de la famille. Et comme ceci est rarement naturel (« Dans notre famille, on ne parle pas d'argent »), c'est au family officer qu'il revient de tout faire pour faciliter cette communication et, si besoin est, l'organiser.

Ainsi, dans l'exemple ci-dessus, après avoir consulté G1 puis G2 (chacun des enfants et chacun des ménages enfant et conjoint), une réunion générale G1 et G2, conjoints compris, a permis de faire un premier compte rendu avant de revoir séparément chacun des couples, puis de soumettre une proposition à G1. Les parents ont eu en mains les éléments affectifs, différents selon les couples, et rapportés avec l'accord de chacun pour respecter la confidentialité et la relation de confiance ; et disposé également de l'avis du notaire et du fiscaliste, et des éléments chiffrés de coût fiscal.

Ils ont approuvé l'une des propositions qui leur était faite. Celle-ci a été soumise à l'ensemble des membres de la famille, enfants et conjoints lors d'une seconde réunion générale, puis une fois l'approbation de tous recueillie, mise en œuvre par le notaire et le fiscaliste de la famille.

L'accord a ainsi été réuni pour décider de la répartition des titres, favorisant dans ce domaine l'un des enfants et son conjoint déjà actifs dans l'entreprise. Mais en contribuant également à la création d'un minicomité de direction pour mieux rapprocher les points de vue du père de famille et de « l'enfant » - et de son conjoint - choisi, et surtout en améliorant sensiblement l'information des autres enfants actionnaires.

Sans cet accroissement de la communication entre les membres de la famille sur la marche de l'entreprise, dont certains estimaient être insuffisamment informés, un consensus aurait été beaucoup plus difficile à trouver. Il en est de même de toute décision concernant différents membres de la famille : communiquer, communiquer, communiquer, l'impératif est clair.

Ce processus itératif, visant également à réunir le consensus de tous les membres de la famille concernés, après avoir balayé les options possibles, exige la présence aux côtés de la famille d'un tiers extérieur ayant obtenu la confiance de tous. En l'occurrence, le choix de G1 de s'adresser à un multi Family Office a initialement été validé par tous les enfants G2. Sans cet accord unanime, le processus aurait été vicié.

L'accent a déjà été mis plus haut à plusieurs reprises sur le point capital que représente la confiance.

Les exemples ci-dessus montrent bien l'importance pour la gouvernance familiale, mais de manière plus générale pour l'ensemble des activités du family office, de ce que l'on peut appeler la psychosociologie.

Les relations entre les membres de la famille sont fortement teintées d'affectivité, de non-dit, de ressenti non exprimé dont le poids dans les prises de décision est comparable à celui de l'égalité ou de l'équité financière, du juridique ou du fiscal. Le family officer doit avant tout s'efforcer de comprendre la nature des relations bilatérales entre les membres de la famille, les raisons de telle ou telle opposition, les voies à suivre pour arriver au résultat recherché, à une absence de conflit et, si possible même, à un consensus.

La famille et l'entreprise familiale

Les liens entre la famille actionnaire et l'entreprise ne concernent pas exclusivement la répartition du capital entre les membres.

A • L'actionnariat des dirigeants et des salariés

Pour parler actionnariat, la gouvernance familiale va parfois se rapprocher de la gouvernance de l'entreprise.

Par exemple, quelle part de l'actionnariat faut-il progressivement accepter de voir détenue par les dirigeants et salariés extérieurs à la famille ? La famille est-elle favorable aux stock-options et à la distribution d'actions gratuites, à l'actionnariat salarié ou considère-t-elle cette dilution de son contrôle du capital de manière négative ? Or dès lors qu'une partie du capital est détenue par des collaborateurs de la société pour lesquels ceci doit représenter un « *incentive* », un avantage financier porteur, encore faut-il que cet avantage puisse être concrétisé, donc qu'existent une liquidité du marché des titres même non cotés, de l'entreprise familiale et un mode de détermination de la valeur de ces titres.

À ce sujet, l'évolution est claire, depuis le principe établi dans le passé de la famille seule détentrice du capital de son entreprise, allant vers un développement continu en cours de la prise de conscience de l'intérêt de compter parmi les actionnaires les cadres dirigeants, voire l'ensemble des salariés. Ce mouvement est encouragé par la législation. Il est perçu parfois comme allant dans l'intérêt de la famille de voir une partie du capital détenue par des actionnaires salariés qui se rangeront de son côté en cas d'attaque par un prédateur, concurrent ou autre. Il entre surtout dans la tradition familiale reflétée par le terme, vu en général de manière péjorative, de « paternaliste ». Plus que dans les sociétés détenues par des actionnaires impersonnels, les entreprises familiales jouissent d'un climat de proximité fort entre la famille actionnaire et les salariés. Les associer au capital est une manière de concrétiser ces liens.

Encore faut-il qu'il n'existe pas de contre-indication. La plus forte était apparue avec la loi Dutreil avant d'être corrigée par les textes. Les pactes d'actionnaires offraient à leurs signataires des avantages fiscaux importants. Mais à une double condition : que le total des actions détenues par les signataires du pacte n'ait pas diminué ; mais aussi que le capital social n'ait pas varié. L'octroi de stock-options et l'attribution d'actions gratuites devenaient extrêmement difficiles à réaliser en respectant cette contrainte. Pour cette raison une modification est intervenue en 2007 afin de poser comme seule condition à la poursuite de la validité du pacte, le maintien de la part des signataires dans le capital à un pourcentage au moins égal en permanence au pourcentage initial.

Une telle mesure permet le développement de l'actionnariat salarié, à la condition que les signataires du pacte disposent déjà par ailleurs ou acquièrent un nombre d'actions suffisant pour maintenir inchangée leur part dans le capital. Par ailleurs avec la jurisprudence de la Cour de cassation (arrêt du 25 janvier 2023), les conditions d'appréciation de l'éligibilité d'une société dont l'activité est mixte pour bénéficier de l'exonération à hauteur de 75 % sur les droits de mutation à titre gratuit se sont assouplies : l'appréciation en est faite à l'image d'un « faisceau d'indices ».

B • La prise de décisions importantes

D'autres sujets importants traités entre la famille actionnaire et les dirigeants concernent la stratégie à moyen long terme, ou même des décisions de plus court terme. On retrouve l'opposition éventuelle entre les actionnaires, les « non-actionnaires », parmi les membres de la famille et les actionnaires extérieurs. Faut-il investir en Extrême-Orient ? Faut-il diversifier l'entreprise dans un nouveau secteur d'activité ? Faut-il céder une filiale en raison du prix avantageux qui en est proposé ou, à l'inverse, cas de figure moins plaisant, pour couper les pertes qu'elle génère ? Sur ce type de sujets, l'intérêt financier et surtout la réponse naturelle qui doit être donnée en suivant les principes et les valeurs qui guident la famille, peuvent amener des solutions opposées à celles qui auront la faveur des dirigeants. Ces derniers peuvent avoir une vision plus court-termiste que la famille, peuvent accorder plus ou moins d'importance aux conséquences sociales des décisions.

Mais encore faut-il au préalable que la famille ait défini sa propre position, ce qui implique que ce mode de prise de décision familiale fonctionne correctement. Parfois, le chef de famille exerce son rôle de façon autocratique en prenant seul les décisions sans en référer à quiconque. Plus fréquemment, il est entouré de quelques membres de la famille, choisis parmi les plus avisés, ou parmi les chefs de branches actionnaires. Ils constituent, de manière formelle ou informelle selon les familles, un pendant au directoire de l'entreprise, portant parfois le nom de **conseil familial** ou conseil de famille (à ne pas confondre avec le Conseil de famille défini dans les textes juridiques pour travailler avec le juge des tutelles).

Ce directoire de la famille va lui-même communiquer de façon permanente avec les autres membres actionnaires, recueillir leur opinion ou transmettre les informations (communiquer, communiquer, communiquer) et, au minimum une fois par an, réunir les actionnaires familiaux dans une sorte d'**assemblée générale de la famille**, pendant de l'assemblée générale des actionnaires.

L'assemblée générale de la famille va réunir les actionnaires familiaux, mais aussi tout autre proche (les conjoints par exemple) qu'il est jugé bon d'y convier. Les participants non-actionnaires, notamment la jeune génération, pourront soit apporter leur propre éclairage sur les sujets traités, soit profiter de ces réunions annuelles pour parfaire leur (in)formation sur le fonctionnement de la société dont ils seront vraisemblablement un jour actionnaires.

Comme fréquemment, ces réunions, en permettant à tous de se rencontrer, d'exprimer ses idées, d'entendre les arguments des autres, sont extrêmement utiles pour le maintien de la cohésion familiale. Rien n'est pire que de ne pas comprendre ce qui se passe ou d'avoir l'impression que ses idées, ses arguments ne sont pas entendus et parfois même ne peuvent pas être exprimés.

De telles situations conduisent à des conflits ouverts ou latents se terminant par la cession de leurs titres par certains actionnaires, avec le risque de déséquilibre de l'actionnariat et éventuellement la perte de contrôle de l'entreprise par la famille. À l'inverse, l'absence de conflits, de jalousies dues au non-dit facilite le développement du patrimoine. Les idées des uns et des autres se complémentant, chacun œuvre dans le même sens sans arrière-pensée.

Dès lors qu'existe un processus clair, accepté par tous de prise de décisions familiales, la position des représentants de la famille au conseil d'administration et les relations directes avec les dirigeants extérieurs de l'entreprise sont elles-mêmes claires et assurées de l'appui des actionnaires familiaux.

Il restera, comme dans toute entreprise appliquant les bonnes règles de gouvernance, à confronter la position de la famille avec celle des autres administrateurs (le conseil et chacun des administrateurs représentent, est-il besoin de le rappeler, l'ensemble des actionnaires de la société, tout comme les députés et l'Assemblée nationale représentent l'ensemble du peuple français et non telle ou telle circonscription) et avec celle des dirigeants. Un aller-retour avec la famille pourra ainsi s'avérer nécessaire afin de concilier les différents points de vue et dégager une décision, sinon consensuelle tout au moins reflétant le point de vue d'une majorité éclairée par les idées des personnes ayant des raisons d'exprimer leur divergence.

Il convient à ce titre de veiller au désir profond de la famille du savoir-vivre ensemble et du vouloir-vivre ensemble. Ces deux critères sont essentiels pour s'assurer de la pérennité du projet commun rassembleur de la famille. Rappelons en effet que ce qui doit primer, c'est l'harmonie, l'ambiance conviviale dans laquelle on échange ses points de vue. Ce qui ne veut pas dire qu'ils sont identiques au départ. Bien au contraire, la comparaison d'idées divergentes permet d'explorer des voies différentes entre lesquelles il sera loisible de choisir. Le désaccord est possible et presque souhaitable à l'origine des discussions. Mais celles-ci doivent demeurer courtoises et fondées sur la logique économique, financière, sociale, pas sur l'affectivité intrafamiliale. Surtout, une fois que l'un des points de vue, ou un nouveau point de vue résultant de cette confrontation d'idées,

a été adopté, il importe que le consensus se recrée et s'affirme tant à l'intérieur que vers l'extérieur de la famille qui n'a désormais qu'une seule opinion, partagée et affichée par tous ses membres.
À l'inverse, une harmonie vacillante se ferait ressentir sur la marche de l'entreprise, les dirigeants risquant par exemple d'être pris entre deux feux. Et si la situation continuait de se dégrader, cela pourrait conduire soit à de mauvais résultats, soit comme c'est bien souvent le cas à la perte de contrôle de l'entreprise par la famille ou à sa cession en totalité.

C • Les valeurs et la charte familiale

Dans les relations avec les dirigeants, la famille va fonder ses décisions sur son bon sens, son expérience, mais aussi sur son sens du risque acceptable dans son optique de long terme, telle qu'elle est incluse dans l'ensemble des valeurs de la famille. Il est très important que les dirigeants comprennent bien quelles sont ces valeurs et leurs implications pratiques. Le Family Office peut y contribuer, de façon que les dirigeants transmettent eux-mêmes à l'intérieur de l'entreprise auprès de l'ensemble des collaborateurs la perception de ces valeurs ; que les critères de recrutement des nouveaux salariés intègrent ces éléments ; que l'ensemble de la société, idéalement, en soit imprégné. De cette façon les salariés et les dirigeants seront plus rarement en opposition avec les positions familiales et la famille se reconnaîtra parfaitement dans l'entreprise, qui d'ailleurs portera parfois son nom.
Rien ne vaut dans un tel cas les écrits, aussi bien pour les relations entre la famille et l'entreprise que pour les sujets touchant à la vie de la famille. Il est donc hautement recommandé de rédiger un document sur les sujets qui risqueraient d'être cause de conflits.
Mais, en premier lieu, ce document, la charte familiale, la constitution de famille, les principes directeurs (« *family guidelines* ») va inclure les valeurs qui guident la famille. Certains ont ainsi représenté un attelage constitué par la famille et l'entreprise et tiré par l'ensemble des valeurs. Celles-ci prennent appui sur le passé, l'historique, pour fournir aux générations présentes et à venir les grands principes à respecter, principes qui seront à la base des décisions familiales.
On retrouve en général un rappel de l'histoire de la famille et de l'entreprise, la mise en exergue de la culture de l'effort, du travail, de la promotion au mérite, du respect des autres, de leurs idées et de leurs réalisations,

le rejet du risque excessif, notamment de l'endettement trop élevé de la société.

Viennent ensuite les considérations sur l'avenir de la société, le désir de concentration sur un secteur d'activité ou, à l'inverse, l'acceptation d'une politique de changement de périmètre, de diversification et les relations entre la famille et les dirigeants et salariés de l'entreprise telles qu'on les a vues plus haut.

Dans les pays anglo-saxons, à commencer par les États-Unis, de nombreuses familles ont travaillé à rédiger un « *family mission statement* » reprenant ces points (voir ci-dessous un exemple adapté de l'Anglais et rédigé par les membres d'une famille originaire du Moyen-Orient). Ces familles considèrent qu'un tel document constitue la base de la vie de la famille, en facilitant les prises de décision à venir grâce aux principes directeurs ainsi disponibles et connus de tous.

D • Expression de notre vocation

Nos origines

Nous sommes les descendants de familles originaires de la province de XXX. Nous sommes restés unis depuis plusieurs générations grâce aux liens familiaux, aux relations d'affaires et aux valeurs que nous partageons.

Notre mission

Notre mission est de soutenir chacune des familles fondatrices ainsi que leurs traditions, leurs valeurs et les liens qui les unissent ; et de rechercher pour tous les membres existants et à venir de notre groupe le vrai bonheur et l'épanouissement personnel et professionnel.

Nos objectifs

– Rechercher pour tous la sécurité dans tous les domaines et préserver une qualité de vie élevée grâce à la pérennisation des fortunes familiales.

– Créer de la richesse par nos réussites professionnelles et un effort constant d'innovation.

– Obtenir la réussite, la force, le développement et la diversité grâce à la création d'une organisation solide fondée sur un travail d'équipe, une expertise professionnelle et la solidarité entre nos membres.

– Offrir des responsabilités et un travail intéressant à tous les membres de nos familles prêts à partager notre philosophie de groupe ; et transmettre ces valeurs à chacune des générations à venir de façon qu'elles puissent réaliser leurs espoirs et concrétiser leurs rêves.

– Dans toutes nos activités, une de nos tâches essentielles est de contribuer au bien-être des autres et aux œuvres caritatives.

Nos valeurs

– Conformément aux traditions de nos aïeux, nous nous efforçons d'agir avec équité, intégrité et dans l'intérêt de la communauté.

– Nous croyons en la subordination des intérêts individuels au bien commun de nos familles, en acceptant les responsabilités et les devoirs liés à la solidarité familiale autant que les droits et avantages qu'elle apporte.

– Nous estimons que les membres les plus âgés doivent s'occuper des plus jeunes, que les plus forts doivent aider les plus faibles.

– Nous croyons également aux bienfaits de la culture, de l'instruction et de l'expérience, à la valeur de l'ambition et de l'esprit d'entreprise. C'est ce qui permet à chaque génération de poursuivre sa mission et d'atteindre de nouveaux niveaux de réussite et d'innovation.

– Pour nous la famille ne se limite pas à ceux qui nous sont liés par le sang ou par le mariage mais inclut ceux qui travaillent pour nous avec une loyauté confirmée par le nombre des années.

– Nous veillons constamment à maintenir l'unité, la continuité et le développement de notre Groupe. Nous reconnaissons cependant également le droit de chaque membre de suivre sa propre voie et, tout autant, notre devoir de l'aider à atteindre ses objectifs personnels.

E • Exemples de sujets abordés dans la charte familiale

La gouvernance familiale est d'abord traitée sous l'angle de l'organisation des instances familiales, du mode de prise de décisions importantes par un directoire de la famille (conseil familial), donc de la composition de ce directoire, du mode de sélection de ses membres, mais aussi du mode de désignation des membres de la famille qui vont siéger au conseil d'administration de l'entreprise (pas nécessairement les mêmes personnes).

Les différentes questions concernant le contenu et la rédaction des chartes familiales en France ont fait l'objet de nombreux travaux de la part d'avocats, de conseils en gouvernance ou encore de psychologues. L'AFFO a notamment réalisé un livre blanc, récemment mis à jour, en partie sur ce thème spécifique. D'autres opuscules américains explicitent bien les problématiques et les différentes réponses possibles entre lesquelles chaque famille fera son choix selon ses valeurs, sa tradition, mais aussi son ancienneté, le nombre de générations présentes, le nombre de membres et leur capacité managériale (voir notamment *The family constitution* de Daniela Montermerlo et John Ward, Family Enterprise Publishers 2005 – www.efamilybusiness.com).

À titre d'exemple, pour ce qui est du choix des membres du Conseil de famille, s'il a été décidé d'aller vers sa constitution, plusieurs possibilités existent : un représentant par branche de la famille, mais dans ce cas lequel ? Systématiquement l'aîné ? Le plus compétent ? Le plus conciliant, ouvert sur les autres ? Ou faut-il choisir les membres de la famille qui paraissent les plus compétents, quelle que soit la branche à laquelle ils appartiennent ? Ou encore une représentation à ce Conseil familial proportionnelle à la part de chaque branche dans le capital de l'entreprise ?

Le choix est évident lorsque la famille est peu nombreuse, Mais même lorsqu'elle en est à la première génération, il est important, pour l'entrepreneur qui souhaite voir pérenniser le fruit de ses efforts, que ses enfants soient associés aux prises de décision stratégique. Ceci dès qu'ils ont l'âge de comprendre et d'apporter leur propre réflexion.

Les questions les plus délicates concernent le dirigeant (président du conseil d'administration ou du conseil de surveillance, président-directeur général, directeur général ou président du directoire), dès lors qu'on le choisit parmi les membres de la famille : Comment peut-on influer sur les propositions qu'il formule et met en application ? À quel moment doit-on le remplacer ? Quelle est la limite d'âge à respecter ? Qui sera son successeur ? Comment celui-ci sera-t-il sélectionné parmi les membres de la famille ? Il n'est pas possible de prévoir tous les cas de figure, mais des principes généraux peuvent permettre de se préparer aux situations difficiles et surtout de tenter d'anticiper les conséquences des évènements imprévus (décès subit d'Édouard Michelin encore très jeune).

On reviendra plus loin sur le sujet de la formation des membres de la famille à de multiples sujets touchant au patrimoine, à sa gestion, à leur rôle d'actionnaires et plus simplement au fait qu'ils seront connus comme des personnes fortunées ou rattachées à une famille entrepreneuriale. La formation la plus importante pour la famille est celle de ses futurs « leaders ».

Un des sujets essentiels dans la vie de la famille est en effet la préparation du passage de relais à la génération suivante. L'entreprise familiale n'a pas vocation à être vendue mais à être conservée et transmise au fil des générations. Cela implique qu'elle suscite l'intérêt des membres de la famille (*affectio societatis*), que ceux-ci souhaitent continuer à « être unis » (*affectio familiae*) ou que l'une des branches conserve seule le contrôle de la société, mais surtout que la marche de l'entreprise continue à être satisfaisante, dégageant des bénéfices permettant de rémunérer les actionnaires sous forme de dividendes avec un avenir prometteur.

On voit bien dans ce contexte l'importance du choix du dirigeant. Si la famille s'occupe bien de l'entreprise, qui représente, rappelons-le, de loin son actif patrimonial essentiel, ce choix ne s'improvise pas. Le processus de décision a été préalablement défini selon la taille et la nature de la société ; il va souvent faire intervenir une ou plusieurs personnes extérieures à la famille, par exemple le directeur des relations humaines de la société, ou certains administrateurs indépendants et/ou encore des consultants à même de déterminer parmi les membres de la jeune génération lequel ou lesquels sont les mieux à même d'assurer la poursuite de la direction de l'entreprise.

La conclusion peut être qu'aucun des membres n'est en mesure de jouer ce rôle et que, temporairement ou définitivement, la direction va revenir à une personne extérieure à la famille, déjà présente dans l'entreprise ou à faire rechercher par un chasseur de têtes.

Cette période intercalaire peut également intervenir à l'image d'une régence le temps qu'un héritier de la famille ait l'âge de poursuivre la direction opérationnelle ou ait fini de faire son expérience en dehors de l'entreprise familiale telle que peut l'exiger la charte familiale.

Pour la famille n'ayant plus la direction effective de l'entreprise puisque confiée aux mains d'un extérieur, ce sujet est doublement essentiel. Il est vital, on le sait bien pour l'évolution de l'entreprise. Mais il est tout aussi important pour le maintien de l'harmonie familiale. Le processus à établir ne concerne pas seulement la nomination le moment venu, mais aussi la sélection parmi la génération suivante, de ceux d'entre eux qui ont goût à se préparer à cette activité - et à leur formation.

Très tôt, au sein de la famille, les parents doivent expliquer à leurs enfants ce que représente l'entreprise familiale, déterminer la vocation de chacun afin de les aider à réaliser leurs objectifs, concrétiser leurs souhaits (« l'argent bon serviteur… »), quelle qu'en soit la nature.

Pour ceux d'entre eux qui envisagent de travailler dans la société, il faut déterminer s'ils en ont la capacité. Si la réponse est positive, il est essentiel de discuter de cette éventualité avec les autres membres importants de la famille afin d'éviter une rivalité inutile entre cousins. La famille est souvent riche des jeunes des générations à venir. Il faut utiliser intelligemment ce potentiel et ne pas en faire à l'inverse une source de conflits.

Une fois les meilleures compétences décelées, la formation adéquate sera choisie avec le jeune : études universitaires, ouverture sur l'international, années de travail professionnel dans d'autres sociétés en France ou à l'étranger.

Tout ce processus est capital pour la famille. La détection de l'intérêt et des compétences des jeunes, leur formation, la sélection du dirigeant, sont les conditions au maintien de l'entreprise dans le giron de la famille. Rien n'est assuré et les jeunes doivent comprendre que leur avenir professionnel ne s'épanouira peut-être pas, tout compte fait, dans l'entreprise familiale. Mais ce travail de formation aura permis à la famille, aux côtés du capital patrimonial, de développer son capital humain.

D'autres parties de la charte traiteront de sujets souvent sensibles tels que le rôle des conjoints dans l'entreprise. Bien que n'étant pas descendants directs du fondateur, ont-ils la possibilité de siéger au Conseil, de participer aux prises de décision ou de travailler dans la société ?

La question, « Qui peut travailler dans l'entreprise ? » est encore plus fréquemment source de difficultés si des règles précises n'ont pas été posées. Pour certaines familles, un seul de leurs membres travaille dans la société, le dirigeant. Pour d'autres, cette possibilité est offerte à un membre de chaque branche. Pour d'autres encore, chacun est le bienvenu s'il le souhaite. La meilleure solution est sans doute d'établir des critères tels que des études allant jusqu'à bac +3 minimum, cinq ans d'expérience dans d'autres entreprises avec une ou deux promotions durant cette période, un séjour d'au moins un an à l'étranger, anglais courant… et l'agrément donné par le comité *ad hoc* composé avant tout de personnes extérieures à la famille (administrateurs indépendants, consultants, DRH de l'entreprise, etc.).

F • La valeur de la charte, le processus de rédaction

La valeur d'une charte est avant tout morale. Elle engage uniquement sur ce plan les signataires et leurs descendants qui la signeront à leur tour.

Autrement dit, la charte ne dispose pas d'une réelle valeur juridique. Mise entre les mains d'un juge, en cas de désaccords entre différents membres de la famille et de conflits dégénérant au judiciaire, elle lui permettra de prendre une éventuelle décision en comprenant l'esprit qui guide la famille. Mais pour reprendre l'exemple ci-dessus, si le Président embauche l'un de ses enfants qui ne répond pas aux critères énumérés dans la charte, il n'existera pas de recours possible des autres membres de la famille dont les enfants n'ont pas pu devenir salariés de la société en application des règles posées par la charte. Ceci parce que le montant du préjudice subi et l'indemnisation demandée ne peuvent être chiffrés ; mais aussi en raison du manque de valeur légale de la charte.

En outre, contrairement aux statuts qui ont une valeur légale et qui peuvent être connus de tous, et contrairement aux pactes d'actionnaires que la famille peut être amenée à divulguer, la charte et son contenu sont rarement rendus publics. La famille souhaite conserver la confidentialité des détails, autres que ceux communiqués aux dirigeants de la société afin de clarifier la nature de leurs relations avec la famille.

L'objectif des rédacteurs de la charte, parmi lesquels le family officer, est donc de lui donner la valeur morale la plus élevée possible, de faire en sorte que chacun se sente engagé d'une manière encore plus forte que si le texte avait une valeur juridique. La première règle à respecter dans ce but est de précéder la rédaction du document d'une consultation de tous les membres concernés sans exception, qu'il s'agisse de descendants directs, de leurs conjoints, de leurs enfants, même mineurs dès lors qu'ils sont à même d'émettre un avis sensé sur les points contenus dans la charte. Le processus est long, il doit aboutir à un consensus, ce qui risque d'être difficile, voire, rarement, impossible dans les familles trop nombreuses. Il importe alors, faute de pouvoir déboucher sur la meilleure solution, de trouver celle qui s'en rapproche le plus.

Les familles ont parfois du mal à comprendre la nécessité de recourir à cette consultation de tous, à rechercher un accord général. C'est pourtant une condition essentielle à la reconnaissance par les membres de la valeur de la charte qu'ils vont signer. Ceci peut signifier parfois que la charte sera rédigée progressivement, les chapitres les plus faciles, ceux qui sont facilement acceptés par tous, en premier. Puis dans des étapes ultérieures les sujets plus délicats. L'objectif est d'arriver au terme d'un processus de quelques mois, quelques trimestres ou plus encore, à un texte qui deviendra la référence.

La famille devra s'appuyer sur une personne extérieure pour l'aider dans cette élaboration et cette rédaction. Ce pourra être un consultant spécialisé ou bien entendu le family officer, proche des membres de la famille, qui a déjà peut-être eu l'occasion d'exercer ses talents de médiateur entre les membres. Son objectivité et sa neutralité ne doivent pas être mises en doute. Il travaille et réalise ses meilleurs efforts dans l'intérêt de l'ensemble de la famille et non du chef de famille ou d'une des branches.

G • Les pactes

D'autres sujets à consonance plus financière sont proches de la charte sans y être en général inclus. Ils se rapprochent plutôt du contenu des statuts et des pactes d'actionnaires. Ils concernent les modalités de détention du bloc d'actions par les membres de la famille, les modalités de cession, de la valorisation des titres et de leur liquidité.

L'évolution du pourcentage du capital détenu par la famille est, bien sûr, au centre de son attention. Il peut exister des moyens pour accroître ce pourcentage, en espérant aller jusqu'au contrôle de la société, en rachetant les titres d'actionnaires extérieurs, ou en concentrant sur une seule branche, celle du chef d'entreprise en principe, les actions détenues par d'autres branches. Dans le cas de la famille Peugeot, sa remontée dans le capital de PSA s'est faite par des rachats de titres par la société elle-même auprès d'actionnaires extérieurs. La famille, qui a conservé la totalité de ses titres, a ainsi vu son pourcentage s'accroître mécaniquement.

Mais les cas les plus fréquents sont inverses, ceux de cession de titres à l'extérieur par des actionnaires familiaux. Se sentir bien dans la famille implique une notion de liberté. Être membre de la famille, et reconnu, accepté comme tel, cela signifie des devoirs et des droits. Parmi ces derniers, figure la possibilité de céder ses titres de l'entreprise. Le but en sera l'obtention de liquidités afin de réaliser un projet entrepreneurial, une acquisition immobilière pour soi-même ou pour ses enfants, des donations, une diversification des avoirs.

L'important est que cette liberté de sortie existe. Si elle n'est pas motivée par un besoin réel de liquidité mais par une confiance insuffisante dans le devenir de l'entreprise, cette sortie envisagée peut ainsi être différée ou annulée par le simple fait qu'existe la possibilité de la concrétiser.

Le paradoxe est explicable : si je suis « enfermé » dans la société, je me fixe comme objectif d'en sortir. Si je me sens libre et certain de pouvoir sortir à tout moment, je suis beaucoup plus à l'aise pour demeurer actionnaire.

La liquidité, la possibilité de sortir doit donc être préparée et fixée par les documents familiaux ou statutaires, sans parler ici du cas particulier des pactes fiscaux initiés par la loi Dutreil. Bien souvent, dans les statuts mêmes, figurent les clauses classiques de déclaration d'intention de céder à un actionnaire extérieur, de préemption par les actionnaires existants, de mode de fixation du prix des titres par un expert indépendant si besoin est, etc.

À titre d'exemple, une importante entreprise familiale française. La presse s'était fait l'écho en 2010 du pacte d'actionnaires entre les familles actionnaires de la société, réunissant 51 % des titres avec une clause d'incessibilité absolue en dehors des signataires du pacte, et en laissant 22 % en dehors du pacte afin d'assurer la liquidité pour les besoins des membres de la famille.

Un pacte d'actionnaires peut venir préciser d'autres points tels que la possibilité de sortie de concert permettant aux autres actionnaires familiaux signataires du pacte de céder leurs titres à l'acquéreur extérieur dans les mêmes conditions financières.

Dans la majorité des cas, **organiser la liquidité** ne sera pas évident. Le cas de chaque famille est différent et les solutions varient de l'une à l'autre. Le premier travail à réaliser est de toute façon la relecture des documents juridiques et fiscaux déjà existants (statuts, pactes, donations et successions, etc.) afin de s'assurer que la solution retenue sera cohérente avec ces documents ou, à l'inverse, qu'il faudra faire voter par exemple une modification des statuts par une Assemblée Générale Extraordinaire si ceux-ci ont prévu des clauses de préemption qui ne correspondent plus aux nouvelles règles que la famille souhaite instaurer.

Cela peut passer par des prêts bancaires à certains des actionnaires ou à une holding regroupant tous les membres ou seulement ceux prêts à participer à son capital. D'autres acceptent le principe par défaut de la réduction de capital, le rachat de ses propres titres par la société elle-même, avec un avantage de conserver la même proportionnalité de détention du capital par les actionnaires non-vendeurs, mais aussi deux inconvénients, d'une part une lourdeur administrative (besoin d'une Assemblée Générale Extraordinaire) et, d'autre part, d'une réduction des fonds propres et de la trésorerie disponible alors que ceux-ci pourraient être consacrés à des investissements de croissance interne ou externe.

D'où parfois des règles limitant pour chaque année soit le pourcentage global du capital qui peut être racheté, soit le pourcentage maximum que chaque actionnaire peut céder, par rapport au capital de l'entreprise ou par rapport au nombre d'actions qu'il détient lui-même, ou que détient sa branche.

Depuis quelque temps se sont ainsi développées les opérations d'OBO (*owner buy out*) sous l'influence des établissements bancaires. L'OBO consiste à créer une société holding ayant vocation à racheter tout ou partie d'une participation précédemment détenue en direct, permettant ainsi de procéder à un rééquilibrage entre le patrimoine professionnel et le patrimoine privé. À cette fin, la holding créée par les actionnaires désireux de participer à cette opération va solliciter un crédit (en général bancaire) dont le remboursement sera réalisé au fil des ans par les dividendes reçus de l'entreprise contrôlée.

Les actionnaires ont ainsi liquéfié une partie de leurs titres tout en conservant en global le même contrôle de l'entreprise par les titres détenus en direct et par ceux figurant à l'actif de la holding qui leur appartient. L'opération peut également être utilisée pour faire entrer (dans la holding) un nouvel investisseur ; pour préparer la transmission à la génération suivante, des donations devenant plus faciles à réaliser si le chef d'entreprise dispose désormais de liquidités suffisantes ; ou pour s'assurer du contrôle total de la société en facilitant la sortie d'actionnaires minoritaires dont les vues seraient trop divergentes.

Certaines familles mettent sur pied une « bourse interne », un marché où se confrontent offre et demande de titres, vendeurs et acheteurs, en supposant qu'un équilibre puisse être trouvé, mais en instaurant des règles permettant de trouver la meilleure solution en cas de déséquilibre.

La question de la valeur des titres, du prix d'échange, peut être résolue par ce mécanisme de « bourse interne ». La plupart du temps, il est nécessaire de recourir à une valorisation par une personne extérieure. Celle-ci sera choisie le moment venu ; bien souvent, ce sera l'un (ou plusieurs) des acteurs extérieurs à la société connaissant bien sa comptabilité (expert-comptable) et les perspectives de croissance du chiffre d'affaires et de résultat ; dans d'autres cas, ce sera une personne dont l'objectivité et la neutralité vis-à-vis de tous ne pourront être mises en doute, outre sa compétence reconnue à réaliser ce travail de valorisation (expert judiciaire en finance).

À titre d'exemple, une des grandes familles françaises, par la valeur de son entreprise et par le nombre de ses membres, a mis au point un processus annuel de valorisation qui inclut un travail réalisé par un expert indépendant, changé tous les deux ans afin que son successeur reprenne les principes de calcul retenus mais les modifie s'il le juge préférable ou simplement les actualise.

La valeur retenue est communiquée aux membres de la famille qui peuvent alors se déclarer vendeurs ou acheteurs à ce prix. Contrairement au mécanisme classique des marchés boursiers, ce n'est donc pas la rencontre de l'offre et de la demande qui détermine le prix mais un « dire d'expert ».

Une autre famille fait procéder tous les ans par un expert à la valorisation de l'entreprise, valorisation retenue pour les échanges, les donations, les successions. Cette famille se trouve placée devant une nouvelle question à résoudre : plusieurs actionnaires ont décidé de se regrouper au sein d'une holding qui va, par conséquent, détenir une part significative de la société. Cette modification de structure oblige la branche la plus importante dans le capital à tenir compte du niveau de ce désormais deuxième actionnaire et à écrire ou revoir les clauses de préemption, sorties conjointes, etc.

Le fait qu'existe d'ores et déjà une méthode de valorisation des actions, acceptée de longue date par l'ensemble des membres de la famille, facilite l'adoption de ces clauses par les signataires concernés.

La charte familiale établira des principes généraux sur le besoin de liberté des actionnaires familiaux, sur l'exigence de liquidité, et bien souvent sur le souhait des fondateurs que l'entreprise demeure le plus longtemps possible dans les mains de la famille. Ou à l'inverse en ouvrant clairement la possibilité, si la question se pose à un moment, de céder l'entreprise, si les conditions financières offertes sont exceptionnelles ; ou bien parce que la famille n'est plus à même d'assurer le développement de la société et d'y injecter les capitaux nécessaires ; parce qu'il n'existe pas, parmi la « jeune génération », de membres capables ou désireux d'assurer la relève ; enfin, parce que les perspectives de la société ou de son secteur d'activité justifient la cession ou à tout le moins l'arrivée d'un partenaire (fonds d'investissement par exemple) qui va bouleverser les liens entre la famille et l'entreprise.

Nombreux sont en effet les cas d'entreprises familiales qui ont ouvert leur capital à des fonds d'investissement, sujet qui prête désormais à discussion étant donné l'ampleur que prend ce phénomène.

Un autre cas, moins classique, est celui d'une famille britannique qui détenait une compagnie d'assurances importante ou même très importante. Au point qu'à un moment, il ne lui a plus été possible de faire face aux besoins de fonds propres imposés par les règles prudentielles des autorités de tutelle. La famille a pris la décision en 1996 de vendre totalement sa participation à l'UAP, devenue depuis AXA, et de réinvestir le produit de la cession en placements financiers. Chacun des membres s'est retrouvé détenteur d'un patrimoine significatif. Fait remarquable, la majorité d'entre eux a alors choisi de rester ensemble, de créer une nouvelle entité (Sand Aire) dont l'activité est dédiée à la gestion de leurs actifs financiers. Cette société a été remarquablement bien dirigée par un membre de la famille, Alexander Scott, au point de commencer progressivement à attirer des capitaux extérieurs à la recherche de gestionnaires de qualité et, de façon non étonnante, ces investisseurs extérieurs ont été des familles fortunées dont la philosophie d'investissement est proche de celle de la famille fondatrice.

Afin de permettre une saine communication et un partage des rôles entre les membres de la famille pour intéresser la communauté au projet commun, il convient de veiller à ne pas exclure certains membres du process décisionnel et moins encore sur un critère de génération qui rendrait certains membres impropres à échanger sur cette étape fondamentale d'unité et d'avis à prendre auprès du plus grand nombre. La communication, l'information et la formation sont essentielles pour une gouvernance efficace.

Un autre écueil, encore plus sérieux : la charte ressemblant très fortement par certains aspects à un document juridique (sans en avoir la valeur) ou à un pacte d'actionnaires. Par exemple, une première partie citant certaines valeurs morales guidant la famille mais de façon insuffisamment précise. Le rappel de l'historique de la fortune peut également être intégré à ce document mettant en avant les facteurs humains, les périodes heureuses et celles plus difficiles, le vécu qui explique la situation présente et les perspectives d'avenir de la famille et de l'entreprise.

La charte n'ayant pas de pouvoir juridique il convient de ne pas lui donner une valeur autre que la sienne. Ainsi les questions sur la liquidité du titre ou encore le règlement des conflits doivent être prévus pour permettre de désamorcer tout problème inhérent à un membre. De telles contraintes, imposées par un texte, même signé par tous les membres de la famille, ne peuvent conduire à terme qu'à une situation conflictuelle. Il est illusoire d'espérer que les générations suivantes ne vivront pas des désaccords entre les membres, des périodes où certains garderont confiance dans l'entreprise créée par leurs ascendants qu'il serait inimaginable de vendre, mais où d'autres estimeront largement préférable de céder leur investissement dans les meilleurs délais en craignant pour l'avenir de la société.

Le texte d'une charte n'est pas éternel. Le family officer doit collaborer avec les membres de la famille, souvent avec un groupe de travail auquel cette mission a été confiée, pour mettre à jour périodiquement ce texte, par exemple tous les trois à cinq ans et le faire agréer par tous comme indiqué ci-dessus. Et tous les vingt/vingt-cinq ans, l'espace d'une génération, un travail plus important de réécriture de la charte doit être initié.

Tout doit être revu sans *a priori* initial, avec le même processus de consultation des membres de la famille d'un âge suffisant, dont certains n'étaient pas nés ou trop jeunes vingt ans auparavant. D'ailleurs, rappelons-le, le processus de réécriture, tout comme celui de la rédaction initiale, n'implique pas obligatoirement un travail global. Certaines clauses, les plus faciles seront revues et acceptées en premier, d'autres seront revues ultérieurement si le consensus est plus difficile à trouver.

En prévoyant dès la première version une révision périodique, la famille méthodologiquement se met en marche vers des horizons à moyen terme permettant de rassembler les membres.

En fin de compte, la version définitive doit être soumise à l'accord de juristes afin de vérifier que la charte ne déroge pas à des règles de droit et que certaines clauses ne sont pas en contradiction avec des textes d'une valeur juridique plus forte tels que les statuts de la société ou les pactes d'actionnaires enregistrés.

Les exemples pourraient être multipliés. Le point principal est de montrer le rôle du Family Office en matière de gouvernance familiale. Il participe activement à la rédaction de la charte familiale, y compris à l'élaboration du processus à mettre en œuvre pour en faire un corpus accepté par tous. À cette fin, notamment, le family officer coordonne de manière objective les parties en présence.

Que la charte existe ou non, il doit de toute façon exercer au sein de la famille et, si celle-ci lui en confie la mission vis-à-vis de l'entreprise, un rôle de médiateur, de facilitateur. Au service de l'ensemble des membres de la famille, il est à l'écoute de tous, s'efforce d'anticiper les futurs conflits, d'aider la famille à préparer l'avenir, de former les jeunes générations. Il est pour chacun le trusted advisor auquel il est possible de faire part, en toute confidentialité, de ses difficultés avec ses parents, ses enfants, ses frères et sœurs. Il aide les branches dont les intérêts peuvent être divergents à trouver ensemble la solution la meilleure pour tous.

Le family officer doit réussir à être considéré comme étant à la fois un extérieur indépendant et objectif et un « presque » membre de la famille, en connaissant les détails du passé et la psychologie de chacun ainsi que les éléments actuels qui justifient son action.

Exemple : Conflit et vente de l'entreprise

Dans le cas d'une famille entrepreneuriale arrivée à la 3e génération devant prendre le contrôle du capital et la direction opérationnelle de l'entreprise au départ de ses parents, des dissensions sont apparues, qui ont ensuite été à l'origine de la cession de l'entreprise et de projets distincts de la part de chaque branche. Les différents actionnaires, dépositaires de ces titres de société ont fait prévaloir la pérennité de l'entreprise sur la pérennité de l'actionnariat familial.

Quels sont les facteurs annonciateurs de difficultés lors des transmissions de relais ?

1) L'origine des conflits familiaux est souvent liée à la mobilité des branches et à l'information insuffisante sur le devenir de la société. À défaut d'entretenir les actionnaires des sujets intéressant l'entreprise, son développement, ses difficultés et ses succès, les actionnaires deviennent passifs et alors détachés de l'entreprise. Le lien capitalistique attaché au revenu reçu de l'entreprise réduit l'affectio societatis et ainsi la pérennité de l'actionnariat.

2) Les changements au sein de la famille (remariages, enfants d'un second mariage, la dichotomie des revenus entre les branches) donnent lieu à des tensions sur le contrôle de la société et les postes de direction, tout autant que sur les considérations financières. Il revient entre autres à la famille, selon les règles qu'elle définit, de préciser la place des conjoints dans la famille. Les Américains parlent plus volontiers de « *in-laws* » ce qui correspondrait à nos « pièces rapportées » (terme souvent perçu de manière péjorative) ou « valeurs ajoutées » (terme mélioratif). Les décisions, idéalement, sont prises par les membres de la famille réunis de façon formalisée au sein d'une « assemblée générale de la famille » comparable à l'assemblée générale de la société ou d'un « directoire familial » analogue à celui de l'entreprise familiale. Au sein de ces réunions de prise de décision, les conjoints doivent-ils être présents ? Clairement oui s'ils sont actionnaires. Pas nécessairement si tel n'est pas le cas. Mais il ne faut pas se tromper sur leur rôle indirect important pour influencer le « décideur ».

3) La solution de la charte familiale permet d'organiser la gouvernance familiale, les liens avec l'entreprise. Sur le sujet de la valeur juridique elle n'a qu'une valeur morale. Elle ne lie pas le juge dans sa prise de décision. Devant un tribunal le demandeur peut cependant mettre en avant cette valeur morale, l'intention des signataires de la charte et donc les mauvais agissements de celui qui n'a pas respecté les clauses concernées. Ses mérites sont importants, même si sa vraie valeur est en réalité plus morale que juridique.

Comment se prémunir de la vente de l'entreprise familiale ?

1) le recours à un Family Office dont l'expérience de cas similaires, les contacts avec les experts les plus compétents et le bon professionnalisme doivent permettre d'anticiper et prévenir les conflits dès qu'une telle menace apparaît. Cette mission est prioritaire au sein de la fonction de « *risk manager* » du family officer. Elle ne s'exerce efficacement que si existe une confiance réciproque avec les membres de la famille, renforcée au fil des ans.

2) la co (corédaction) rédaction d'une charte familiale. Celle-ci doit être rédigée, par le family officer avec un expert et la participation de la totalité des membres de la famille. Tous les avis sont pris en considération de manière égalitaire. Celle-ci en outre est revue de façon périodique, par exemple tous les 3 à 5 ans permettant de renouveler l'accord familial sur son contenu et ses modalités. Comme énoncé plus haut, la valeur symbolique de la charte est importante.

2. La formation du futur chef d'entreprise, des autres actionnaires

C'est dans ce contexte de la gouvernance familiale que se situe la nécessité de la formation. Le thème de la formation des membres de la famille et du rôle du Family Office dans ce domaine est plus fréquemment abordé aux États-Unis par exemple que dans notre pays. Il couvre deux sujets différents.

Le premier, connu dans le monde anglo-saxon, est celui du ***leadership*** : qui seront les leaders de demain ? Comment faire pour les détecter au sein de la famille et les former à leur rôle futur ? Selon les familles, cette fonction va être réservée exclusivement au chef de famille en place. Mais là se pose une nouvelle question, qui est le chef de famille ? Y a-t-il un leader et un seul, par exemple le chef de famille, celui qui décide en fin de compte au nom de tous les membres ? Est-il la même personne que celle qui préside aux destinées de l'entreprise familiale ? Les Américains répondent clairement : non, pas nécessairement. En France, les deux fonctions tendent à se confondre sauf les cas où le président a laissé sa place dans l'entreprise (passé de la présidence du directoire à celle du conseil de surveillance) mais a conservé son rôle de chef de famille.

Ou bien l'ensemble des membres de la famille, ou les représentants au Conseil de famille, seuls ou avec l'aide d'extérieurs (consultants spécialisés, DRH de l'entreprise familiale ou family officers), vont-ils tenter de s'entendre sur le nom du ou des futurs dirigeants, même encore très jeunes ?

Enfin, cas qui va devenir de plus en plus fréquent, cette sélection peut être réalisée avec la participation des dirigeants non familiaux de l'entreprise. Les avantages sont d'une part leur impartialité puisque leur désir est de voir de futurs dirigeants efficaces à la tête de la société ; et d'autre part, le consensus ainsi obtenu au sein de l'entreprise bien longtemps avant l'entrée des jeunes dans la société, puisqu'ils auront été sélectionnés par des cadres extérieurs à la famille.

Dans tous les cas, le family officer sera à tout le moins consulté. Son rôle sera sans doute encore plus grand lorsqu'il faudra préparer une stratégie de formation de ces jeunes, incluant formation universitaire, séjours à l'étranger, travail dans d'autres entreprises, mais aussi apprentissage progressif des caractéristiques de l'entreprise familiale, stages d'été, etc.

Le deuxième sujet concerne **la formation des jeunes qui ne sont pas destinés à être dirigeants de l'entreprise mais à en devenir actionnaires**. Le démembrement de propriété fera peut-être en sorte qu'ils deviennent nus-propriétaires et non usufruitiers. Ils seront de toute façon dès lors associés à la vie de la société.

Depuis une décennie au moins, des établissements bancaires et des consultants organisent des séminaires, pour réunir des jeunes de différentes familles européennes ou encore plus internationales et leur inculquer quelques principes de base. D'autres institutions regroupent les jeunes d'une même famille.

La question ne se pose pas pour ceux des jeunes membres étudiants d'écoles de management (*business schools*) françaises ou étrangères : même s'ils ne sont pas appelés à travailler au sein de la société familiale, leur formation, et le travail qu'ils auront dans l'entreprise qui les accueillera leur permettront de remplir pleinement leurs fonctions d'actionnaires.

Mais tel n'est pas le cas pour ceux qui s'orientent vers d'autres occupations, liées à l'art, l'architecture, la médecine, la chimie, etc. Pour tous ceux-là, s'impose un besoin de formation sur quelques sujets :

– **Qu'est-ce que l'argent ?** Que représente le fait d'être « riche » et surtout d'être vu comme tel par les autres ? Comment apprendre à ne pas le montrer, quels sont les pièges à éviter ? On connaît les aphorismes liés à l'argent bon serviteur et mauvais maître. Il faut les mettre en pratique dans sa vie de tous les jours.

– **Que faire de cet argent ?** Tout d'abord, il faut apprendre à donner ou redonner. Tout comme le premier point ci-dessus, cette forme d'esprit sera inculquée avant tout par les parents (ainsi dans une famille américaine, dès 6 ans, les enfants apprennent à remplir trois enveloppes marquées « *Save* », « *Give* » et « *Spend* »). Le family officer ne pourra que renforcer ce que les parents auront enseigné par leur exemple.

– **Comment faire fructifier cet argent**, c'est-à-dire quels sont les principes de base à respecter (risque/rémunération, diversification...) et comment choisir ses gestionnaires ? On retrouve ici la fonction principale du family officer, trusted advisor, qui va conseiller le jeune et l'accompagner au fil du temps.

– **Comment comprendre les avantages et les inconvénients des classes d'actifs ?** Les jeunes qui ont fait de brillantes études, en architecture par exemple, ne sont pas forcément compétents sur ce qui concerne les risques des marchés boursiers, la différence entre obligations à taux fixe et à taux variable, la valorisation d'un zéro coupon, etc. Ils ont besoin d'explications basiques sur la manière de suivre la gestion effectuée par les professionnels choisis, sur les structures de détention possibles, en commençant par l'assurance-vie. Par ailleurs, ils doivent maîtriser les notions élémentaires de droit, notamment droit de la famille, et de fiscalité, ne serait-ce que l'impôt sur le revenu et les plus-values, les donations et les successions, l'impôt sur la fortune immobilière.

Connaître l'entreprise familiale dont ils vont être actionnaires, peut-être importants. Comment fonctionne une société, qu'est-ce qu'un bilan, un compte de résultat, est-ce positif ou négatif de voir les stocks s'accroître, comment en juger ? Un certain nombre de notions sur la vie financière, tout comme sur la vie industrielle et commerciale de la société, sont indispensables pour comprendre ce qui se dit lors d'une assemblée générale. Et plus précisément tout ce qui touche à l'entreprise familiale, son organisation et même son organigramme, ses produits, ses concurrents.

Si l'on se réfère aux trois cercles qui s'entrecroisent, de la famille, de l'entreprise et de l'actionnariat, on sent bien qu'il existe des liens dans tous les sens entre ces trois ensembles. La difficulté est de faire en sorte que ces liens perdurent.

L'une des causes de rupture de ces liens est la perte de contrôle actionnarial de l'entreprise par la famille, phénomène à l'origine duquel risque de se trouver la perte de lien entre la famille (les jeunes notamment) et l'entreprise et, en allant plus loin encore, la disparition du lien unissant le jeune à sa famille et donc à l'entreprise familiale.

Dans certains cas, cette formation ou information des jeunes n'est pas réalisée. Plus grave encore, les jeunes devenus très nombreux au fil des générations ne se connaissent pas entre eux. Il n'existe plus de véritable ensemble familial dont chacun se sente faire partie. Les cousins issus de fils, petits-fils mais aussi petites-filles du fondateur portent d'ailleurs souvent des noms différents. L'*affectio familiae*, manquante dans le cas ci-dessus, est à la base de l'*affectio societatis* pour ceux qui n'ont pas de liens de travail avec l'entreprise.

Autant dire qu'à la première offre intéressante formulée par un investisseur extérieur, ces futurs actionnaires seront prêts à céder leurs titres. D'où le besoin de renforcer, idéalement simultanément, *affectio familiae* et *affectio societatis* : le savoir-vivre ensemble et le vouloir vivre-ensemble ainsi que le sentiment d'être associé à un projet Le family officer sera tout désigné pour organiser des rencontres entre cousins de la même tranche d'âge et notamment des visites, des voyages liés à l'activité de la société, des visites d'usines ou d'entrepôts selon son secteur, des voyages en province ou aux États-Unis ou en Chine pour voir les implantations locales de l'entreprise familiale, la vigueur des économies locales, les spécificités des marchés. Tout en suscitant leurs suggestions de façon à les associer le plus étroitement possible à ce lien familial qu'il faut pérenniser.

Aux États-Unis, des formations dédiées existent notamment à Wharton ou au Babson College à l'image de la chaire à l'INSEAD permettant de professionnaliser le sujet encore trop souvent passé sous silence ou méconnu.

En France, ces différents sujets commencent à intéresser les familles, certains exemples récents ayant mis en lumière le risque pour la famille et l'entreprise, donc ses salariés, de laisser de côté un certain nombre de membres potentiellement décideurs importants face, par exemple, à une tentative extérieure de prise de contrôle de l'entreprise familiale.

Nous ne sommes encore qu'au début d'une prise de conscience plus générale et d'une mise en application des bonnes intentions. Cependant, certains articles de presse ont récemment traité du sujet des vacances studieuses des enfants de familles fortunées.

3. La philanthropie

Winston Churchill a énoncé « L'homme se définit par ce qu'il obtient, mais il reste dans l'Histoire par ce qu'il donne ».
La philanthropie peut être considérée comme proche du cœur de la mission du Family Office (pérenniser sur le long terme l'harmonie et les intérêts patrimoniaux de la famille).
Le sujet est développé aux États-Unis depuis très longtemps. On a vu plus haut, dans la formation, l'éducation des enfants dans ce sens dès leur plus jeune âge. Les familles fortunées ont quasiment de tout temps redonné sous une forme ou sous une autre une partie de ce qu'elles ont acquis. Ceci est conforme à la tradition datant de l'année suivant le débarquement du Mayflower : fêtons Thanksgiving pour rendre grâce, et donc redonnons une partie de ce que nous avons pu récolter, au sens propre du terme, ou gagner dans les affaires. Les grandes fortunes constituées dès le XIXe siècle se sont illustrées avec les fondations créées par les Rockefeller, les Carnegie et de nombreuses autres familles. L'objet de leurs dons est souvent culturel, pour les musées des grandes villes ou de villes plus petites dont certains membres sont issus ; ou pour les universités dont l'enseignement a permis leur réussite et leur enrichissement. Ainsi en est-il des dons de « 400 à 600 » millions de dollars à Columbia University à New York par l'un de ses anciens élèves, de 350 millions de dollars à Harvard en 2021 ou encore de 480 millions de dollars par Patrick Ryan le fondateur de la société de courtage d'assurance éponyme. D'autres dons visent un objet médical ou social, les plus célèbres étant ceux consentis ou promis successivement par Bill Gates (33 milliards de dollars) et Warren Buffet (une partie importante des 37 milliards de dollars promis à cinq fondations) à la Fondation de Melinda et Bill Gates destinée à lutter contre les maladies et la pauvreté avec des dons de 15 milliards réalisés en 1999 et en 2021 par Bill Gates. Selon une étude

du magazine Forbes, les 25 plus gros donateurs américains représentant une fortune totale estimée à 936 milliards de dollars ont fait don de 196 milliards de dollars au cours de leur vie jusqu'à fin 2022 dont 27 milliards pendant l'année 2022. 17 d'entre eux ont signé le Giving Pledge prévoyant de donner au moins la moitié de leur fortune de leur vivant ou à leur décès. Leur culture du don, l'imaginaire du *self-made man*, l'implication religieuse et les incitations fiscales sont autant d'éléments spécifiques au caractère ancré chez les Américains de la culture du don.
Le *Family Office report* de l'Université de Wharton met en exergue la prise en charge à 70 % des activités philanthropiques par des fondations familiales.
À noter par ailleurs, une corrélation forte entre l'incitation à donner et l'origine de la fortune, à savoir une propension significativement plus élevée chez les entrepreneurs, qui ont généré eux-mêmes leur fortune, que chez ceux qui en ont hérité. Le plus souvent les entrepreneurs ont la volonté de contribuer auprès du plus grand nombre à l'image de ce que ses ressources en éducation, en contacts avec la pédagogie etc. ont besoin.
La politique du Giving Pledge aux États-Unis est très importante en termes de communication pour faire bouger les lignes auprès des grandes familles. L'objectif est de les sensibiliser à donner auprès de grandes œuvres caritatives, considérant que le patrimoine à transmettre à leurs enfants est lié avant tout à l'accès aux études puis à un patrimoine jugé suffisant pour leurs besoins.
En France, le mécanisme de la réserve héréditaire pourrait faire échec à une répartition de 50 % du patrimoine du défunt au profit d'associations dans la mesure où la quotité disponible à partir de 2 enfants est de 1/3 seulement du patrimoine et de ¼ à partir de 3 enfants. Une trop grande générosité dans des contrats d'assurance-vie avec pour bénéficiaires des associations à vocation philanthropique pourrait être attaquée par les héritiers directs qui s'estimeraient ainsi lésés.
Le Centre d'étude et de recherche sur la philanthropie (CERPHI) recense en France 8.5 milliards d'euros de dons déclarés à l'impôt sur le revenu en 2019 avec une disparité de 5 milliards des particuliers et 3,5 milliards représentant la générosité des entreprises. L'aide et la protection de l'enfance ainsi que la protection des animaux représentent chacun 27 % des dons, suivis de la lutte contre l'exclusion et la pauvreté, l'aide aux personnes âgées et le soutien à la recherche médicale tandis que la culture arrive encore après.

À cette occasion, est apparue plus clairement une autre tendance déjà à l'œuvre aux États-Unis depuis quelque temps sous la forme d'une question : « *How much is enough ?* ». Autrement dit, à partir de quel niveau de fortune peut-on estimer que le montant dont dispose la famille est suffisant ? Suffisant pour soi-même, pour l'objectif que l'on s'est fixé de « réussir dans la vie », mais aussi pour les générations à venir. Le Family Office vise à pérenniser les intérêts familiaux. S'agit-il inévitablement de les maximiser ? Oui si telle est la volonté de la famille. Mais une autre mission peut consister, à l'inverse, à aider la famille à se défaire intelligemment d'une partie des sommes qu'elle a acquises, en en faisant bénéficier la communauté.

Dans cet esprit, Warren Buffett a déclaré qu'il voulait laisser à ses enfants (et à leurs descendants) « assez d'argent pour réaliser ce qu'ils voulaient faire, mais pas assez pour qu'ils puissent ne rien faire ». À lui de fixer ce qu'il entend par cette définition, sous forme d'un chiffre, en millions ou dizaines de millions de dollars de toute façon, mais éventuellement par un schéma juridique (trust...) permettant de limiter le montant disponible pour chacune des générations.

De nombreux entrepreneurs privilégient désormais l'éducation de leurs enfants à la transmission d'un capital important qui pourrait vicier la capacité de travail de la génération suivante.

De même, Jean-Paul Baudecroux, fondateur et actionnaire majoritaire du Groupe NRJ, a doté la fondation NRJ de 30 millions d'euros et explique : « On affaiblit ses enfants quand on leur donne tout sans qu'ils l'aient acquis ou mérité. Et je trouve sain de leur laisser le moins de biens possible en héritage. C'est une preuve d'amour. Il est dommage qu'en France on ne puisse pas choisir librement le montant qu'on souhaite leur laisser » (*La Tribune*, 3 avril 2008).

Un autre cas est celui d'un chef d'entreprise américain qui a créé une fondation et l'a dotée de la quasi-totalité de sa fortune. N'ayant pas lui-même un objectif défini dans le domaine social, cette fondation devra choisir les meilleures causes et les meilleurs vecteurs. Mais, afin d'éviter qu'une superstructure ne s'installe et ne perdure en vivant grâce aux produits générés par son apport à la fondation, il a fixé à cette dernière une durée de vie maximum de 10 ans. À cette échéance tous les fonds auront été versés pour les causes choisies et la fondation sera dissoute.

Il existe aux États-Unis plusieurs organismes importants auxquels familles et family officers peuvent s'adresser pour affiner leur réflexion, étudier les différents mécanismes possibles (voir sites internet en fin de livre). En France, le sujet est beaucoup moins connu. La raison ne tient pas, contrairement à ce que l'on aime à penser, à des critères uniquement fiscaux. D'abord parce que ce ne sont pas des considérations financières ou fiscales qui guident en priorité les familles vers la philanthropie. On donne parce qu'on veut donner ou redonner, faire profiter les autres de la chance qu'on a eue. Par altruisme, mais aussi inévitablement par une certaine forme d'égoïsme, de raisons personnelles, de culpabilisation, de satisfaction de donner, de soigner son image vis-à-vis des autres ou vis-à-vis de soi-même.

Certes, une fiscalité incitative ne peut aller que dans le bon sens. Tel a été le cas aux États-Unis ; mais tel est à peu de chose près le cas en France depuis quelques années. La fiscalité n'étant plus un frein, va-t-on assister en France à un accroissement sensible des actions de philanthropie par les familles fortunées ? On constate que de plus en plus de missions autrefois d'intérêt général prises en charge par l'État se retrouvent entre les mains d'acteurs privés au travers de projets d'envergure. On peut à ce titre constater les récents projets muséaux réalisés par LVMH à Neuilly et par la famille Pinault à Paris. Le développement de grandes fortunes va dans ce sens, de même que l'évolution générale de la société. Le mouvement a été initié de longue date et les fondations familiales se sont multipliées. Les réunions sur les mécanismes de création de fondations, les différences entre associations et fondations, entre fondation hébergée ou non hébergée attirent de nombreux auditeurs.

Parmi les raisons « égoïstes » (par opposition à « altruistes ») de créer une fondation familiale, figure le rôle que celle-ci peut jouer de ciment familial (*family glue*). Ceci est vrai pour les familles détenant une entreprise ; mais plus encore pour celles qui l'ont cédée. Avant la cession, dans le cadre de l'entreprise familiale, l'assemblée générale annuelle, en cas d'absence d'autres réunions, constitue une occasion de se rencontrer tous ensemble et d'œuvrer en principe dans le même sens, celui du développement de l'entreprise. Après la cession de l'entreprise, ces réunions disparaissent.

La fondation permet, elle aussi, de réunir tous les membres de la famille qui ont accepté d'y participer, ne serait-ce que pour faire le point une fois par an au minimum sur les réalisations récentes. Cette notion de ciment familial, d'objectif commun est plus facilement attachée à une fondation dont l'objet permet une forme d'évaluation, de quantification, de résultat, d'approche vers le but recherché. Par exemple, la recherche médicale afin de lutter contre une maladie, souvent choisie parce que malheureusement bien connue de la famille, ou un objet social lié à l'environnement immédiat de la famille, à sa région d'origine.

Le family officer va avoir un premier rôle, celui d'aider la famille à « faire sortir » son désir et à devenir active de manière organisée en matière de philanthropie. Chacun des membres s'intéresse séparément à telle ou telle fondation ou association. Il s'agit désormais de regrouper dans une entité familiale ceux qui sont prêts à l'accepter.

La difficulté suivante est celle du choix de l'objet de la fondation. Parfois, celui-ci s'impose, mais bien souvent la décision n'est pas fournie spontanément et facilement par la famille et ce choix sera l'occasion de discussions, chacun mettant en avant ses arguments dans son sens. Des conflits peuvent ressurgir. Cette étape, indispensable, se révèle dans certains cas beaucoup plus ardue qu'on ne l'imaginerait, exigeant de la part du family officer une fonction de médiateur pour obtenir le consensus recherché.

Une fois ce pas franchi, le family officer continuera à aider la famille dans l'analyse des possibilités, dans l'étude juridique, dans le choix de l'avocat qui va monter le dossier administratif et dans la constitution des collèges de la fondation.

Les sommes données sont considérées comme sorties du patrimoine, au moins en termes financiers. Une famille italienne raisonne différemment : elles constituent une autre forme d'actifs dont le montant est inclus à part dans le patrimoine familial. Leur suivi doit donc être aussi professionnel que celui des portefeuilles financiers. D'où le rôle du family office, agissant pour le compte de la famille ou aux côtés de celui ou de ceux des membres qui se dédient à ce sujet, d'organiser la « gestion » et le suivi.

Ce domaine d'activité prend et prendra de plus en plus d'importance à l'instar de ce qui est constaté aux États-Unis, en Grande-Bretagne notamment, mais aussi dans les pays émergents tels que l'Inde. Le Family Office pourra s'appuyer sur de vrais professionnels, ainsi qu'on le voit dans ces pays, et depuis quelques années en France à l'exemple du précurseur Phi Trust ou de Wise installée à Genève. D'autres sociétés de ce type existent également à Londres (« *donor consulting firms* »). Par ailleurs, les établissements financiers ont également une réelle expertise et une capacité de conseil, soit afin de resserrer les liens avec les familles dont elles sont déjà proches, soit, comme la Banque Transatlantique ou la Société Générale par exemple, par une réelle vocation et le désir de contribuer au développement de la philanthropie en France.

La professionnalisation de la philanthropie n'est pas un oxymoron, le rapprochement de deux termes antinomiques. Rien n'interdit, bien au contraire, de s'efforcer de traiter avec l'expertise voulue la gestion, l'organisation de fondations et autres associations afin de tenter d'obtenir de chaque euro donné le maximum d'efficacité vers l'objectif recherché. C'est une tendance, déjà très clairement exprimée aux États-Unis et apparue depuis quelques années en France : comment optimiser les contributions et les gérer de façon stratégique comme tout autre investissement ?

Depuis quelques années l'activité philanthropique a évolué et s'est professionnalisée. L'objectif est désormais d'être capable de mesurer l'impact du don au travers d'outils d'analyse. D'une part au sein de la structure destinataire du don et d'autre part auprès des bénéficiaires finaux. La mesure du don est notamment réalisée à partir des frais de la structure, les charges de personnel, les contraintes territoriales d'affectation des fonds ou encore à titre d'exemple la disparité des aides étrangères dans le calcul du budget annuel. Certaines sociétés à l'image de B Corp pionnière permettent de certifier une entreprise ayant un impact positif et la volonté d'améliorer chaque année sa note B Corp.

Challengeant l'équipe, cette étiquette permet également de rassurer les donateurs sur le sérieux d'une démarche philanthropique au lendemain de scandales dans le secteur de la santé et d'une opacité forte sur l'utilisation des dons reçus.

En tant que family office, notre rôle dépend du niveau de délégation souhaité par la famille souvent intéressée par ce thème concret : le family officer traite les sujets juridiques, le reporting financier et l'animation des conseils. Ainsi le family officer peut réaliser une collaboration avec un notaire, un avocat et ou un expert-comptable, la constitution de l'outil juridique correspondant le mieux aux souhaits de la famille d'organisation (association, fonds de dotation ou fondation) L'entité peut être opératrice de projets par elle-même ou financer des missions. De même, l'entité peut être autonome ou abritée par une fondation reconnue d'utilité publique à l'image de la Fondation de France, les Apprentis d'Auteuil ou Caritas par exemple. Ces entités assument alors pour le compte de la structure sous-jacente l'ensemble des formalités comptables et juridiques pour permettre aux donateurs de s'occuper exclusivement du projet philanthropique. Le livre blanc de l'AFFO sur la philanthropie, cité dans la bibliographie permet d'approfondir ces aspects juridiques.

Dans la durée notre mission de Family Office permet aussi par le reporting des actifs consolidés et les points de gestion avec les gérants financiers, de contrôler la performance souhaitée sur les actifs car les coupons, dividendes et plus-values peuvent être le produit permettant de réaliser le budget voté en conseil d'administration et donc l'animation des projets de la structure philanthropique.

La dotation permet d'apporter un capital au projet. Consomptible ou non, cette dotation vient limiter le volume d'actifs éventuellement consommé par l'entité au service de la cause défendue. Selon le souhait des fondateurs, il convient de définir ce qui peut advenir du capital initial : un actif fongible en liquidités ou un actif non consomptible, par exemple s'il s'agit d'un bien familial qu'il convient de protéger, équivalent à un « trésor de guerre » de la famille.

Selon le projet de la famille philanthrope, il convient alors de définir quels capitaux sont allouables au projet, quel rendement en est attendu pour financer les projets chaque année, et en cas d'année difficile : le capital peut-il être consommé au service des projets philanthropiques. Les capitaux apportés et les fruits de sa gestion ainsi que d'éventuelles aides ou dons de tiers doivent permettre au projet d'être viable dans le temps.

Selon les hypothèses et si la famille le souhaite, le family officer peut également être force de propositions de projets à soutenir en tenant compte des appétences des membres de la famille grâce à sa connaissance large de chacun. Son rôle d'animateur de la structure philanthropique permettra d'accompagner l'éventuel délégué général ou les autres interlocuteurs aux côtés de la famille (expert-comptable, commissaire aux comptes notamment).

Dans ce domaine, comme dans les autres, quel que soit le degré d'affectif que la famille y introduit, le Family Office est à ses côtés pour y exercer son activité de professionnel.

Exemple : L'accompagnement de projets philanthropiques

Le family officer joue un rôle triple : en complément de son rôle moteur de propositions auprès de la famille, il doit également être garant de la mise en œuvre opérationnelle des décisions et *in fine* de leur animation pérenne dans le temps au-delà les évolutions réglementaires, de la famille, politiques et économiques.

À l'image des projets financiers, juridiques et fiscaux, le family officer peut être amené à accompagner une famille sur des sujets philanthropiques d'envergure. De plus en plus de familles désireuses de laisser une empreinte auprès des générations suivantes désirent initier à plusieurs mains un projet commun, complémentaire du patrimoine financier qui sera transmis. Citons par exemple une branche héritière d'un important groupe industriel mais ayant en tête la cession à venir. La volonté de la mère et ses deux enfants de 30 et 34 ans de développer un nouveau projet philanthropique à impact dans le secteur de l'habitat inclusif : mêlant une activité immobilière et une mission philanthropique auprès de personnes handicapées.

Le family officer informe les membres de la famille des modalités concrètes possibles : en France l'association, la fondation ou, plus souple, le fonds de dotation. Si la famille doit intervenir dans plusieurs pays des solutions sont également possibles. Aider la famille à rédiger les statuts, définir les comités, le bureau, identifier le périmètre des actions à soutenir, choisir si l'activité sera abritée ou autonome, distributrice d'argent à des initiatives extérieures ou opérationnelles, quelle équipe au service du projet au quotidien... Passée sa constitution il convient de doter et d'animer l'outil au service du plus grand nombre.

Le Family Office par sa connaissance des membres, de l'histoire de la famille et des appétences des uns et des autres peut assister et compléter l'équipage en ayant par exemple la gestion juridique et financière du projet et l'accompagnement en ligne avec l'expert-comptable et le commissaire aux comptes des enjeux. Par sa méthodologie et sa rigueur, la famille est rassurée sur le bon suivi des opérations en ligne avec les autorités administratives. La famille et les opérateurs ont seuls la charge des œuvres à sélectionner et à conduire. Dans certains cas le family officer peut également aider sur certains de ces sujets en fonction de son appétence et de son réseau. Enfin, le Family Office doit permettre d'accompagner la famille sur les actualités liées à la philanthropie notamment les labels qui existent : sociétés à missions, B Corp... pour favoriser la dynamique du projet et son essor au-delà du périmètre *ab initio*.

4. Le juridique et le fiscal, l'ingénierie patrimoniale

En matière de gouvernance familiale, le family officer a un rôle important à jouer de façon directe lui-même et, *a priori*, sans assistance extérieure. En revanche, dans les questions d'ordre juridique et fiscal, le family office, même spécialisé, ne peut tout connaître impeccablement. Il devra donc avant tout tenter d'anticiper en fonction de ce qu'il peut savoir des évolutions de l'environnement de la famille, des réglementations des pays concernant aujourd'hui la famille et l'actionnariat ou même ne constituant qu'une éventualité pour l'avenir.

Rôle proactif

Un exemple classique est celui du changement de pays de résidence, voire de nationalité de tel ou tel membre. Ceci peut avoir des conséquences sur l'actionnariat de l'entreprise familiale (passage de la majorité sous contrôle étranger) ou plus fréquemment de nature patrimoniale.

Par exemple, vous m'annoncez avec satisfaction que votre fille va épouser un garçon américain et qu'elle va vivre avec lui aux États-Unis. Quels sont les effets futurs à anticiper concernant son régime matrimonial, vos liens avec vos futurs petits-enfants ? La donation que vous souhaitez effectuer à votre fille à cette occasion doit-elle être réalisée alors qu'elle est résidente française ou vaut-il mieux attendre sa présence physique dans son nouveau pays de résidence ? Et sous quelle forme ? Sous forme d'un trust ? Mais si le bénéficiaire doit être une future résidente américaine, ce trust doit-il être créé à Jersey par exemple ou aux États-Unis et dans ce dernier cas dans quel État ? Le Delaware ? Et puis examinons le scénario négatif, celui d'un divorce ultérieur avec ou sans retour en France.

Toutes ces questions, le chef de famille risque de ne pas se les poser lui-même et, par conséquent, de ne pas aller interroger les civilistes et les fiscalistes internationaux qui pourraient lui apporter leurs réponses.

Le family officer se doit d'anticiper, d'être proactif en réfléchissant comme s'il était en l'occurrence l'un des parents de la jeune fille. Et en conservant à l'esprit le sujet important de réversibilité des décisions prises (donation avec clauses conditionnelles, par exemple).

Le family officer après avoir mis en exergue les sujets juridiques et fiscaux et apporté une première lecture des enjeux auprès de la famille, doit être capable de connaître les limites de son champ de compétences et de faire appel à des spécialistes (juristes, fiscalistes, avocats en droit international privé, notaires,...). Seul ou accompagné du membre de la famille concerné. Tel est le cas si l'enjeu est d'importance, notamment par les montants financiers concernés, ou si le risque est réel, par exemple en raison de l'imprécision des textes ou des conventions fiscales. Dans certains cas, l'analyse rédigée par un professeur de droit ou un cabinet faisant référence sur la place permettra de mettre de son côté les meilleures chances d'avoir choisi la bonne solution ; apportera peut-être des possibilités auxquelles on n'avait pas pensé ; rassurera la famille sur le bien-fondé de son choix ; et pourra, si le besoin se manifestait un jour, servir à prouver aux autorités fiscales qui s'intéresseraient de près à ce dossier que la décision n'a pas été prise à la légère en contravention d'une réglementation mais avait été étudiée de manière approfondie avec l'aide de grands spécialistes. Ceux-ci sont, d'ailleurs en principe prêts à défendre en cas de besoin la solution qu'ils auront conseillée.

Le family officer, même s'il ne connaît pas lui-même les détails des textes et de la jurisprudence, va pouvoir servir d'interface entre la famille d'une part et les spécialistes d'autre part. Ces derniers peuvent en effet avoir des avis divergents. Le notaire va donner son point de vue par l'application des règles du droit de la famille et sur ce qu'il connaît de la situation de chacun, de l'historique du patrimoine, des donations déjà réalisées, des situations personnelles. Le fiscaliste verra le sujet sous l'angle qui est le sien, conformément d'ailleurs à ce qui lui est demandé. Le rôle du family officer sera alors d'expliciter les recommandations de chacun, leurs points forts, d'en réaliser une synthèse et d'exprimer à la famille, à la suite des consultations effectuées, ses propres recommandations, étant entendu que c'est à la famille que reviendra le soin de décider.

Par sa formation le family officer dispose d'une compétence large, à la manière d'un interniste en médecine : sa connaissance des matières juridiques fiscales et financières lui offre une base suffisante pour identifier les pièges, les points d'alertes à avoir en tête pour préserver les intérêts de la famille et la sécurité de ses membres. La capacité de bien connaître les limites de son champ de compétences est une force du family officer. Il doit savoir quand il devient nécessaire de recueillir les conseils externes et savoir s'entourer pour répondre au mieux – dans les meilleures conditions et les meilleurs délais – aux besoins de la famille qu'il accompagne.

Le domaine est varié. Il débute, cela va de soi, avec l'objet de la mission du Family Office : pérenniser à long terme l'harmonie et les intérêts familiaux. « Long terme » signifie sur plusieurs générations. Le premier sujet du family office, on l'a vu, est lié à la gouvernance : Comment assurer sur le long terme l'harmonie familiale alors que vont se succéder des générations d'actionnaires se partageant le capital ? Mais tout de suite après viennent des questions telles que : Comment assurer au futur chef d'entreprise une forme de contrôle du capital lui permettant de diriger efficacement la société sans avoir à se soucier de rivalités d'actionnaires ? Comment intégrer dans le raisonnement les nouvelles mesures d'ordre juridique ?

Exemple : les actions de préférence

Les actions de préférence ont été instituées par l'ordonnance 2004-604 du 24 juin 2004 et le décret d'application 2005-112 du 10 février 2005 (nouvel article L. 228-11 du Code de commerce).

Nous disposons maintenant de recul. La création d'actions de préférence par modification des statuts est parfois difficile à faire accepter par les assemblées générales extraordinaires des sociétés cotées.

En revanche, un certain nombre de familles détentrices d'entreprises non cotées ont adopté ce véhicule dont l'intérêt n'est pas négligeable. Les actions de préférence (le terme « préférence » ne signifiant pas nécessairement « avantage ») peuvent en effet être différenciées des actions ordinaires en termes pécuniaires (montant du dividende), comme en termes de droit de vote (suppression du droit de vote à titre temporaire ou définitif, pour toutes les décisions ou pour certaines clairement énoncées ; ou, à l'inverse, droit de vote double), droit renforcé d'information, nombre de sièges réservés au sein du conseil d'administration ou du conseil de surveillance, pour cette catégorie d'actions, limitations des possibilités de cession (clause spécifique de préemption).

On voit l'usage qui peut être fait de cet instrument, pour séparer au sein de la famille ceux des membres actionnaires qui vont bénéficier d'avantages pécuniaires (dividendes annuels et réduction possible prévue par les statuts de leur risque de perte en cas d'évolution défavorable de l'affaire) et ceux qui sont intéressés avant tout par la gestion de l'entreprise et viseront à limiter les droits de vote des actions de préférence (à hauteur maximum du quart du capital social et de la moitié pour les sociétés non cotées).

Comme toujours, cela va passer par une forme de consensus à obtenir au sein des membres ; communiquer, communiquer, communiquer, utiliser le family officer pour expliquer à chacun le bien-fondé de cette solution et bâtir le système en modifiant les statuts (vote de l'assemblée générale ordinaire) avec l'assistance de juristes qualifiés pour adapter la détention des participations de manière coordonnée avec la réglementation évolutive en vigueur au jour des actes et sans omettre la vue à long terme des membres de la famille et ainsi la possibilité de trouver une organisation adaptable dans le temps.

Comment optimiser la transmission, à la génération suivante, puis aux autres générations si la réglementation ne change pas entre-temps, à nouveau en tenant compte des contraintes du droit civil et du droit fiscal ?

Et qui dit transmission dit au préalable détention. Quel mode de détention doit être adopté pour les années à venir d'une part, afin d'assurer la transmission dans les meilleures conditions possibles d'autre part ?

Les trusts, un outil très utilisé par les Anglo-Saxons, fortement encadré en France

À titre d'exemple, se pose pour les familles résidentes françaises le sujet du trust. L'équivalent dans notre pays a fait une timide percée avec la loi du 19 février 2007 sur la fiducie, mais en excluant les fiducies transmission.

Le trust, ou la fiducie dans notre pays si cette ouverture doit aller vers une vraie réglementation concernant la gestion de patrimoine des particuliers résidents français, ne doit pas être vu, ni par l'utilisateur, ni par la Direction Générale des Impôts, comme un moyen d'optimisation fiscale. Le trust est avant tout une excellente manière de prévoir la transmission aux générations suivantes, en réglant soi-même en tant que constituant, le choix des bénéficiaires et ce qui doit revenir à chacun sous forme de revenus annuels et d'entrée en possession lors de la dissolution du trust, ou en laissant une plus grande marge de manœuvre au *trustee* (celui qui gère le trust). Le trust permet de prévoir cette transmission à travers les générations pour une période longue permettant ainsi le respect de l'un des objectifs du Family Office de contribuer sur le long terme à la préservation du patrimoine familial (si le *trustee* fait correctement son travail de gestion sous la surveillance du *protector*) et à l'harmonie familiale puisque les avantages réservés aux uns et aux autres auront été prévus dès la constitution du trust.

La loi de finances rectificative pour 2011 a entendu créer un régime fiscal français relatif aux trusts pour déjouer notamment la jurisprudence qui sous-entendait qu'une imposition n'était due qu'en cas de distribution effective des actifs en trusts.

En substance, depuis l'adoption de la loi précitée, il y a imposition aux droits de donation/succession lorsqu'il peut être considéré que les biens ont été effectivement distribués aux bénéficiaires, mais même en l'absence de distribution effective, dans le cas où un constituant décède et que le trust n'est pas dissous. Dans ce dernier cas, on considère que le décès du constituant est un fait générateur d'imposition. Ensuite, les bénéficiaires sont considérés comme étant des bénéficiaires réputés constituants par effet de la loi, leur décès étant de nouveau un fait générateur d'imposition.

Autre évolution n'allant pas dans le sens des trusts, l'article 20-1 de la loi de finances rectificative pour 2007 concernant l'élargissement à de nouvelles entités de la taxe de 3 % sur les immeubles. Jusqu'à présent celle-ci concernait exclusivement les personnes morales. La loi du 25 décembre 2007 l'étend à toutes les entités détenant « directement ou par entité interposée » des immeubles situés en France, ce qui inclut désormais spécifiquement « les fiducies ou institutions comparables ». Une jurisprudence du Conseil d'État a clairement indiqué que les trusts étaient redevables (CE, 9 mai 2019, n° 426431). Le BOFIP précise que c'est au trustee de remplir les obligations déclaratives (BOI-PAT-TPC-10-10 n° 80)

Enfin plus récemment l'administration considère en transparence les revenus tirés de certains trusts refusant ainsi d'admettre la personne intercalaire. Face à cette remise en cause, le concept de trust non reconnu en France pose d'importantes difficultés pour certaines familles originaires de pays anglo-saxons dans lesquels le trust est un outil comme les autres, autant usité que le démembrement en France. La fiscalité lourdement pénalisante peut donner lieu soit à une remise en cause de l'outil juridique dans les cas les plus extrêmes, soit à un départ hors de France des familles afin d'éluder le sujet et son risque de retraitement lourdement pénalisant tant en épargne à débloquer qu'en déperdition du patrimoine ainsi consolidé.

Ces quelques indications montrent qu'il existe encore une incertitude trop importante sur la fiscalité des trusts et que, sauf raison de choisir cette solution (personnes vulnérables à protéger, environnement international fort de la famille), le Family Office conseillera une réflexion approfondie sur ce risque avant l'éventuelle décision de création d'un trust de droit anglo-saxon par exemple.

De toute façon, peu de familles résidentes françaises ont créé leurs trusts en raison de leur réticence à accepter l'idée de se séparer d'une partie de leurs biens en faveur d'un tiers, le trust administré par un ou plusieurs trustees, même si celui-ci a bien reçu pour mission de les remettre ultérieurement aux bénéficiaires désignés dans l'acte de trust.

Les modes de détention du patrimoine et du revenu

Le family officer va étudier, en liaison avec les spécialistes, et selon les idées de la famille, les diverses solutions envisageables étant donné la situation actuelle des membres de la famille actionnaires actuels, de la vie de l'entreprise, de son implantation internationale et de son activité, et des évolutions envisageables tant pour la famille que pour la société.

Chaque actionnaire doit-il détenir ses titres en direct ? Vaut-il mieux réunir au sein d'une holding l'ensemble des actionnaires familiaux ou ceux qui acceptent de lui apporter leurs titres ? Ou au sein de plusieurs holdings, représentant chacune une des branches familiales ? Quel doit être le statut de cette holding ? Où doit-elle être implantée, quel droit, français ou étranger, privilégier ? Aucune solution n'est en réalité parfaite. Chaque pays présente des avantages sur certains points, mais pas sur tous, même en matière fiscale (fiscalité du capital, des revenus, des transmissions, des plus-values lors de la cession...). Et ceux qui paraissent les plus attrayants aujourd'hui - et pour cette raison même pourraient cesser de l'être demain en cas de fortes pressions internationales - jouissent rarement de la meilleure image.

À cheval entre gouvernance et structure juridique, se situe également la question de la diversification sectorielle. Un exemple vécu illustre cette question. Une famille est propriétaire d'une société A, dégageant une très bonne rentabilité mais située sur un marché mature. Pour cette raison, elle souhaite utiliser le cash-flow généré pour investir dans un nouveau secteur d'activité. Le choix du secteur est du ressort de la famille, dont certains membres dirigent d'ailleurs l'entreprise. Le family officer, quant à lui, est consulté pour réfléchir au schéma à privilégier pour cette seconde société B.

La société B doit-elle être détenue, tout comme la société A par la holding familiale A ? La société B doit-elle être filiale de la société A ? Faut-il créer une nouvelle holding B qui détiendra la société B ? Les questions à se poser pour déterminer la réponse vont concerner d'abord les actionnaires familiaux de A. Sont-ils tous d'accord avec cette action de diversification ? Une fois le secteur d'activité choisi, maintiennent-ils leur accord ? Si tel n'est pas le cas, l'harmonie familiale sera mieux assurée par la création d'une nouvelle holding B dont ne seront actionnaires que les membres de la famille qui le désireront et pour le pourcentage qu'ils auront choisi.

Se posera alors la question de l'utilisation du cash-flow généré par la société A et du circuit emprunté pour financer le développement de la société B dans les meilleures conditions fiscales ; et ceci tout en respectant l'égalité des actionnaires alors que certains d'entre eux seulement seront devenus actionnaires de la holding B ?

Si tous les actionnaires de la holding A l'acceptent, il sera fiscalement plus intéressant de ne pas créer de holding B et de créer la nouvelle société B aux côtés de la société A dans la holding A, ou même que la société B soit créée directement comme une filiale de A.

La question de la rémunération est également une question inhérente à chacun des membres des familles qu'accompagne le family officer. Dans le cadre de sa mission d'accompagnement financier, la gestion des revenus est composée à la fois des revenus du travail et du patrimoine (immobilier, financier...). La fiscalité liée à chacune de ces ressources implique de pouvoir être agile sur leur possible structuration contre l'étiolement subi malgré des organisations le plus souvent possible. On retiendra dans notre hypothèse de travail la situation du salarié, du prestataire de services et du propriétaire de titres d'une société ayant une politique de distribution de dividende active.

Le cas du salarié est le plus cloisonné et celui qui empêche le plus d'être structuré. Le plus souvent le salarié ne dispose pas de participations dans l'entreprise où il évolue. Lié à une seule entreprise auprès de laquelle sa force de travail est compensée par une rémunération sanctionnant un lien de subordination, seul le statut salarié leur est possible. Par ailleurs, les avantages sociaux et souvent financiers peuvent répondre mieux que d'autres schémas non-salariés aux attentes de la personne concernée. Il cotise ainsi aux solutions d'épargne, peut bénéficier de la participation de l'entreprise et en l'absence de revenus importants par ailleurs, se satisfaire de cette situation.

Lorsque la personne salariée est dirigeante, son statut de subordination n'existe pas. La situation du dirigeant assimilé salarié doit également être analysée. Enfin, lorsque la rémunération du dirigeant est au-delà de certains seuils, il continue à payer des cotisations bien que le seuil des aides qu'il pourrait percevoir soit franchi. Alors dans cette situation et selon les souhaits de la personne concernée, il importe de faire un point global sur ses besoins de trésorerie, la santé financière de l'entreprise et ses éventuelles perspectives à long terme.

Le plus souvent la question de la retraite ou du chômage est peu appréhendée par les clients de Family Office. Leur patrimoine représentant une surface sécurisée à long terme. Toutefois face à une famille, il se peut que l'information sur les capitaux dans leur ensemble ne soit pas transparente. Dès lors il est du ressort du family officer ayant une connaissance exhaustive et dynamique du patrimoine de ne pas en dire trop pour ne pas perturber la décision tout en veillant à ne pas faire commettre de placement non adapté ou sans intérêt car son accompagnement à long terme le mettra dans les années futures inévitablement à un certain moment face à cette mauvaise recommandation.

Lorsque le lien de subordination n'existe pas et que la personne par son expertise pourrait justifier d'une multiplicité de contrats la faisant intervenir, alors des schémas d'indépendance sont ouverts. Ainsi par exemple facturer des honoraires de conseil auprès de plusieurs sociétés dans lesquelles un membre a une activité plurielle au-delà de son seul statut d'investisseur est permis par la constitution d'une activité sous la forme de société. On note cette situation de plus en plus souvent pour des entrepreneurs ayant cédé leur outil professionnel mais développant à nouveau une activité de *business angels* voire à terme d'investisseur actif dans certaines entreprises où son rôle peut être opérationnel.

Dans une autre situation, l'individu qui dispose par ailleurs de revenus suffisants par exemple au travers de dividendes d'une participation familiale ou de revenus fonciers, sa rémunération au travers d'une activité professionnelle pourrait se voir, de manière opportune, encapsulée au travers d'une société à l'impôt sur les sociétés. Cela permet d'une part à l'individu de ne pas appréhender directement ce revenu complémentaire en direct alors que cela n'est pas nécessaire à son train de vie, d'autre part pourquoi pas transmettre progressivement les parts de cette société à ses enfants ou profiter de cette personne morale pour investir dans des sous-jacents variés (private equity, immobilier, placements cotés...).

D'un point de vue fiscal, cette structuration permet également de limiter le niveau de l'impôt sur le revenu en cantonnant les revenus perçus directement par le dirigeant.
Les modes de détention des titres sociaux permettent également de pouvoir articuler dans le temps l'objectif principal du family officer : accompagner à long terme le développement du patrimoine et sa transmission aux générations futures. Ainsi, par la possible mise en société de tout ou partie de droits sociaux, cela permet dans la société nouvelle de progressivement transmettre aux générations suivantes tout en dissociant selon le souhait du donateur : la distinction entre le pouvoir et le capital.
En effet, il est primordial de prendre garde dans le conseil du family officer à sa famille d'expliquer le champ des possibles mais aussi tenir compte des besoins de chaque génération.
Transmettre le pouvoir est le transfert du droit de vote aux assemblées lié à la nue-propriété et la participation à la vie de la société de manière opérationnelle. Transmettre le capital est principalement lié à l'usufruit ouvrant droit aux dividendes. Il est de la responsabilité du family officer de permettre une décision éclairée de la famille sur ce sujet lorsqu'il est posé.
Face au vieillissement de la population et aux montants liés à la dépendance, il est important de ne pas aller trop rapidement vers une diminution trop marquée des ressources des générations les plus anciennes. Toutefois la transmission du contrôle est distincte, le droit des sociétés ouvre l'accès à des possibilités nombreuses. L'adaptabilité aux contraintes de chaque famille ainsi rendue possible est une très bonne technicité ouverte aujourd'hui. Nous pouvons à titre d'exemple citer la donation temporaire d'usufruit. Ce mécanisme permet de transférer le droit aux fruits pendant une période donnée avant de revenir dans le chef du donateur.
Cette opération est par ailleurs souvent mise en œuvre dans le cadre de projets de mécénat afin d'offrir une rente régulière aux projets menés par la structure. Cela peut également être mis en œuvre au profit d'un proche.

Les personnes vulnérables

Il s'agit malheureusement d'une véritable question pour le présent et d'une source d'inquiétude pour l'avenir pour un grand nombre de familles de tous niveaux de fortune. À titre d'exemple, en 2019 on dénombre entre 800 000 et un million de personnes placées en France sous protection juridique, soit plus de 1 % de la population. 50 % d'entre elles sont gérées par les familles. Chaque année, s'ouvrent 30 000 tutelles, 3 000 curatelles et 30 000 sauvegardes de justice.

L'État accompagne de plus en plus le sujet du handicap et de la dépendance – trop lentement se plaignent les familles concernées – pour permettre de faciliter la constitution d'un capital ou d'une rente au profit de la personne concernée. Cela se met en œuvre au travers d'incitations fiscales à l'impôt sur le revenu (demi-part supplémentaire par exemple) mais également avec des programmes nationaux favorisant l'essor de solutions d'hébergement et d'accompagnement dans le temps.

Le sujet est avant tout d'ordre personnel et transforme la vie des personnes concernées et de leur entourage. Il est également d'ordre civil et touche bien entendu les questions patrimoniales. Le développement encore en cours de la maladie d'Alzheimer, tant que les remèdes permettant au moins de stopper l'évolution chez les personnes atteintes n'auront pas été efficacement mis sur le marché, vient renforcer l'importance du rôle potentiel des Family Offices auprès des personnes vulnérables.

Il existe une gamme de mesures juridiques de protection, en vigueur depuis l'avant-guerre pour l'essentiel. Les mesures entrées en vigueur le 1er janvier 2007 permettent un certain assouplissement, mais la mise en application totale n'est prévue qu'au travers de la loi du 23 mars 2019 de programmation 2018-2022 et de réforme pour la justice renforçant l'autonomie du majeur. Trois mesures principales : d'abord la création d'une évaluation pluridisciplinaire en amont de la saisine du juge. Deuxièmement la possibilité pour le juge de prononcer ensuite une mesure de curatelle ou une habilitation familiale lorsque le majeur est suffisamment entouré par sa famille auprès de lui. Enfin rendre le majeur protégé citoyen à part entière : capable de déposer son dossier de mariage mais aussi pouvoir voter dans certains cas.

La loi permet désormais d'alléger le passage devant le juge pour ainsi désenclaver les juridictions au sujet de besoins de moindre importance pour le majeur protégé (par exemple une intervention médicale préconisée par un médecin).

La loi n'a pas amendé le dispositif du mandat de protection future.

L'État va mettre en œuvre directement ou via les organismes de protection sociale des montants très élevés pour faire face aux besoins générés par l'accroissement de la dépendance. Les familles les moins fortunées sont aidées, mais demeurent inévitablement moins armées pour faire face que celles disposant des moyens financiers nécessaires pour tenter de trouver des solutions autres que les mesures de nature juridique.

Le Family Office pourra ainsi être le mandataire d'un mandat posthume, Family Office dans son ensemble avec son statut de personne morale ou family officer personne physique. Il pourra être désigné par l'un des membres de la famille pour le jour où lui-même (et son conjoint éventuellement) ne serait plus en mesure de gérer son propre patrimoine. Il pourra également être mandataire pour assurer, après le décès ou l'incapacité des parents, la protection de l'un de leurs enfants jugé vulnérable.

Pour le moment, les familles ont, dans de rares cas, utilisé les trusts anglo-saxons pour résoudre ces questions. Le *trustee* est une personne morale dont la « vie » sera plus longue que celle de la personne physique à protéger. Il respectera les instructions du constituant en versant au bénéficiaire les montants annuels prévus par le constituant sous la forme la plus souple d'une lettre d'intention. Il aurait éventuellement loisir à verser des sommes plus élevées si la situation, physique ou mentale selon les cas, du bénéficiaire s'améliorait, si à l'inverse des frais de santé élevés devaient être couverts, ou si un projet d'achat immobilier par exemple, le justifiait. Tout ceci, avec la supervision éventuelle du *protector* vérifiant que le *trustee* tient son rôle comme convenu, y compris dans la gestion financière des avoirs.

Faute de pouvoir avoir facilement recours au trust (en français, la fiducie), les familles françaises confrontées à cette difficulté ont utilisé les possibilités offertes par les **sociétés civiles** : la société est dotée de moyens financiers permettant de faire face sur le long terme aux besoins de la personne vulnérable. Celle-ci peut être détentrice d'une grande partie des parts, en usufruit le plus fréquemment, avec des clauses restrictives au gré des parents.

Ces derniers conservent de toute façon le pouvoir au sein de la société en étant nommés gérants statutaires inamovibles.

Les modalités de fonctionnement de la société civile sont clairement établies afin que la personne vulnérable puisse bénéficier de revenus suffisants mais non excessifs. La liberté est laissée au(x) gérant(s) pour faire face aux différentes situations qui pourraient se poser tout comme on vient de le voir dans le cas des trusts.

Dans les deux cas, le rôle du *trustee* et celui du gérant sont déterminants. L'utilisation de la société civile entre plus facilement dans le mode de raisonnement français. En outre, les parents sont à même d'y jouer le rôle essentiel tant qu'ils en ont la capacité, en assumant les fonctions de gérant, en général le père d'abord, la mère ensuite après le décès du père.

Bien souvent, ils auront besoin de conseils dans la constitution de la société, la définition de leur propre rôle, celui des frères et sœurs. Le rôle du notaire sera essentiel dans la rédaction des statuts. Le Family Office assistera le chef de famille à ce stade.

Son action sera en réalité permanente auprès du gérant de la société civile et deviendra souvent déterminante lorsque le chef de famille sentira qu'il doit passer la main. À partir d'un certain moment, le père se pose la question du choix du futur gérant, lorsque lui-même décidera de cesser ces fonctions. L'idéal est un ami de la famille, de grande confiance. Mais celui-ci se trouve en règle générale être de la même génération. D'où le choix du « *trusted advisor* », le responsable du family office. Ce dernier est retenu pour ses qualités personnelles, mais aussi parce qu'il est le représentant d'une personne morale appelée à ne pas disparaître, le family office.

Plus simplement, le Family Office peut être amené à intervenir de manière ponctuelle. Ainsi en est-il lorsqu'un membre de la famille, conséquence des dégâts causés par la maladie d'Alzheimer, commence à dépenser sans compter. On retrouve, preuve que le phénomène n'est pas nouveau, l'article 488-3 du Code civil qui traite de « prodigalité, intempérance ou oisiveté » exposant à tomber dans le besoin ou à compromettre l'exécution des obligations familiales. La protection visée par le Code civil est celle de la personne vulnérable elle-même, mais aussi de la famille et de son patrimoine financier.

Le Code civil prévoit dans ces cas des règles de protection juridique. Si la famille peut l'éviter, elle préférera adopter une solution psychologiquement plus facile pour tous. D'où l'intervention du Family Office pour s'efforcer d'obtenir les mêmes effets sans utiliser les mesures de nature juridique et judiciaire.

Une souplesse qui manquait est apparue en 2007 avec les donations graduelles et résiduelles qui facilitent l'affectation temporaire de certains actifs et surtout de leurs revenus aux personnes vulnérables, tout en assurant leur transmission ultérieure aux autres ayants droit avec des frottements fiscaux nuls ou sensiblement réduits.

Ainsi en est-il aussi des mandats posthumes cités plus haut permettant de prévoir qui devra temporairement gérer son patrimoine lorsque l'on sera devenu soi-même incapable d'assurer cette fonction, de quelle manière, etc. Cette mesure est particulièrement utile pour les familles entrepreneuriales afin d'assurer la transition en cas d'incapacité du dirigeant.

Le sujet est vaste et évolutif. Il était utile de le traiter, même brièvement, pour bien faire ressortir l'importance de la confiance réciproque qui doit s'instaurer entre famille et family office. Quoi de plus important en effet que de confier à un tiers le soin de s'occuper de la vie d'un être cher lorsque l'on sera soi-même disparu ? Sympathie (ressentir ensemble) et empathie (ressentir à la place de l'autre personne) unissent sur ce sujet plus que sur tout autre le Family Office et le membre de la famille qui lui confie cette mission de long terme. La vulnérabilité des personnes peut donner lieu à d'éventuelles contestations de la part de la famille en cas de conflit ou d'abus de faiblesse du vivant du défunt. On le constate notamment au travers de conflits contre les employés de maisons ou des amis de la famille profitant de largesses. L'Administration pourrait également contester certaines opérations si des flux de capitaux importants peuvent laisser penser à des donations déguisées.

Le family officer à l'image des autres partenaires de la famille doit s'assurer du bon traitement de ces sujets. Il en va de la sécurité de l'exécution des souhaits réels du défunt *in fine*.

Fiscalité

La fiscalité est tout autant un sujet récurrent dans la vie patrimoniale. Quelle que soit la résidence fiscale de la famille, le sujet est révisé chaque année et permet de faire le point exhaustif sur les revenus perçus par les différents membres de sa famille. Le family officer peut selon les hypothèses et la complexité des revenus de chaque personne, aider à réclamer, compiler, comparer et coordonner les éléments à recueillir pour préparer auprès du client ou de son conseil (fiscaliste ou expert-comptable) les déclarations fiscales. Face à la complexité croissante des sujets fiscaux, les notices d'aides à la déclaration très longues sont décourageantes. Il convient également d'ajouter que l'internationalisation des patrimoines donne lieu à des éléments d'extranéité en investissant directement ou au travers de sociétés dans la cible identifiée et auditée. Raison pour laquelle le family officer pourra solliciter un avocat fiscaliste ou un expert-comptable en accord avec son client pour l'aider sur la question des déclarations, ou plus largement sur tout projet associé.

Ce sujet aura d'ailleurs en principe déjà été abordé lors des études en vue de l'investissement et de son mode de détention., comme indiqué dans le paragraphe suivant. La tarification de cette intervention sera validée avec la famille en amont.

Même si la famille et le family officer ne sont pas obsédés par le souci de la facture fiscale appliquée à la famille, les décisions prises amènent inévitablement une réflexion préalable sur ce thème. On retrouve bien évidemment la gouvernance dès lors que l'on évoque l'IFI (impôt sur la fortune immobilière) et les droits de mutation. À quelles conditions bénéficiera-t-on d'exonération ou de réduction fiscale significative ? Qui tiendra les postes clés dans l'entreprise permettant d'en bénéficier ? Faut-il modifier la structure juridique de la société, du groupe, de la holding, pour permettre à certains d'en tirer parti ? Que se passe-t-il au sein de la famille si l'un des membres signataires déséquilibre par son retrait le schéma mis en place ?

À toutes ces questions, la réponse va être apportée par le spécialiste extérieur à la famille, le médiateur en qui on a confiance, le family officer, celui-ci pourra d'ailleurs se faire assister par des experts plus compétents que lui dans des domaines précis, ne serait-ce que parce qu'ils ont déjà eu à résoudre ce type de problèmes pour d'autres familles : cabinets d'avocats, fiscalistes, experts-comptables ou même multi Family Offices ; rien n'interdit en effet à un Family Office dédié de demander conseil à un multi Family Office si ce dernier peut lui fournir la bonne réponse grâce à son expérience acquise et au sens partagé entre eux de la confidentialité et de la psychologie à mettre en œuvre dans les relations avec les membres des familles.

La fiscalité va souvent faire référence à la fiscalité individuelle : impôt sur le revenu, impôt sur la fortune immobilière (IFI) se substituant en 2018 à l'impôt de solidarité sur la fortune (ISF).

Tandis que l'ISF venait imposer de très nombreux actionnaires familiaux rendant nécessaire une distribution de dividendes pour permettre à ces personnes imposables de payer l'impôt lié à leurs droits sociaux, l'IFI est calculé uniquement sur les actifs immobiliers. Dans certaines situations le family officer est confronté à des familles disposant d'importants actifs fonciers de rendement mais avec peu de capitaux pour faire face à cette fiscalité liée. Le nombre de cas est toutefois inférieur aux membres familiaux non opérationnels mais propriétaires de titres et donc précédemment imposés à l'ISF, moins sensibles au poids de l'IFI. Quel que soit le cas de la famille subissant une fiscalité liée à son patrimoine aujourd'hui, le family officer doit réfléchir à la manière de prendre en charge cette dépense : à partir du rendement du patrimoine ou au travers des outils juridiques de détention du patrimoine. À moins que l'entreprise ou le patrimoine immobilier par eux-mêmes permettent la prise en charge.

Le sujet est évolutif, on l'a vu notamment avec l'apparition du bouclier fiscal et les importantes modifications décidées en 2007. Quelle stratégie adopter pour bénéficier au mieux des nouvelles réglementations, en gardant présent à l'esprit que ce qui a été décidé par un gouvernement et voté par les parlementaires pourrait être remis en cause par leurs successeurs quelques années plus tard ?

En application d'une stratégie de capitalisation, visant à réduire au strict minimum le niveau de revenu perçu, certains des actionnaires, contrairement à leurs demandes du passé, pourront ainsi souhaiter que le dividende de l'entreprise familiale soit fixé au niveau le plus bas possible. Le plafonnement actuellement en place permettant ainsi de ne pas payer plus de 75 % d'impôts sur l'ensemble des revenus perçus, tous impôts confondus, y compris l'IFI ainsi éventuellement plafonné.

Autre exemple classique, celui des donations avec ou sans réserve d'usufruit. Bien souvent les donateurs conservent l'usufruit pour des raisons psychologiques, souhaitant éviter de totalement abandonner le pouvoir attaché à la détention d'un nombre significatif de titres de la société. Mais à ceci, s'ajoute le souci de ne pas grever le donataire d'un IFI à régler chaque année. La déclaration est désormais cantonnée aux actifs immobiliers tandis que dans le passé le contribuable devait déclarer l'intégralité de son patrimoine au 31 décembre de l'année des revenus associés déclarés par ailleurs au titre de l'impôt sur le revenu.

Le family officer, proche de tous les membres de la famille, les assistera également dans la réflexion et la mise en œuvre du pacte Dutreil, son suivi, son actualisation annuelle. La jurisprudence sur le sujet continue d'alimenter les contentieux du fait de l'économie générée grâce aux réductions fiscales du Pacte Dutreil. L'évolution sur les engagements réputés acquis oscille et impose au family officer d'être accompagné par une équipe disposant d'une réelle expertise.

Au printemps 2023, l'État fait écho de possibles remises en cause de l'impôt sur la plus-value qui serait calculé sur les cessions de parts détenues au travers de Pactes Dutreil. Est évoquée la possibilité de retenir comme prix de revient non la valeur avant abattement mais la valeur abattue. Or cela ferait peser sur les bénéficiaires un impôt de plus-value faisant échec à l'économie réalisée par l'abattement de 75 %. À l'écriture de cet ouvrage, nulle décision de rouvrir le dossier n'est prise. Un tel changement serait particulièrement destructeur de valeur sur la transmission d'entreprises familiales que permet le Pacte Dutreil depuis des années. Lorsque nous savons que 80 % des entreprises familiales ne passent pas de la deuxième à la troisième génération, la France serait pénalisée dans son maillage d'entreprises pérennes, aux objectifs long terme avec un capital français stable et des capacités d'emploi importantes, en les condamnant ainsi bien souvent à disparaître ou, à passer dans des mains étrangères moins soucieuses du développement, voire simplement du maintien de ces activités en France.

Le rôle du family officer est d'auditer en permanence la fiscalité, de vérifier que les options choisies demeurent les meilleures pour les membres de la famille, c'est-à-dire pas uniquement dans l'absolu mais en tenant compte de leur situation existante et de ce que l'on peut imaginer de leur situation future, de leurs éventuelles délocalisations, de l'avenir des enfants et de leurs conjoints.

Parfois, malgré le soin apporté au respect des réglementations fiscales, le déclarant peut être l'objet de notifications de redressement (désormais appelées « propositions de rectification »). Le Family Office va se retrouver en première ligne pour préparer, à nouveau bien souvent avec un cabinet extérieur, la réponse à fournir puis, le cas échéant, la suite à donner soit à la transaction proposée par l'administration fiscale, soit à une procédure judiciaire devant les instances concernées.

De manière générale, on voit que sur tous ces sujets de nature juridique et fiscale, comme pour l'ensemble de sa mission, le family officer se situe aux côtés de la famille, ou quasiment à sa place, « dans les chaussures » des membres concernés, pour réagir de manière non émotive mais avec l'esprit correspondant à celui de la famille. Son expérience, sa compétence vont lui permettre de déterminer les bonnes solutions et de les proposer. La décision revient en dernier lieu aux membres concernés. Ce sont eux qui signent les déclarations fiscales, les réponses aux propositions de rectification. Le Family Office a leur confiance et dans certains cas les membres préfèrent laisser agir le family officer sans même être consultés sur ces sujets. La meilleure solution est cependant qu'ils se sentent eux-mêmes suffisamment concernés, ne serait-ce que par la signature des documents qu'ils doivent s'efforcer de lire, de comprendre ou de se faire expliquer.

5. La gestion des actifs financiers

Les familles sont des investisseurs à long terme, raisonnant sur un montant de capitaux au-delà de leurs besoins de trésorerie et avec une perspective sur plusieurs générations, tout comme les fonds de pension qui devront payer des retraites à horizon de plusieurs décennies. Plus encore que les autres investisseurs, leur réflexion passe par plusieurs étapes à respecter.
Elles sont au nombre de trois : d'abord l'allocation stratégique à l'image du socle de la diversification patrimoniale selon les grandes classes d'actifs (actifs cotés, immobilier, private equity, dette privée, matières premières...) pour organiser les grandes masses du patrimoine entre les moteurs de performances complémentaires. Ensuite, l'allocation tactique complète de manière ponctuelle le choix de supports d'investissements sur une spécificité : par exemple un secteur ou un type de marché. Cela est lié à l'appétence de la famille ou un timing jugé favorable pour profiter d'une revalorisation à venir. Enfin, la mise en œuvre des décisions de gestion dans le temps auprès des banques, sociétés de gestion et acteurs spécialisés en fonction des opportunités et du timing défini.

La définition de l'objectif de la famille

Premier point, valable, on l'a vu, pour toute l'activité du family office, quel est l'objectif de la famille ? Leur vision cible peut être de différentes natures, privilégiant pour certains l'harmonie entre les membres au détriment si besoin est des aspects financiers ; ou pour d'autres fixant comme priorité absolue le maintien des liens entre famille et entreprise, avec un pourcentage minimum de détention du capital assurant le contrôle ; ou bien encore privilégiant l'aspect financier, l'accroissement de la fortune familiale, au même rythme que celui du nombre des descendants de façon à assurer à chacun d'eux un patrimoine et un train de vie du même niveau que celui de leurs parents, objectif idéal et sans doute idéaliste.

Dans ce dernier cas, la quantification financière l'emportant sur les autres aspects, le poids donné aux relations famille-entreprise n'est plus le même ; si l'occasion se présente de céder le capital à un nouvel actionnaire extérieur à un prix spécialement favorable, il faut saisir cette opportunité quitte à réinvestir les montants disponibles après impôt en actifs financiers ou dans une ou dans plusieurs autres entreprises. On considère classiquement qu'une famille fortunée devrait vivre sur les intérêts de ses intérêts. L'objectif ainsi défini est d'autant plus important que le nombre de membres de la famille dérivant du capital une partie de leur train de vie est lui-même important et le besoin associé conséquent.

Pour les entrepreneurs ayant vendu tout ou partie de leur entreprise il peut également s'agir d'un objectif de diversification face aux risques pris sur le patrimoine professionnel. Ou encore la possibilité d'avoir un accroissement de valeur permettant l'acquisition *in fine* d'autres activités ou plus simplement de compenser son train de vie et l'inflation, une fois disparue sa rémunération versée par l'entreprise, avec sa part du produit de la cession de l'outil professionnel.

La prise en compte des besoins de la famille dans son ensemble est essentielle pour avoir une vision la plus précise possible de la consommation des liquidités, la contre-valeur à générer et ainsi le rendement minimum pour éviter l'érosion patrimoniale. Le profil de risque de chaque individu est à évaluer afin de pouvoir combiner l'objectif cible de la famille avec l'aversion au risque individuelle. Ainsi, l'horizon multigénérationnel de très long terme peut se voir contrarier par un plan stratégique à dix ans.

Exemple : L'entrepreneur disposant encore de l'outil professionnel

L'entrepreneur ayant cédé une partie seulement de son capital ou ayant en tête la cession non encore réalisée de son entreprise a des besoins de services et de conseils différents de la part de son family office. Il requiert de sa part un ensemble de missions en dehors de l'aspect strictement financier.

On peut citer par exemple le cas d'un fondateur de société dans le secteur de l'image, âgé de 40 ans et seul actionnaire d'une société ayant plus de cent cinquante salariés en France et aux États-Unis. Célibataire sans enfant mais ayant la charge d'un de ses parents, son family officer doit lui permettre de garder le cap sur son entreprise avant de la céder d'ici un horizon voulu à cinq ans tout en structurant sa détention et veillant à la pérennité de son patrimoine personnel déjà constitué grâce à ses revenus accumulés.

Par exemple être moteur de propositions sur la détention de son actif professionnel : l'opportunité d'apporter une partie de ses titres à une société holding en amont d'une cession future. Mais on constate également que l'entrepreneur est très seul face à des enjeux variés sur son entreprise. Ainsi sursollicité, il ne prend pas le temps de gérer son patrimoine personnel. À l'image de sa rémunération qui peut être au-delà du montant des cotisations limites. Le family officer dans le cadre de son suivi doit alors être capable de mettre en exergue le champ des possibilités pour permettre un meilleur équilibre et dans certains cas une baisse de la fiscalité liée à sa rémunération. Si l'outil professionnel et les missions du dirigeant le permettent, une rémunération en tant que prestataire de services indépendante de son activité de dirigeant ou encore l'opportunité d'un dividende seront autant de stratégies à appréhender auprès de lui.

L'entrepreneur est également souvent sollicité pour investir dans des projets nouveaux. Le rôle du family officer peut être de le décharger des réponses à faire auprès de personnes de son réseau personnel ou professionnel, sans entamer ses relations avec les porteurs de projets et en déconnectant la décision annoncée par le family officer de la relation de la famille. Par son analyse objective des projets transmis, le family officer offre à la famille une lecture en ligne avec le patrimoine alloué actuellement et à jour de la stratégie convenue ensemble. Selon le choix qui appartient à la famille, le family officer fera le retour auprès de l'entrepreneur en arguant par exemple de l'initiative sans rapport avec l'allocation en cours ou trop tardive face aux investissements déjà initiés cette année... Le family officer fait écran pour la famille selon le niveau de délégation souhaité par son commanditaire.

Face au souhait de l'entrepreneur de ne pas avoir la charge du suivi de certains sujets, le rôle moteur du family officer doit également s'exercer dans le cadre de missions plus administratives tels que le suivi de ses employés de maison, le financement de ses achats d'œuvres d'art, la prévoyance en cas de décès pour l'entreprise, la bonne prise en charge de ses frais de santé, le suivi budgétaire du train de vie de son frère et de sa mère à sa charge ou encore la présentation auprès du dirigeant d'acteurs complémentaires de son activité pour démontrer l'attractivité de son métier et les possibles synergies.

L'allocation stratégique d'actifs

Une fois l'objectif de la famille bien précisé par cette dernière, vient la définition de l'allocation stratégique d'actifs. Le cas fréquent est celui de l'individu qui a hérité d'une société, de liquidités ou d'actifs immobiliers ou, plus souvent, l'entrepreneur qui a lui-même créé une société importante, *ex nihilo* ou à partir d'une petite entreprise familiale. Il souhaite que sa « réussite » professionnelle apporte les satisfactions qu'il a méritées, à lui-même mais aussi à son conjoint, à ses enfants, à ses petits-enfants qu'il connaît assez bien grâce à l'allongement de la vie, à ses arrièrepetits-enfants dont il peut connaître certains et, pourquoi pas, à d'autres générations encore en laissant une empreinte pérenne dans l'histoire de sa famille.

On raisonne ainsi avec un horizon quasi séculaire de l'ordre de 100 ans, ou de 99 ans pour citer le chiffre maximum connu dans la législation française. Ceci paraît extrêmement lointain, voire utopiste de raisonner à un terme aussi éloigné. Une analogie utile est pourtant de remonter le temps depuis aujourd'hui en retrouvant la date de naissance de la personne la plus âgée que l'on ait connue lorsque l'on était enfant ; on se retrouve bien au-delà de cette durée de 99 ans.

Or pendant le siècle à venir, notre monde va connaître toutes sortes de périodes heureuses et moins heureuses (comme lors des 99 ans écoulés), peut-être marquées par des crises financières, des dépressions économiques, des déflations et hyperinflations, instabilités politiques et crises graves, en l'absence, il faut l'espérer d'évènements encore plus terribles. Et durant ces 99 ans, moi, chef de famille, je souhaite que puisse être pérennisé mon patrimoine au point que les petits-enfants de mes petits-enfants bénéficient encore des fruits de mon travail et de ma réussite, donc que mon patrimoine ait survécu à toutes ces éventuelles crises. On raisonne ici sur le profil type de la personne ayant réalisé un patrimoine important, exception faite des profils, que l'on a vus plus haut, de ceux désireux de ne pas transmettre à leurs héritiers un patrimoine au-delà du montant jugé « sain et permettant la réalisation d'études supérieures ».

Historiquement, la plus grande part de l'allocation stratégique des actifs d'une famille revenait aux marchés cotés, avec l'immobilier. La rentabilité linéaire d'un actif immobilier par les loyers perçus et le coût fixe de la dette permettait, sauf vacance trop prolongée, d'être serein sur le remboursement de l'emprunt et la prise de valeur du sous-jacent selon sa localisation et l'évolution de sa cote. La gestion « en bon père de famille » permet traditionnellement d'avoir un rendement stable avec les obligations et un booster de performances au travers des actions offrant certes de la volatilité selon les décisions de marchés, les décisions géopolitiques, sociales... mais pour certaines un dividende régulier et une progression espérée de leur valeur. En cas de difficultés, la liquidité offerte par les marchés cotés permet de « couper les positions » c'est-à-dire solder ses investissements en attente de nouvelles propositions. Bienheureux est toutefois le gérant capable d'acheter au plus bas des marchés et vendre au plus haut.

Le family officer est par essence non gérant, sauf certaines structures de type Multi Family Office s'adjoignant l'activité de société de gestion ou dans l'orbite d'un établissement bancaire. Le rôle originel du Family Office est de suivre l'évolution des marchés et, chaque mois (ou chaque trimestre), lors de la consolidation des actifs qu'il réalise : faire le point avec les gérants sélectionnés de la famille sur l'évolution sur la période et les perspectives de gestion envisagée pour la période à venir. Le client, présent ou non, est représenté par son family officer qui dispose de la vue globale sur ses enjeux, le risque pris au travers des différents mandats de gestion et notamment des éventuels doublons. En effet, il se peut que deux gérants aient une vue contraire sur un titre : par exemple une banque A souhaite se séparer d'un titre du secteur de l'aéronautique tandis que la banque B a une analyse du titre différente et souhaite renforcer cette position dans son compte. Le rôle du family officer est d'analyser l'opportunité et d'en rendre compte à la famille qui arbitre de manière éclairée.

Depuis les années 2000 et à l'aune des rendements obligataires devenus négatifs par l'effet du *quantitative easing* et de l'interventionnisme accru des banques centrales, le secteur des actifs privés, s'opposant aux actifs cotés sur des marchés publics, offre une alternative importante auprès des familles. Ces dernières, désireuses de décorréler une partie de la performance de leurs actifs, de l'évolution des marchés financiers, profitent de cette classe d'actifs en plein essor pour y diversifier son risque global.

Comme évoqué plus tôt, les familles ont un horizon d'investissement stable et à très long terme. L'illiquidité sous-jacente à ces investissements non cotés pour lesquels la revente rapide est faible, voire inexistante permet aux entreprises de déployer des fonds dans des projets à long terme en vue d'un retour sur investissement plus lointain. Par les actifs non cotés, la famille participe aux projets concrets d'entreprises dans l'économie réelle. Ce dernier discours permet également d'intéresser aux prémices de la gestion certains membres de la famille. Le discours associé à l'entrepreneuriat, le choix des secteurs d'activité sélectionnés ou encore le niveau de maturité de l'investissement souscrit (venture capital pour des jeunes entreprises type start-up, capital développement pour des sociétés rentables mais ayant besoin d'un coup de pouce pour atteindre leurs objectifs).

On trouvera à ce sujet des chiffres intéressants dans l'étude de 2020 de Wharton et IESE auprès de familles entrepreneuriales sous forme d'entretiens ou de réponses à un questionnaire.

Pour la France, l'AFFO a contribué à cette étude auprès de certains Family Offices dédiés permettant ainsi d'offrir à l'étude une vision objective des attentes des Family Offices français.

Dans le cadre de cette étude, 57 % des Family Offices en Europe ont répondu que la priorité du Family Office était l'allocation patrimoniale, devant l'ingénierie juridique et fiscale (50 %), le suivi des activités de banques et de crédits (44 %), devant le reporting et le monitoring des actifs.

On note dans les perspectives de rendement attendu une grande uniformité des réponses selon le public interrogé : première génération (41 %) ou dernière génération (46 %) souhaitent une approche de type « équilibrée », devant 36 % (première génération) et 26 % (dernière génération) désireux d'une approche plus « croissance ». L'approche « agressive » n'est souhaitée que par 11 % et 4 % des personnes interrogées.

Dans la typologie des portefeuilles, cette même étude poursuit en précisant qu'aux États-Unis un portefeuille type serait alloué à 44 % en actions, 15 % en obligations, 14 % en hedge funds, 9 % en private equity et autant en immobilier, le reste étant des actifs privés de type actifs tangibles, investissements en direct ou autres actifs (matières premières et art par exemple). En Europe les actions sont sous-représentées à 28 %, 16 % d'obligations, 14 % d'immobilier, 12 % de hedge funds et autant de private equity. Le reliquat étant partagé en actifs privés, investissements privés et autres actifs. À noter qu'il s'agit d'une photo, à une date où les marchés actions se situaient à un niveau élevé, ce qui pourrait expliquer le relativement bas niveau de la détention d'actions.

Dans cette optique de stratégie à long terme, l'allocation doit être construite de façon à protéger le mieux possible le patrimoine contre les aléas, tout en acceptant inévitablement un certain niveau de risque lié soit aux placements financiers, immobiliers, soit à l'entreprise familiale. Or, celle-ci constitue une donnée quasi-incontournable et la part de la famille dans son capital ne peut malheureusement pas être « hedgée » directement.

L'entreprise familiale, les actions cotées

L'entreprise familiale lorsqu'elle est encore détenue par la famille représente le plus souvent le plus gros actif patrimonial mais aussi le risque le plus important. Comment dans son rôle protecteur le family officer peut-il réduire le risque ?

Les établissements bancaires peuvent proposer des systèmes de couvertures permettant de « hedger » un risque de forte variation. Cette protection est ainsi proposée au porteur de titres en l'échange d'une prime à la manière d'une assurance. Selon le niveau de couverture proposé, la réalisation du risque permettra de dénouer l'opération et activer la couverture par une contre-valeur. Si le risque ne se réalise pas, le porteur de titres a déboursé une prime mais *in fine* ses capitaux sous-jacents ont mieux réagi que craint.

On peut certes imaginer certaines couvertures sous forme d'indices sectoriels, voire nationaux représentatifs du marché actions, dans la mesure où ils sont corrélés à l'évolution de la valorisation de la société, même non cotée. Lorsque les titres de l'entreprise familiale sont cotés sur un marché large ou lorsque l'activité se rapproche de celle d'une autre société cotée avec un marché étoffé, il est possible de construire des schémas de protection du capital familial. Mais le coût de cette couverture en limite l'intérêt sur une période de moyen-long terme. Ces schémas que de nombreuses banques proposent aux actionnaires familiaux méritent d'être examinés dans certains cas lorsque sont prévus des événements particuliers (ventes avec *lock-up*, interdiction de céder les titres pendant une certaine période après la transaction, donations complexes aux enfants). Ils ne peuvent malheureusement servir de base à une allocation stratégique dont l'horizon se situe à des dizaines d'années. Ceci vient donc relativiser l'importance des remarques qui peuvent être faites sur l'allocation stratégique d'actifs dans la mesure où les titres de l'entreprise familiale représentent une part très élevée du patrimoine.

On peut supposer que ces actions seront détenues par la famille sur une longue période et transmises à travers les générations, surtout si tel est l'objectif que se fixent ses membres. Mais on peut parfois raisonner différemment, avec le développement impressionnant des LBO et des fonds d'investissement, en pensant que tout ou partie du capital d'une ou de plusieurs des entreprises détenues par la famille sera cédé bien avant l'échéance de long terme envisagée.

Ainsi, depuis quelques années, comme mentionné plus haut, la pratique se répand des OBO (« *Owner Buy Out* »), schéma selon lequel l'actionnaire familial vend à une holding qu'il détient une partie des titres de l'entreprise familiale. La holding est financée par emprunt qu'elle remboursera, intérêts compris, par le cash-flow lui remontant de la société en tant qu'actionnaire. La famille continue à contrôler l'entreprise directement et indirectement via la holding et dispose désormais de liquidités qu'elle peut investir dans d'autres actifs. Cela permet d'abord à la génération cédante de récupérer des liquidités à partir de la vente de ses titres. Par ce patrimoine liquide alors qu'antérieurement il fallait vivre sur les revenus annuels perçus de l'entreprise, les cédants ont la capacité de réaliser des projets par eux-mêmes à plus grande échelle sans attendre. Ensuite ce mécanisme permet aux générations cédantes de transférer les fruits issus de l'entreprise à la génération suivante par l'effet du possible démembrement des parts de la société holding.

À l'image de ce qui fut expliqué supra sur la distinction entre le capital (usufruit transféré des cédants donateurs aux générations du dessous donataires) et le pouvoir (nue-propriété conservée par les cédants donateurs), la gouvernance de la famille va de pair avec la gouvernance de l'entreprise au travers de cet outil qu'est l'OBO. Les cédants ayant réalisé des liquidités par la cession, leurs besoins financiers peuvent s'en trouver couverts et donc la crainte de manquer disparaître au profit de la génération active qui emboîte le pas. Enfin, cet outil permet aussi la diversification au-delà d'une génération de l'outil professionnel. En effet, le montant de liquidités remontant de l'entreprise de famille à la société holding post remboursement de l'emprunt permet d'être alloué sur des projets distincts : de l'immobilier, des projets entrepreneuriaux, de la dette privée etc. La création de société(s) holding, le cas échéant par branches familiales, permet notamment de créer un sentiment d'appartenance et de renforcer l'*affectio familiae* des membres autour d'un projet et de valeurs en commun.

Autre évolution en cours depuis quelques années : l'ouverture du marché Alternext, aux modalités simplifiées par rapport aux compartiments plus classiques de NYSE Euronext ; et l'introduction des sociétés familiales qui viennent y trouver une possibilité pour certains membres de la famille de céder leurs titres, avant tout à l'occasion de l'introduction sur le marché ; mais aussi, possibilité d'augmenter le capital de la société en faisant appel à des actionnaires extérieurs ce même jour et éventuellement ultérieurement.

L'allocation stratégique à long terme devra être revue en fonction des désinvestissements importants et des choix de réinvestissements dans le capital d'autres sociétés devenant à leur tour entreprises familiales.

Afin de traverser les éventuelles périodes très difficiles, l'allocation stratégique doit être construite de façon suffisamment prudente. Par exemple, en cas d'hyperinflation, quels sont les actifs dont la hausse viendra compenser la perte subie sur une partie d'un patrimoine ? Quelle répartition géographique faut-il envisager pour faire face aux risques politiques locaux ? Quelle part du patrimoine sommes-nous prêts à investir dans les marchés actions par opposition aux marchés de taux ? Quelle part de cash, investi en monétaire, souhaitons-nous conserver en permanence ? Et quel risque de change acceptons-nous ? Préférons-nous couvrir l'ensemble de nos positions afin de raisonner exclusivement en Euros pour tous les membres de la famille ?

On retrouve sur ces points l'importance de l'entreprise familiale dans le patrimoine et dans l'allocation stratégique : ainsi, à travers sa participation dans la société, la famille est indirectement exposée aux risques géographiques, aux risques de change liés à l'activité de la société. Par exemple, si celle-ci produit ou vend dans des pays de la zone dollar (exemple bien connu de la société Zodiac ou de L'Oréal par sa forte distribution hors Europe), elle subit un risque de change euro-dollar qu'elle n'a pas nécessairement couvert et qui rejaillit sur ses actionnaires. À ceux-ci et à leurs conseillers d'intégrer ce risque dans l'allocation stratégique par devise. Dans son analyse le family officer doit intégrer l'ensemble des classes d'actifs où la famille est investie (or, matières premières, actifs cotés, immobilier coté ou non, private equity, dette privée, actifs tangibles…) en allant détricoter les fonds (OPCVM ou fonds de private equity) pour auditer de manière exhaustive et à intervalles réguliers l'exacte répartition des risques (liquidités, devises, secteurs…), sa corrélation aux marchés cotés et le rendement attendu par chaque classe d'actifs.

Il n'existe pas de pourcentage précis d'allocation recommandée sur les actifs cotés. L'allocation est fonction du niveau de risque accepté et souhaité par la famille. Dans certaines situations la famille ne souhaite prendre aucun risque sur l'actif liquide : elle estime qu'un risque important existe déjà au travers de l'entreprise. L'actif rendu liquide est alors sanctifié pour sécuriser le train de vie et la perspective à long terme dans l'hypothèse où l'entreprise serait fragilisée et la remontée de dividendes retardée voire supprimée. Dans cette hypothèse, l'allocation se fera au travers d'obligations ou de produits structurés avec d'importantes barrières de protection.

Le fonds euro, longtemps valorisé par la garantie du capital qu'il offre a été de plus en plus sacrifié depuis les années 2010 à cause des baisses de taux voire des taux négatifs pratiqués jusqu'en 2022. Le rendement proche des 1 % au plus bas a souvent donné lieu à des arbitrages vers des produits structurés à capital garanti offrant des rendements proches de 2 à 3 % en situation de forte volatilité sur les marchés cotés. Son retour en grâce viendra progressivement lorsque la remontée des taux aura commencé à bénéficier à son rendement.

Dans le cadre des obligations, le risque de défaut de l'émetteur est le risque principal pour l'investisseur ayant vocation à conserver « porter » ses obligations jusqu'à leur échéance. La valeur faciale des obligations cotées est soumise à l'évolution des marchés mais tant que la société est capable d'honorer son emprunt et de rembourser son coupon et le capital à son échéance, le prêteur est serein.

À l'occasion de la remontée des taux obligataires, sous l'effet des décisions des banques centrales pour lutter contre l'inflation, on a assisté à un intérêt croissant pour les fonds à échéance moyen terme (4 à 5 ans), tant Investment Grade avec un risque limité pour un rendement de l'ordre de 4 % que High Yield, de l'ordre de 7 % avec un niveau de risque estimé acceptable par les investisseurs.

En l'absence de volatilité les rendements offerts sur les produits structurés étaient également peu attractifs. Ainsi depuis près de 15 ans l'allocation a donc été faite essentiellement sur des actions et des produits alternatifs ayant vocation à rechercher de la décorrélation entre les secteurs ou les marchés. D'autres familles ayant une forte activité sur le private equity ont besoin de leurs liquidités pour faire face aux appels de fonds progressifs dans les sous-jacents. Là encore, c'est le niveau de risque qui permet d'arbitrer l'allocation stratégique. Le rendement élevé du secteur du private equity (au-delà de 9 % par an) couplé à un horizon d'investissement de long terme justifie un risque fort. Alors les liquidités qui doivent être mobilisables au service des fonds ou projets souscrits, vont être investies à court terme pour permettre une disponibilité rapide. Alors que les marchés cotés traditionnels (actions, obligations et SICAV monétaires) permettent d'exercer rapidement une transaction pour récupérer des liquidités, les fonds alternatifs n'offrent une liquidité souvent que trimestrielle ou, dans certains cas, mensuelle.

En matière d'actions cotées, un pourcentage précis ne sera pas fourni mais plutôt une fourchette. Cette fourchette est définie en fonction de l'allocation tactique, fonction des perspectives du rendement global recherché par la famille sur le patrimoine global géré. De manière générale, le rendement cible vient répondre à des attentes de rendement en lien avec la prise en charge du train de vie ou des besoins courants (travaux...). Le family officer doit faire preuve de pédagogie auprès de la famille en démontrant les différents moteurs de performances (actions, obligations, private equity, immobilier...) en expliquant les risques, rendements et disponibilités propres à chacun.

De manière générale, la fourchette d'allocation classique en actions est entre 20 et 50 %. À nouveau en détaillant ou non la répartition sectorielle. Cette fourchette est cohérente avec un profil de type équilibré pour lequel la répartition se fait avec environ 30 à 60 % d'actions, autant d'obligations et le reliquat en alternatifs ou diversification immobilière ou sur des matières premières offrant au mandat une saine diversification des sous-jacents.

En matière d'instruments de taux, l'allocation stratégique fixera en général un pourcentage de cash, rémunéré selon les taux du marché monétaire et une fourchette pour le pourcentage investi en obligations en laissant aux spécialistes de l'allocation tactique le soin de choisir selon les opportunités du moment la qualité des émetteurs (donc la marge au-dessus du taux des obligations souveraines), la duration (donc la sensibilité du portefeuille aux variations des taux) et surtout la répartition entre obligations à taux fixe et à taux indexé. La sélection des sous-jacents obligataires pourra être faite au travers d'obligations primaires c'est-à-dire de financements souscrits par l'investisseur auprès des emprunteurs, de manière générale accessibles à partir de 100 000 €, d'obligations sur le marché secondaire ou via des fonds permettant un accès à des montants moindres et une diversification tant de secteurs d'activité, de rendements à maturité et d'échéances.

Fondées sont des informations publiques, les investissements cotés ne confèrent pas d'influence sur la gestion et les décisions stratégiques prises par les émetteurs obligataires ou les sociétés dont la famille pourrait être actionnaire.

L'allocation stratégique précisera également le pourcentage d'immobilier, destiné notamment à pérenniser la valeur du patrimoine dans les périodes d'inflation, tout en allant parfois jusqu'à spécifier la différence entre immobilier de jouissance et de placement, et la diversification géographique et de risque de change choisie. On reviendra plus loin sur les différentes possibilités d'investissement immobilier.

Les placements alternatifs

La tendance la plus récente a été l'accroissement des instruments moins conventionnels, couverts en général par le vocable de placements alternatifs. Ainsi, le développement des *hedge funds* dans notre pays remonte à la fin des années 1980, avec de très beaux succès dont les familles les plus fortunées, surtout celles déjà ouvertes à l'international, ont su à cette époque tirer profit. La « démocratisation » de ces placements a requis la mise en œuvre de contrôle et d'agrément par les autorités concernées (COB puis AMF), ce qui a freiné le rythme de leur développement. Il est intéressant de noter que familles et Family Offices ont été parmi les premiers intéressés par les hedge funds. Elles y voient un complément utile, apportant une diversification, donc une diminution de la volatilité et du risque global du patrimoine : pour une famille italienne qui l'a expliqué en public, cas exceptionnel, cet instrument est la panacée, ce qui justifie que quasiment 100 % de son patrimoine disponible soit investi en hedge funds, sélectionnés avec le plus grand soin. D'autres, à l'inverse, considèrent que les risques sont trop importants, que la mécanique est difficile à comprendre, voire occultée au sein d'une boîte noire, avec, pour des raisons parfois justifiées de crainte de concurrence sur des marchés trop étroits, une confidentialité extrême des hedge funds sur les positions prises. Ces familles refusent par conséquent d'inclure ces fonds dans leur patrimoine.

Il convient également de noter parmi les stratégies alternatives des fonds visant une décorrélation par rapport aux marchés cotés. À titre d'exemple les solutions cotées liées aux situations exceptionnelles recherchent parmi les sociétés cotées, celles qui pourraient faire l'objet d'une concentration des acteurs, un rapprochement voire un rachat. Ces opérations capitalistiques donneraient lieu à une survalorisation de l'entreprise cible.

D'autres stratégies dites « *market neutral* » ont pour objectif de rendre l'exposition du portefeuille neutre au marché coté ou à un secteur. Cela s'organise par exemple au travers de stratégies d'achat et de vente de titres. Là encore il s'agit d'opportunités tactiques donc ponctuelles ou en cas de craintes sur l'évolution d'un marché, d'une stratégie cœur du portefeuille pour viser à se dérisquer d'une partie de l'exposition au marché coté.

Une limite importante mise en exergue par les familles est la faible liquidité de ces fonds (pour la plupart d'entre eux) et la faible contre-valeur prêtable de la part des établissements bancaires faute pour eux d'avoir une lecture facile des sous-jacents et de leur récupération à une valeur donnée rapidement en cas de baisse passagère de leur valeur liquidative...

En effet, pour justifier de ces stratégies, les fonds ont la possibilité d'acheter des outils complexes autres que des actions ou des obligations. De ce fait, les positions sont prises avec des maturités longues empêchant leur liquidité quotidienne. L'investisseur doit alors accepter de demander la vente de son produit à une date donnée mais en acceptant de ne connaître la contre-valeur qu'au jour où la vente se concrétise, peut-être une semaine, un mois, voire un trimestre plus tard.

Les établissements bancaires, dans le cadre de leurs politiques de crédit, ont une analyse fine des sous-jacents investis dans les portefeuilles en dépôt ou sous gestion. Les principaux critères d'analyse sont la volatilité du support et sa disponibilité si la banque devait être amenée à se substituer à l'emprunteur. Les actions cotées sont fortement volatiles mais disponibles rapidement sous réserve d'un important volume d'affaires. Les obligations présentent un risque inférieur et sont rapidement liquides. Le fonds euro est le support garanti et sa disponibilité est faite au maximum sous quelques semaines. Les placements alternatifs en revanche ont une liquidité variable, dépendant de leur volatilité, donc de leur stratégie.

Ainsi peut-on classer, dans l'ordre de disponibilité décroissante et de risque croissant, les liquidités puis le fonds euros, les obligations, les actions et les fonds alternatifs. On verra ci-dessous ce qu'il en est du private equity.

Le private equity

Au-delà des actifs cotés traditionnels il convient d'évoquer une classe d'actifs se développant fortement depuis près de vingt ans : le private equity. L'accès au marché privé permet d'être investisseur aux côtés des entrepreneurs pour le développement de leur entreprise privée, en dehors des marchés cotés. La prise de participation peut être faite de manière minoritaire ou majoritaire. La place laissée à l'investisseur dans la gouvernance et l'exercice opérationnel de l'activité diffère. Mais quoi qu'il en soit l'information régulière et privée sur la société non cotée offre une lecture plus proche du développement de l'entreprise. L'accès à ces sociétés peut être fait directement dans le cadre de projets isolés ou au travers de sociétés de gestion pour déléguer la gestion au quotidien et permettre une diversification du risque des sous-jacents.

À nouveau, on retrouvera l'impératif et les règles de diversification des risques par rapport à l'activité de l'entreprise familiale incitant à l'investissement dans des secteurs très différents. Mais à l'inverse, pour certains, prédomine le choix d'investir dans ce que l'on comprend, dans le secteur où l'on dispose soi-même d'une valeur ajoutée sous forme d'expérience, donc celui où l'on a exercé son activité au sein de sa propre société.

Le private equity inclut les investissements très ciblés réalisés par les familles ou les membres qui possèdent ou ont conservé l'esprit entrepreneurial qu'ils veulent appliquer en dehors de la société familiale. Les noms de Thierry Dassault, Jean-Philippe Peugeot, de la famille Benetton, pour ne citer que les membres de familles célèbres, sont fréquemment mentionnés. Ils ne souhaitent pas diversifier le risque de private equity dans un grand nombre de sociétés via des fonds ou des fonds de fonds, mais concentrer leurs participations dans des entreprises aux côtés desquelles ils vont jouer un rôle actif de conseil ou même parfois avec une implication encore plus forte. La voie avait été tracée par les *business angels*. L'esprit entrepreneurial des familles fortunées trouve – et trouvera de plus en plus – à s'épanouir dans ce type d'investissement.

L'exemple de la famille Mulliez est intéressant dans ce domaine. L'esprit entrepreneurial y est très fortement encouragé et même stimulé. Toutes les formes d'assistance possible sont offertes à ceux des membres de la famille qui veulent pratiquer l'essaimage en créant leur propre entreprise, en général dans les secteurs connexes de l'activité principale de la famille, la grande distribution. Ainsi sont nés Décathlon, Saint-Maclou, Boulanger, etc.

L'ensemble des familles et des Family Offices devraient réfléchir à ces exemples, en étudier les modalités, les aides de toute sorte apportées par la famille à ceux de ses membres qui souhaitent créer leur propre entreprise, une forme spécifique d'investissement dans le non coté.

La tendance à l'investissement en private equity par les familles fortunées sous l'influence des family officers est clairement ascendante. Un chiffre de 10 % du patrimoine ou à tout le moins de 10 % des placements financiers sera atteint. Au sein des familles entrepreneuriales le taux peut fortement augmenter jusqu'à atteindre plus de 30 % des liquidités disponibles malgré le risque déjà très important dans l'entreprise opérationnelle.

Cette évolution se fera sur une période assez longue. D'autant qu'en ce qui concerne les investissements directs par les familles en private equity dans les entreprises de notre pays, elle sera freinée par deux facteurs : d'une part la concurrence croissante de fonds disposant de capitaux extrêmement importants, risquant d'être amenés à surpayer pour investir l'argent disponible ; et, d'autre part, l'attrait d'investissements en private equity dans d'autres pays avec, outre l'avantage de la diversification géographique, l'espoir d'une croissance sensiblement plus forte dans les pays émergents d'Asie, voire même dans certaines industries de pointe, aux États-Unis par exemple.

Le retour sur investissements est à long terme et sans disponibilité aisée avant l'intervention d'un évènement de liquidité. En effet, le retour sur investissement est satisfait, lorsque l'entreprise est rentable, par une distribution de dividendes à ses actionnaires. En dehors de cette concrétisation, l'évènement de liquidité permettant de rembourser le capital investi peut intervenir si la société est rachetée par une société concurrente, une personne intéressée ou par un fonds d'investissement dont la politique est liée de près ou de loin à cette société cible. La cotation sur un marché organisé permet également à l'investisseur de pouvoir espérer retrouver tout ou partie de son investissement voire concrétiser une plus-value.

L'échange de titres d'une société coté est aisé par la liquidité disponible sur le marché boursier organisé à partir du carnet de *bid* et *asks* représentatif des acheteurs et vendeurs. Le private equity ne permet pas cette liquidité. En l'absence de marché coté il convient de faire appel au marché secondaire. Ce dernier est créé à partir des potentiels vendeurs de positions et investisseurs désireux de profiter de ce fonds ou de cet investissement auquel ils n'ont pas cru ou n'ont pas eu le temps de souscrire.

Le processus d'investissement direct privé peut se décomposer en trois grandes phases comme l'évoque le livre blanc réalisé par Crédit Suisse et l'Université de Saint-Gall : d'abord la réalisation, ensuite la gestion et enfin la monétisation. Face à ces étapes une méthodologie rigoureuse doit être mise en œuvre pour analyser de manière exhaustive le contenu de chaque proposition et définir auprès de la famille les risques inhérents, la qualification juridique des formes de l'investissement et enfin l'impact financier et fiscal de ces projets. Dans son rôle de formateur le family officer doit également préciser l'agenda du private equity avec la courbe en J.

Avant la réalisation des investissements, la valorisation du sous-jacent est inférieure à ce qui a été investi, partie initiale descendante, de la courbe en J. C'est au fur et à mesure des investissements réalisés et de la démonstration de l'activité que sa valeur se développera et permettra de rattraper cette partie baissière pour poursuivre sa croissance au-delà de la mise initiale. Le secteur du *venture capital* est le plus risqué du fait de sa nature même d'amorçage d'un projet nouveau. Il est traditionnellement admis que sur 10 opérations, plus de la moitié fera défaut, 2 à 3 seront à l'équilibre et 1 à 2 opérations dépasseront largement le scénario attendu, avec une plus-value supérieure aux pertes des autres opérations.

Les performances liées à ces actifs non cotés peuvent être bien supérieures à certains actifs cotés. On note ainsi entre 2007 et 2021 (rapport France Invest EY 2022) dans le premier quartile : un rendement annualisé sur 15 ans supérieur à 25%. En comparaison, le CAC40 et l'immobilier sont à 6%, les infrastructures à 15% et le capital investissement à 12% en moyenne. Il existe environ 200 fois plus d'entreprises non cotés que d'entreprises cotées, la sélection des sous-jacents est donc clé dans ce secteur.

Un cahier des charges est à définir avec les membres de la famille afin que le family officer soit capable de cibler les projets susceptibles de les intéresser. Selon la représentativité de son investissement au capital, l'actionnaire sera dormant ou opérationnel mais son risque engagé sera identique à celui d'un actionnaire traditionnel. Lorsque l'investissement est fait directement par une personne, des contraintes réglementaires peuvent intervenir venant restreindre l'accès à cette classe d'actifs risquée. La qualification d'investisseur professionnel protège ainsi certains investisseurs pour éviter l'accès à des personnes qui n'auraient pas une lecture exacte des risques associés à cette prise de participations. L'Autorité des marchés financiers (AMF) et les banques ont dans le cadre de cette qualification un rôle important : protecteur des intérêts de l'investisseur peu informé mais aussi conscient de la nécessité d'ouvrir l'accès à cette classe d'actifs complémentaire aux allocations passées. L'investisseur doit toujours être interrogé sur sa capacité à souscrire, sa bonne information sur les risques de chaque investissement (durée, risque en capital, illiquidité, frais...) pour que sa décision soit prise de manière éclairée. Dans le cadre des questionnaires de risques mis en place par l'AMF et les associations professionnelles auxquelles nos activités sont soumises, l'interlocuteur est amené à poser les bonnes questions.

Au sein du cahier des charges, la diversité des sous-jacents liés au private equity doit également être avancée. On note par exemple une importante disparité dans les investissements possibles en termes de stratégie : les start-up (capital-risque ou venture) sont des entreprises en amorçage, se lançant avec un risque élevé d'échec. On peut ensuite évoquer les sociétés requérant des capitaux pour poursuivre leur développement et renforcer la création de richesse : le capital développement. Cela concerne des entreprises avec un chiffre d'affaires et une démonstration de l'activité qui fonctionne (*proof of concept*) permettant d'acter un projet adapté à une clientèle. Le renforcement de la recherche-développement, l'emploi de commerciaux, de marketeurs ou encore l'essor à l'étranger de l'entreprise sont autant de situations donnant lieu à ce besoin d'ouvrir le capital à de nouveaux actionnaires pour renforcer la capacité de l'entreprise à passer une étape nouvelle.

La stratégie de *buy out* ou de *leveraged buy out* permet de se substituer à l'actionnariat existant soit dans l'hypothèse d'actionnaires importants désireux de quitter l'aventure (*buy out*) soit en couplant cette situation à un effet de levier (*leveraged buy out*). Cela implique souvent une prise de participation plus importante voire stratégique de l'entreprise. C'est la stratégie la plus importante en valeurs actuellement. Il ne faut pas omettre également des investissements dans l'immobilier au travers de fonds liés à la promotion immobilière ou dans les infrastructures (actifs nécessaires à l'exercice de l'activité de l'entreprise tels que des entrepôts, des usines ou des routes). Enfin, les sociétés en difficulté (capital retournement ou autres niches) investissent dans des sociétés lourdement endettées et proches de la cessation de paiements. Ces situations nécessitent le plus souvent d'intervenir concrètement au sein de l'entreprise en remplacement du management actuel.

En fonction des souhaits de la famille, du niveau de risque accepté et de l'implication voulue dans la prise de participation, le cahier des charges pourra se doubler d'une diversification géographique et des acteurs. Au-delà des opportunités en direct pour lesquelles il est important que la famille dispose d'un *sourcing* (collecte de propositions d'investissement grâce à son réseau de relations professionnelles) qualitatif, une stratégie diversifiée au travers de fonds est possible. Et souvent souhaitable, car bien des familles ne disposent pas des capacités suffisantes d'analyse et de suivi des entreprises non cotées. La diversification est ainsi permise au travers d'une société de gestion qui dans le portefeuille de ses fonds choisira des sociétés, avec là encore pour chaque société de gestion la définition d'une stratégie de son choix.

Face à cette offre pléthorique (millésimes, secteurs, géographies, taille d'entreprise, stratégie...) répondant à des demandes de capitaux en constante croissance de la part des sociétés sous-jacentes, de nombreuses sociétés spécialisées sur cette classe d'actifs ou plusieurs (généralement l'immobilier, la dette privée et le private equity) se sont développées. Le monde du Family Office est étroit et confidentiel. Être identifié comme investisseur, *business angel* ou acteur de la reprise d'entreprises prend du temps et requiert une communication forte. Cela n'est pas l'apanage habituel de notre activité et des familles, qui recherchent plus fréquemment l'anonymat. Ces sociétés de gestion sont donc une courroie de transmission utile. Les banques progressivement conscientes de l'essor de cette classe d'actifs au détriment des solutions cotées s'y sont également intéressées. Cela se traduit par exemple au travers de sociétés d'investissements rassemblant des clients (*feeder*) en un montant global proche de ce qui est investi par les institutionnels pour ensuite être investi au sein du fonds de private equity. L'opération ainsi mutualisée permet aux investisseurs privés finaux d'accéder à des propositions de valeurs qui à défaut ne leur seraient pas accessibles.

Les sociétés de gestion spécialisées qui investissent directement ou à travers d'autres fonds exigent des engagements de plusieurs centaines de milliers d'euros voire de millions d'euros. L'accès est à un seuil élevé puisque la qualité d'actionnaire rend le niveau d'information dû et l'interaction lourde de la part de la société. Les outils de mutualisation par les établissements bancaires par exemple ou des sociétés de gestion facilitent désormais l'accès à des niveaux moins élevés.

On constate également de plus en plus de club deals entre familles dans des projets sourcés ensemble ou au travers d'initiatives privées de type club. Ces entités informelles rassemblent des intérêts communs de jeunes entrepreneurs ou familles, par exemple de la même région française, ou se regroupant parmi différents pays à travers les frontières, et disposant de liquidités à déployer selon un cahier des charges identique.

Dès lors que la famille souhaite initier une position dans le secteur du private equity de manière répétée, l'une des recommandations est de répartir son investissement sur plusieurs années à l'image d'une position sur les marchés cotés. De cette manière, on parle de millésimes d'investissements à l'image des vignobles. De même que la qualité du raisin, et donc du vin, varie d'année en année, le contexte économique, social et financier vient impacter les investissements non cotés. L'horizon long permet ainsi de répartir son risque et laisser le temps aux premiers projets de faire leurs preuves avant de progressivement distribuer un revenu qui alimentera les positions nouvelles de telle sorte qu'une chaîne vertueuse du private equity arrivera après un certain temps à s'auto-alimenter, dans le meilleur des cas.

La famille optant pour l'investissement en direct libérera en une fois les capitaux requis par le projet. À l'inverse, en investissant au travers d'un fonds, la société de portefeuille choisie disposera d'une période d'investissement pour déployer les fonds levés auprès des investisseurs puis d'une période de distribution. Les fonds seront appelés au fur et à mesure des opportunités sélectionnées et retenues par la société de gestion. La période d'investissement peut durer jusqu'à 2 ans en moyenne. Le fonds dédié à cette stratégie doit ensuite manager les positions sous-jacentes avant que ne soit liquidé le fonds, au maximum 10 ans après sa constitution.

Face à cette immobilisation de capital, le rendement attendu excède ce qui est souhaité des actifs liquides. En moyenne autour de 9 %, la perspective de pouvoir réaliser un tel rendement a créé un développement très rapide de cette classe d'actifs sur les vingt dernières années. Les institutionnels (compagnies d'assurances, mutuelles, fonds de pension...) ont fortement renforcé leur positionnement au sein de cette classe d'actifs. La rémunération des équipes des fonds se fait au travers de droits d'entrée souvent négociables eu égard à la force de frappe représentée par l'investisseur puis des frais de gestion sur le montant engagé le temps que les capitaux soient déployés puis sur le montant valorisé. Enfin, au dénouement des opérations revendues, la société de gestion conserve une partie de la plus-value selon une répartition du *success fee* entre l'équipe et l'investisseur généralement 20 % pour l'équipe et 80 % pour l'investisseur, (avec éventuellement un « *hurdle rate* » pour le calcul du *success fee*, par exemple seulement le pourcentage au-delà du taux moyen du marché monétaire ou obligataire à 10 ans) Progressivement la pratique tarifaire s'est uniformisée et largement professionnalisée.

Les entreprises sous-jacentes, objets de convoitises, ont donc progressivement fait l'objet de propositions nombreuses et leur valorisation s'est renforcée jusqu'à atteindre une bulle fin 2021. Les politiques de taux bas menées par les banques centrales étaient très favorables à l'essor de projets technologiques, fortement consommatrices de recherche-développement et donc de capitaux. Les opérations se faisaient jusqu'à plus de 15 fois les multiples dans les activités les plus régulières (secteurs liés à des abonnements par exemple) et sans avoir la nécessité de présenter un chiffre d'affaires déjà réalisé. Nombre d'entreprises ont été rachetées pour des montants très importants alors même que la *proof of concept* n'était pas réalisée. Les capitaux disponibles à investir étaient tels qu'il fallait pour les sociétés de gestion et les institutionnels avoir la capacité de déployer les fonds.

Dans son étude menée en 2021 auprès des single Family Offices, le Crédit Suisse précise que 43 % des familles interrogées souhaitent échanger sur les bonnes pratiques de la sélection de fonds et d'opportunités de private equity. 55 % des personnes interrogées précisent également que l'offre de private equity est jugée importante ou très importante dans la détermination du choix du partenaire bancaire. Démontrant la difficulté du *sourcing* et la nécessité d'être rassuré sur la qualité des acteurs dans cette activité encore relativement nouvelle, la confiance dans le family officer sera clé pour permettre d'arbitrer au sein du champ des possibles.

Changement d'environnement pour le private equity : à l'aune des hausses de taux, le secteur obligataire a retrouvé des couleurs plus radieuses, offrant en juin 2023 un rendement sans risque sur le taux euro court terme supérieur à 3 % alors qu'un an plus tôt les taux étaient encore négatifs. Face aux plus-values très importantes réalisées par les acteurs institutionnels sur cette classe d'actifs, leur ratio de risque est devenu asymétrique. On constate un important retour sur le secteur obligataire au travers d'émissions des banques et d'autres acteurs dits « *investment grade* ». C'est-à-dire à niveau de risque raisonnable en comparaison des émetteurs les plus risqués dits « *high yield* », qui offrent pour leur part un haut rendement rémunérant le risque pris de défaut d'un ou plusieurs émetteurs.

Les capacités de crédit des entreprises désireuses de lever des fonds se sont resserrées. Le retrait des liquidités de la part des acteurs institutionnels d'abord et privés ensuite (les épargnants disposant de rendements obligataires certes plus faibles mais immédiatement disponibles). Les transactions désormais se sont rationalisées avec moins de valorisations surprenantes ou déconnectées de réalisations tangibles. On constate également que les levées de fonds sont aujourd'hui plus longues et sur des valorisations révisées à la baisse : tant sur des projets d'amorçage que sur des levées initiées par exemple au travers de fonds.

Dans le cadre d'un single family office, on constate de plus en plus régulièrement l'importance de motiver les équipes pour les conserver auprès de la famille à long terme. À ce titre, en ligne avec le private equtiy qui se renforce, il est nécessaire d'arguer de possibilités d'alignement sur la rémunération et les produits suivis voire recommandés par le family officer.

Les autres types de placements

Les autres composantes de l'allocation stratégique peuvent inclure, mais très rarement, **l'art** sous différentes formes. Les familles ne voient pas, sauf exception, l'achat d'objet d'art comme un placement. Les fonds d'art, dont certains récemment créés à l'étranger, représentent une part négligeable de leur patrimoine lorsqu'ils sont un outil de diversification.

Les fonds créés dans les années 1960-1970 ont connu une vie difficile. Depuis le début des années 2000, des fonds d'art anglo-saxons ont été lancés, avec certaines précautions héritées des échecs précédents, mais aussi les mêmes risques de marchés volatils. Les familles françaises se sont peu intéressées à ces fonds qui se veulent à mi-chemin entre l'art et le financier. Les vrais amateurs, parmi lesquelles les familles Arnault et Pinault, effectuent leurs acquisitions non pas à titre de placement mais pour leur plaisir et pour constituer des collections de qualité qui seront, le plus souvent, léguées à un musée de façon à être accessibles au public.

Certaines familles fortunées, en nombre encore très limité en France, s'intéressent à **d'autres placements alternatifs** tels que les matières premières ou le bois à bâtir (*timber*). L'exemple vient du fonds gérant les dons faits par les anciens élèves à l'Université de Yale, le *Yale Endowment Fund*. Son rapport annuel spécifie l'objectif d'allocation stratégique, l'allocation effective à la fin de l'année écoulée, la performance sur un an et sur plusieurs années des placements réalisés, la comparaison avec les autres investisseurs à long terme et les objectifs de rentabilité pour les années à venir par type d'investissement.

Le *Yale Endowment Fund* (41.4 milliards de dollars au 30 juin 2022) a obtenu une performance remarquable avec un niveau de risque (volatilité) en ligne avec les objectifs, en adoptant une allocation stratégique très différente de celle des autres fonds, par exemple avec un objectif long terme de 17 % investis en private equity et 27 % en actifs tangibles (*real assets*) incluant l'immobilier mais aussi le pétrole et le gaz, le bois (*timber*). En 2021 le fonds a réalisé une performance de 40,2 % tandis que le patrimoine a pu être préservé en 2022, année pourtant difficile, avec une performance positive de 0.8 %.

Une famille très fortunée, qui a cédé son entreprise, a d'ailleurs recruté pour son Family Office établi à Londres un des dirigeants du *Yale Endowment Fund* pour adopter désormais ce même style de gestion. Ceci conforte l'idée que les investisseurs à long terme, qu'ils soient familiaux ou institutionnels, se retrouvent sur les mêmes idées dès lors que leurs objectifs sont comparables, la pérennisation des actifs à l'horizon 99 ans, que ce soit dans l'intérêt des petits-enfants de leurs petits-enfants ou, dans l'autre cas, des futurs étudiants et des professeurs retraités de l'époque.

Dans les différents domaines d'investissement, les statistiques du passé permettent de réfléchir à l'allocation stratégique. Les « nouveaux » placements alternatifs procurent moins de recul, d'où une impression ou une réalité d'un risque d'erreur plus élevé, ainsi que l'ont confirmé les évolutions des marchés en 2007 ou en 2022. La situation sur la blockchain, les **actifs dématérialisés** à l'image de la cryptomonnaie souffre aujourd'hui de la même appréhension. Le secteur à ce jour non réglementé depuis son apparition renforcée depuis 2017 interroge. On note sur cette activité une grande disparité de l'information et de la connaissance par quelques acteurs. Les familles désireuses de participer à l'évolution des secteurs d'activité challengent leur family officer sur ces supports et la potentielle croissance du sous-jacent.

La finance poursuit ses recherches et veille à ne pas rater des évolutions qui pourraient conduire à certaines révolutions dans le secteur : soit sur la production de supports nouveaux soit sur des comportements à intégrer pour une formation à jour des techniques nouvelles et de l'accompagnement au mieux des intérêts des familles.

Après un scénario très positif dans les premières années, on a pu constater une forte baisse de l'intérêt pour ce marché courant 2022 du fait d'abord de mauvaises informations sur les acteurs du milieu, ensuite d'une hausse des taux venant sanctifier la baisse de ces produits et enfin de la potentielle réglementation nouvelle sur ces sous-jacents laissant craindre l'épée de Damoclès sur les épaules des investisseurs. Les clients de ces supports dématérialisés répliquant une quantité limitée de monnaie nouvelle sont toujours optimistes sur l'évolution à venir et la forte montée en puissance de ces actifs dans notre mode de consommation à venir.

Toutefois, passée la possibilité de régler certains achats via les tokens, l'intégration du système monétaire nouveau tarde à progresser et de moins en moins d'investisseurs s'intéressent au sous-jacent désormais. Une réflexion doit se poursuivre sur les monnaies numériques en cours de lancement par les banques centrales suite à l'émergence des cryptomonnaies. Par exemple la BCE est en phase d'étude (échéance octobre 2023) pour lancer une monnaie numérique répondant à la demande toujours plus croissante de moyens de paiement électroniques sûrs et fiables. Face aux cryptomonnaies, le développement d'une monnaie numérique validée par une banque centrale permet un point de stabilité pour les systèmes monétaires et de règlement. Chaque family officer doit constamment se former pour disposer d'une information récente et acerbe sur les sujets pouvant intéresser ses familles.

Les domaines d'investissement financier les plus classiques sont ceux des actions et des obligations. Les statistiques sont disponibles sur très longue période et permettent de présenter à la famille les chiffres de performance espérée avec le niveau de probabilité, le risque maximum, à nouveau avec la probabilité choisie.

Mais attention, la baisse de près des deux tiers de sa valeur de l'indice parisien CAC 40 du plus haut du 5 septembre 2000 à l'ouverture à 6 929 jusqu'au plus bas du 12 mars 2003 à la clôture à 2 401 est sortie des schémas présentés jusqu'à cette date par des gestionnaires aux investisseurs car elle se situait dans les scénarios avec moins de 1 % de probabilité. Les « cygnes noirs » existent réellement, même s'ils sont exceptionnels, des évènements soudains, imprévisibles, aux conséquences graves également pour l'économie et les marchés, qu'il est par nature impossible d'anticiper, mais que malgré son caractère si exceptionnel, il est nécessaire d'intégrer dans les raisonnements sur l'allocation d'actifs. Il en est ainsi des séismes brutaux (Tokyo 1923) ou des tsunamis, des déclarations de guerre également, tout comme des pandémies dont on peut imaginer que tarde malheureusement la découverte de vaccins efficaces.

Les banques disposent en général de ces chiffres présentés à leur manière aux familles et aux family officers pour leur permettre de les intégrer dans leurs réflexions en prenant en compte leur horizon de placement, leur aversion au risque et la définition de leur objectif prioritaire. Ces chiffres seront d'ailleurs complétés par des tableaux de corrélation/décorrélation entre les différentes classes d'actifs. Le patrimoine constitue un tout, actif mais aussi passif, dont seuls comptent les aspects globaux en termes de performance et de risque. Par exemple, si le risque de l'entreprise familiale paraît élevé, en raison de son secteur d'activité, sans doute faut-il adopter une politique prudente de gestion des autres actifs, avec un niveau de risque plus faible que ce qui aurait été choisi dans le cas d'une autre famille.

La mise au point de l'allocation stratégique nécessite une réflexion approfondie. Elle va déterminer la répartition des actifs pour le long terme. Ce qui ne signifie pas qu'elle ne devra pas être revue au fil du temps. Mais les révisions éventuelles devront toujours tenir compte du besoin de vision à long terme. L'allocation stratégique en période d'inflation marquée sera peut-être influencée par une estimation trop importante des risques d'hyperinflation. Mais en période de faible inflation, voire de déflation, même si l'allocation stratégique est modifiée, la nouvelle version devra continuer à retenir la possibilité dans les années ou les décennies à venir du retour de périodes d'hyperinflation.

Cette détermination de l'allocation stratégique est capitale pour le devenir du patrimoine familial. Le rôle de Family Office est essentiel. Il est le mieux placé pour connaître la sensibilité au risque de chacun des membres, l'objectif à long terme du chef de famille et des autres responsables des branches, les risques de la société, les scénarios envisageables dans la vie de la famille comme dans celle de l'entreprise.

La décision de l'allocation stratégique choisie revient à la famille. Le Family Office se doit d'être à ses côtés et de jouer un rôle actif, au risque même de se faire parfois rabrouer, pour bien faire comprendre si besoin est l'importance de ce processus de long terme.

L'allocation tactique

L'allocation tactique, c'est-à-dire à court ou court/moyen terme, s'inscrira dans le cadre tracé par l'allocation stratégique, en fonction de l'état des perspectives économiques, financières, boursières, de la marche de l'entreprise familiale, des situations personnelles, de la totalité du patrimoine, autorisant ou non un accroissement du risque accepté. Quelle répartition des actifs allons-nous adopter pour les quelques mois ou trimestres à venir ? Cette allocation tactique, de court terme, sera pilotée et révisée en permanence en tenant compte des facteurs ci-dessus. À titre d'exemple le plus simple, l'allocation stratégique aura fourni une fourchette 25 % - 50 % de la part actions dans le patrimoine. Où souhaitons-nous nous situer aujourd'hui entre ces deux pourcentages ? Notamment en fonction des idées ou des perspectives des marchés boursiers, vaut-il mieux se situer en position neutre, ou bien dans le bas ou dans le haut de la fourchette ?

L'un des rôles du Family Office est de veiller au respect des normes qu'il a contribué à définir dans l'élaboration de l'allocation stratégique. Le risque est fort en effet de voir l'allocation tactique évoluer au fil des modifications de l'état d'esprit du marché, au point de sortir, dans les situations jugées extrêmes, des bornes initialement fixées. Ainsi en 2000-2001, l'euphorie boursière était telle que certains auraient pu être tentés de ne pas limiter à 50 % la part des actions dans le patrimoine alors que, bien évidemment, dans un tel environnement la politique la plus sage est d'abaisser progressivement ce pourcentage. Mais en veillant à ne pas aller dans l'autre extrême ; par exemple, en avril 2020 ou mars 2022, quand le pessimisme ambiant incitait à réduire le chiffre en deçà de 25 %, au lieu de le remonter pour profiter des opportunités à venir lorsque les cours auraient terminé leur chute et que les pressions sanitaires ou diplomatiques seraient calmées.

Les mêmes pratiques et le même rôle du Family Office s'appliquent aux choix sectoriels, géographiques, *growth/value*, etc. Aux côtés de la famille, il veille à ce que la politique à court terme choisie ne mette pas en zone de risque l'objectif ultime de sa mission : la pérennisation à long terme des intérêts familiaux.

L'investissement durable et à impact

Depuis les années 2000 et les prises de conscience des évolutions environnementales, la réglementation s'est adaptée à ces dernières pour tenir compte de comportements à modifier afin de permettre la pérennité de notre écosystème. L'agenda international et l'aide au développement ont rendu compte de défis à relever de manière globale.

En 2001 la Commission européenne a défini la responsabilité sociale des entreprises (RSE) comme la « contribution volontaire des entreprises aux enjeux du développement durable, aussi bien dans leurs activités commerciales que dans leurs interactions avec leurs parties prenantes » (clients, salariés, actionnaires et fournisseurs). À l'échelle mondiale le Global Compact mis en œuvre par les Nations unies désigne 10 principes relatifs au respect des droits de l'homme, aux normes internationales du travail, à l'environnement et à la lutte contre la corruption. Progressivement des initiatives privées ont été forces de propositions, de revendications et de labels pour permettre de créer des objectifs et des indicateurs de performances.

En 2006 aux États-Unis, le mouvement B Corp a créé une certification à destination des entreprises commerciales pour mesurer 5 domaines d'impact : la gouvernance, les collaborateurs, la collectivité, l'environnement et les clients. Dans plus de 70 pays aujourd'hui et depuis 2015 en France, près de 4.000 entreprises sont certifiées et doivent répondre chaque année aux exigences renforcées et démontrer une évolution positive sur leurs indicateurs. Parmi les acteurs de la finance, la banque Lombard Odier fait figure d'exemple auprès de cet acteur.

17 objectifs de développement durable (ODD) ont été pris en septembre 2015 par les Nations unies dans le cadre de leur programme 2030. Il s'agit de 17 priorités à avoir à l'esprit pour un développement économique et social sans perdre de vue la planète et ses populations. 244 indicateurs permettent de justifier 169 sous-objectifs rassemblés dans les 17 objectifs. La mission est complexe et l'enjeu essentiel.

L'INSEE suit 110 de ces 169 sous-objectifs. 16 objectifs sont liés à la biosphère comme socle de la société pacifiée, juste inclusive et harmonieuse pour envisager in fine une économie durable. Le 17e est la pierre angulaire de ces seize objectifs : les partenariats. L'Association française du Family Office a édité en 2022 sous la direction de François Boulte un Livre Blanc dédié à l'investissement durable destiné aux family officers.

En 2015 la COP21 poursuit les démarches avec l'Accord de Paris. Ce dernier prévoit à horizon 2100 de limiter l'augmentation de la température entre 1,5 et 2 degrés par rapport à l'ère préindustrielle. Cet engagement avec des révisions possibles à la hausse périodiquement doit permettre de guider la limitation à la fois sur les réductions des gaz à effet de serre, contrôler les efforts entrepris mais aussi le financement auprès des pays en voie de développement avec une enveloppe de 100 milliards de dollars par an à compter de 2020 et des solutions regroupant les initiatives des acteurs non gouvernementaux. La France s'engage pour la « neutralité carbone ». Pour atteindre cet objectif il faudrait diviser par 6 les émissions actuelles (450 MtCO2e vs une cible à 80) et compenser les émissions par des puits de carbone atmosphériques. Aujourd'hui les puits de carbone tels les océans, les tourbières et les forêts en formation permettent d'éliminer efficacement 39 % des émissions mondiales. Les technologies actuelles sont insuffisamment avancées pour répondre à la construction de puits artificiels.

La loi PACTE du 22 mai 2019 a créé un nouveau label auprès des sociétés commerciales : les « entreprises à mission ». Le Code civil et le Code du commerce ont ainsi été amendés pour intégrer ces réformes fondatrices. L'objectif sociétal est ici dès les statuts : la société doit préciser « une raison d'être », un ou plusieurs objectifs sociaux et environnementaux à poursuivre selon des modalités données et des objectifs vérifiés par un organisme tiers indépendant.

Comment réagissent aujourd'hui les acteurs de la finance et les familles que nous accompagnons ? Lancée en 2017 au cours du One Planet Summit, Climate Action 100+ rassemble près de 500 investisseurs soit plus de 40 000 milliards de dollars investis pour peser sur les émetteurs de gaz à effet de serre. À notre échelle, la transmission du patrimoine liée aux décès des papys boomers devrait générer un transfert de liquidités supérieur à 58 000 milliards d'euros d'ici 2030. Les jeunes mettent en exergue leur appréhension sur notre capacité à respecter les accords de Paris et faire changer nos comportements malgré la menace environnementale.

L'IFOP dans le cadre de son sondage 2022 « les Français et la finance responsable » précise que la notoriété de l'ISR (investissement socialement responsable) est faible : « 65 % des Français n'en ont jamais entendu parler et seulement 6 % ont déjà investi dans un placement de ce type ». 45 % des Français estiment qu'ils peuvent avoir un impact réel sur l'environnement et la société à travers leurs décisions de placement d'épargne (52 % chez les moins de 35 ans). Mais 76 % des interrogés considèrent que l'ISR est un « argument marketing pour les banques et qui ne changera rien à l'utilisation qui sera faite de l'épargne de leurs clients ». Il sera intéressant de suivre l'évolution de ce dernier chiffre au fil des années.

La pollution, le changement climatique et l'emploi sont aux premiers rangs des attentions.

Les réglementations applicables aux banques et aux multi Family Offices dans le cadre de leur mission de Conseil imposent d'interroger les clients sur leur attention aux enjeux de la finance durable. Selon les hypothèses et les profils des familles, leur rapport à la question est très variable. Les interrogations démontrées par le sondage de l'IFOP cité supra sont bien réelles sur l'emploi des fonds par les établissements derrière un label « ISR ».

On constate souvent chez les familles la volonté de faire changer les choses mais souvent à partir de leurs capacités propres d'interventions. Devenir acteur de sa réussite au travers de prises de participations responsables, de projets philanthropiques ou d'initiatives privées accompagnées à long terme vers un horizon plus vert, plus social et avec une gouvernance plus responsable.

Le terme ISR s'en trouve aujourd'hui galvaudé tant les acteurs eux-mêmes doivent user de moyens pour rentrer dans les clous des indicateurs. Les familles sont donc dubitatives sur la cohérence des outils d'analyse pour déterminer si souscrire à un fonds ISR est réellement une décision « responsable ». Parmi les méthodes d'analyse des critères extra-financier, compenser son empreinte est un moyen d'améliorer sa note. Ainsi, un acteur polluant mais investissant par ailleurs dans les entreprises à impact positif se verra attribuer une évaluation moins négative.

La notion d'impact est quant à elle au-delà de l'investissement responsable. Elle mesure l'impact positif d'une démarche menée. Largement valorisée par les jeunes générations, son objectif n'est pas de réduire la consommation mais de compenser de manière efficace les comportements passés. Là encore, les outils de mesure dans les stratégies financières n'offrent pas aujourd'hui une certitude sur leur exhaustivité et leur véracité. Les familles fortunées ayant une force de frappe importante, leurs engagements personnels permettent pour ceux qui en usent d'agir de manière rapide et parfois coordonnée sur des enjeux ciblés.

Tous conscients des enjeux de notre durabilité, l'investissement ISG, ESR à impact ou plus simplement durable n'est pas un choix de gestion. L'ensemble des acteurs économiques doivent intégrer ces besoins et progressivement améliorer son empreinte carbone, sa durabilité et avoir un impact positif sur l'environnement socle des sociétés et *in fine* de l'économie. Compilant ces trois réseaux partenaires, chacun pourra être acteur de la mutation nécessaire en cours.

Prendre en compte ces impératifs récents, conseiller la famille sur ces points, intégrer les points de vue des différents membres, parfois encore divergents, notamment selon les générations, ceci est devenu une partie de plus en plus importante des missions du family officer.

La sélection des gestionnaires et des OPCVM

Allocation stratégique des actifs, allocation tactique, vient ensuite la sélection des gestionnaires, des OPCVM, des actions. Selon ce que souhaite la famille, le rôle du Family Office dans ce processus va être plus ou moins important. La famille, sauf en cas d'une trésorerie devenue soudainement très élevée par la vente de l'entreprise, a déjà ses propres gestionnaires. Le family officer va passer en revue avec la famille les relations existantes avec chacun d'entre eux, leurs performances, les risques de leur gestion sur les années passées, mais aussi la cohérence du choix dans une optique globale de diversification des modes et des politiques de gestion.

Si la famille, d'elle-même ou après ce travail de revue de la gestion, décide de remplacer ou d'ajouter un gestionnaire, elle aura peut-être déjà fait son propre choix. Sinon elle demandera au Family Office de lui faire des propositions. Ce qui passe par le processus d'appel d'offres : définition des caractéristiques souhaitées du gestionnaire, banque française ou internationale, banque privée ou banque à réseau ou société de gestion de portefeuille, définition du mode de gestion : *growth/value*, actions françaises, européennes, tous pays ? Spécialisation sur les valeurs américaines ou les pays émergents, secteurs d'activité spécifiques (technologiques, bio, télécommunications, etc. ou tout sauf ces secteurs), la taille de l'équipe, large avec de nombreuses compétences et présente depuis des décennies, ou limitée car de création récente par des gestionnaires dynamiques et innovants présentant donc peut-être un degré de risque plus élevé ?

La sélection des entités interrogées lors de l'appel d'offres tiendra compte de ces éléments, de même que la rédaction des questions et, plus encore, le dépouillement des réponses et la valeur accordée à chacune d'entre elles. Les résultats, classiquement, sont présentés à la famille à laquelle revient le dernier mot dans le choix du ou des gestionnaires recherchés, parfois d'ailleurs en appliquant ses idées initiales sans retenir les conclusions du Family Office après l'appel d'offres.

Les commissions perçues par les gestionnaires

Dans le choix à effectuer entre les différentes propositions, cet élément ne doit pas constituer le facteur principal : le rôle du Family Office est de conseiller la famille dans le choix des gestionnaires qui obtiendront pour elle les meilleurs résultats d'ensemble (mesure de la performance ajustée du risque), en prenant la vue globale des intérêts patrimoniaux, et qui ne seront pas nécessairement les moins-disants.

Dans ce contexte cependant, il va de soi que la famille souhaite bénéficier de conditions avantageuses, aussi bonnes que celles dont bénéficie tout client dont les avoirs confiés sont d'un montant comparable au sien. Le taux des commissions, s'il n'est pas l'élément principal de sélection des gestionnaires, ne peut donc être ignoré.

Le rôle du Family Office ne doit pas être vu par les gestionnaires comme celui du « *cost killer* » qui va tenter d'obtenir pour le compte de la famille des taux de commissions inférieurs à ce que le marché juge raisonnable. Mais il est là pour défendre les intérêts de la famille et veiller à ce que les commissions soient fixées à un niveau normal et suffisamment motivant pour le partenaire. Le Family Office s'assure que la famille ne surpaye pas les prestations. Ceci est vrai pour les gestionnaires de portefeuilles, mais tout autant pour les contrats d'assurance-vie, les consultations de fiscalistes ou d'avocats spécialisés.

Chaque service ayant une valeur, le métier du family officer est de justifier des frais réels et mérités par chacun.

À cette fin, le family officer va s'efforcer de décortiquer toutes les commissions qui ne sont pas nécessairement apparentes, à commencer bien entendu par les commissions de bourse, les commissions de change, les rétrocessions de commissions perçues sur des placements extérieurs. Sans contrevenir à la réglementation en vigueur sur les rétrocessions de commissions, le Family Office s'efforcera donc, pour le compte de la famille, de réduire le total des commissions perçues par les gestionnaires qui viennent réduire la performance des actifs.

Comme on le verra plus loin, son rôle ne s'arrête pas là : il devra également veiller en permanence, sur l'ensemble des opérations, au minimum par sondage, à ce que les conditions initialement fixées soient respectées et qu'il n'y ait pas d'évolution progressive dans un sens défavorable à son mandant. On constate souvent que des tarifications négociées peuvent se retrouver mal encodées par les services bancaires : le contrôle tarifaire régulier permet de se prémunir contre ce risque. Ce contrôle permet dans le cadre du suivi budgétaire de veiller à ce que la rentabilité des actifs atteigne le niveau des besoins et explicite l'ensemble des coûts (y compris ceux du family office) à la famille. Les commissions évitées, les économies réalisées et les frais impactés sur la facture du Family Office sont également à mettre au regard de la performance car ce sont autant de frais en moins.

Les portefeuilles, OPCVM et contrats sont détenus par les membres de la famille. C'est à eux qu'il revient de prendre les décisions et de les signifier aux gestionnaires choisis par eux ou avec l'aide du family officer qui est à leur côté pour les conseiller, de même qu'il est à leur côté lors des comptes rendus périodiques des gestionnaires. Durant ces rencontres, le family officer écoute le compte rendu du gestionnaire, pose les questions qu'il juge appropriées, sans chercher à se mettre en avant ni à dévaloriser pour le principe l'image du gestionnaire aux yeux de la famille. Le family officer exprime ses propres idées sur les perspectives des marchés pour les confronter à celles du gestionnaire et challenger ainsi les orientations des portefeuilles au regard des autres mandats pouvant être donnés hors de ce gestionnaire. À l'issue de la réunion, il fait son compte rendu à la famille sur la présentation de la gestion sur la période écoulée et sur plus long terme et les inflexions qu'il préconise.

La famille peut souhaiter développer une activité spécifique de gestion, le cas échéant avec le family officer, dans le cadre d'une société de gestion agréée. Ceci afin, avant tout, de bien comprendre les mécanismes de la gestion financière et d'y initier les membres les plus jeunes. Pour cette raison, les montants gérés de cette manière seront limités et dans l'hypothèse où ce projet entrepreneurial se développerait malgré tout, il faudrait veiller à ce que cet accent mis sur la gestion en direct ne vienne pas vicier la vision du Family Office comme pur allocataire et non gérant.

Le rôle du family officer intervient tout à la fois dans le cadre de mandats discrétionnaires, mandats conseils ou gestion libre auprès des familles. On note de plus en plus de familles désireuses de challenger leurs mandats traditionnels avec de la gestion dite passive sous forme indicielle. Les résultats sur longue période démontrent en effet qu'il est rare de voir une valeur ajoutée (alpha) de la part des gérants sur la performance des indices. Cette théorie remettant en cause l'intermédiation est toutefois à discuter en fonction des points d'entrée dans les marchés et des profils et des objectifs des clients notamment en termes de risque. S'il est exact qu'à la hausse, rares sont les gérants à faire mieux que des indices, dans un scénario baissier, sauf à couper les positions passives prises, le client ne dispose pas aussi facilement d'amortisseurs dans sa performance. Pour cette raison, aujourd'hui les positions passives sont encore assez exceptionnelles de la part des clients français. Il peut parfois s'agir de paris tactiques pris sur des secteurs ou des indices voulus par les clients pour « prendre un pari » sur un montant relativement faible de leur patrimoine. Ce goût pour un placement plus maitrisé montre la voie de certaines familles désireuses de recourir à la gestion passive, au travers de trackers et ETF, plutôt qu'en déléguant la gestion d'une partie de leurs avoirs à des établissements bancaires ou sociétés de gestion.

On note à cet effet la propension plus importante des outils liés à l'intelligence artificielle dans les métiers de la gestion. Tandis que la gestion quantitative par des ordinateurs est croissante dans les fonds depuis plus de trente ans, les dangers qu'elle induit sont mis en exergue lors de mouvements baissiers très importants : les niveaux de garantie étant dépassés, les mécanismes automatiques génèrent des ventes sur le marché en cascade pour solder les positions, confirmant les marchés à la baisse. La seule solution pour les autorités de marchés est alors de suspendre la cotation des titres concernés.

De la même manière il est important de noter les outils informatiques permettant de rebalancer des portefeuilles sans intervention humaine. À partir de la collecte de data et son libre accès, des gestionnaires utilisent les allocations rendues publiques par les acteurs institutionnels aux États-Unis chaque trimestre pour revoir leur portefeuille sous-jacent.

Aujourd'hui la question de l'intelligence artificielle (IA) se retrouve dans l'ensemble des activités professionnelles. La communication autour de ChatGPT participe de son essor et des enjeux qui s'y rattachent.

Toutefois si on peut constater que le recours à l'IA permet en termes d'exploitation des données (data) d'avoir des informations toujours plus nombreuses, le recours à celles-ci doit être cantonné à des tâches circonstanciées principalement aux enjeux financiers. Ainsi pour une allocation, une application rétroactive à une performance ou encore à des éléments de langage permettant de profiter de la recherche très vaste que les outils développés offrent. Il convient toutefois de prendre garde aux évolutions permanentes de nos sociétés, d'être capables de nous adapter et toujours être à la page des nouveaux comportements qui demain seront la norme.

L'agilité du family officer est primordiale pour remonter auprès des familles les évolutions récentes capables soit d'intéresser en termes d'investissement les familles, soit de les intéresser en termes de services nouveaux à leur offrir.

Les OPCVM dédiés

Un cas déjà assez répandu est celui de l'OPCVM dédié à une seule famille : les membres ont décidé de rester unis pour une partie au moins de la gestion de leurs avoirs. Ceci leur permet de rassembler leurs forces pour disposer d'un pouvoir de négociation plus élevé, de bénéficier entre eux des idées des uns et des autres, d'utiliser leur investissement comme un moyen de renforcer leur cohésion, et par ce biais d'initier le mieux possible la jeune génération à la connaissance et à la pratique de la finance.

Une solution un peu lourde serait de confier chacun un mandat de gestion au même gestionnaire. Une autre voie est de créer une holding qui elle-même va accorder un mandat de gestion, d'où des avantages potentiels de disposer d'une holding mais l'inconvénient, notamment fiscal, d'un étage supplémentaire.

L'OPCVM dédié à la famille, tout en constituant lui aussi une entité supplémentaire, apparaît comme étant la meilleure solution pour répondre aux objectifs de la famille. Certains s'orientent vers des FCP (minimum d'actifs sous gestion plus faible, mode de fonctionnement plus souple) ; d'autres vers des SICAV (avantages de la réalité juridique d'une société organisée dans laquelle la famille se retrouve réellement dirigeante, avec les conseils de la société de gestion). Des possibilités existent dans les deux cas pour éviter l'entrée d'éventuels souscripteurs non-membres de la famille. La tarification liée à ce type de support est toutefois en règle générale élevée et peut être jugée par la famille comme dirimante L'un des objectifs peut être de contribuer par les réflexions en commun avec les gestionnaires sur la politique d'investissement, à la formation à la finance de ceux qui en éprouveraient le besoin. Il est plus clairement atteint par la SICAV, au sein du conseil d'administration ou du comité de gestion auxquels il est normal que les actionnaires soient représentés et travaillent aux côtés des gestionnaires.

Dans le cas du FCP, non-entité juridique gérée par un établissement de crédit ou une société de gestion de portefeuille agréée par l'AMF, la participation à la réflexion ne peut se faire qu'au sein d'un comité consultatif, la gestion n'étant, d'après les textes, réalisée que par les gérants mandatés à cet effet par la société agréée et reconnus par l'AMF.
Une autre voie à étudier est celle des OPCVM de droit étranger, notamment luxembourgeois. Ces derniers présentent des contraintes, principalement afin d'être fermés aux non-membres, de devoir être le sous-jacent de contrats d'assurance-vie. Ainsi la structure de détention de ces avoirs peut être onéreuse (plus onéreuse qu'en France) si le volume sous gestion n'est pas suffisamment important. La détention au travers d'assurance-vie pour être éligible venant par ailleurs contraindre des frais liés et un accès à ces fonds moins aisé qu'en détention directe. En revanche, on peut y trouver une souplesse dans la détention de titres de l'entreprise familiale que l'on ne trouve pas en France ; mais avec les questions habituelles dans ce cas d'exercice du droit de vote dans les assemblées générales ordinaires et extraordinaires de la société. Ce sujet est évolutif. Il est donc nécessaire pour le Family Office intéressé de faire le tour des opportunités offertes par les différents pays pour les résidents français, afin de pouvoir présenter à la famille ce qui paraît être le plus adapté à son objectif mais aussi à la diversité des membres, leur pays de résidence et leurs projets personnels de mobilité notamment.
Le processus d'appel d'offres n'est pas appliqué uniquement pour la sélection des gestionnaires en direct. Il est plus fréquemment encore utilisé pour la souscription de contrats d'assurance-vie. Une fois prise la décision d'utiliser l'assurance-vie pour des montants importants, le choix de la société va tenir compte de quelques éléments dont ceux ci-dessus.

L'assurance-vie

Nous ne reviendrons pas ici sur les avantages de l'assurance-vie et de son utilisation par les familles. Rappelons cependant les difficultés et inconvénients qu'il peut y avoir à loger au sein du contrat d'assurance-vie des titres non cotés de l'entreprise familiale. Dans la mesure où cela est autorisé par la réglementation nationale du contrat (Luxembourg par exemple), se pose la question du droit de vote en AGO ou en AGE.

La France limite dans certains cas la possibilité d'être retenue comme pays d'émission de la police d'assurance. C'est notamment le cas lorsque des titres non cotés ont vocation à être détenus par le contrat d'assurance-vie ou lorsque le triangle de sécurité offert par le Luxembourg permet de rassurer les souscripteurs sur la protection de leurs actifs ainsi transférés à la compagnie devenue débitrice d'une créance vis-à-vis d'eux.

L'appel d'offres permet de sélectionner plusieurs compagnies d'assurances, françaises ou luxembourgeoises selon les hypothèses et le cahier des charges, les mieux équipées pour proposer de bonnes solutions, souvent en association avec un ou plusieurs établissements financiers qui sont ses partenaires habituels.

Dans certains cas, une société plus innovante ou comprenant mieux la problématique de la famille va proposer une solution intéressante au point qu'elle sera retenue sans besoin de comparaison approfondie avec ses concurrents.

Dans la majorité des cas, la famille demandera au family officer de l'aider à guider son choix dans un domaine qu'elle maîtrise moins bien. Outre l'intelligence éventuelle des schémas proposés, dans les limites de la réglementation, les principaux éléments de sélection concerneront certes les frais mais aussi en premier lieu la gestion financière proposée par l'assureur et la flexibilité des supports admise par la compagnie : le recours au fonds euro est-il possible ? Le fonds d'assurance spécialisé permet-il la détention d'une participation historique d'un client sans avoir à subir les frais de gestion et l'imposition sur le revenu du dividende associé si le client doit garder sa position en titre vif ? Le fonds interne dédié est-il déposable auprès de la banque historique du client ou de la banque qui permet une souplesse sur les crédits ? Les fonds accessibles sur les unités de compte permettant de faire échec aux frais d'un gérant financier sont-ils une option de gestion à laquelle veut souscrire le client ? Le gérant souhaité du fait de son approche spécifique est-il lui-même référencé auprès de la banque dépositaire choisie ? Tant de questions que le family officer doit mettre en exergue auprès du client pour lui permettre de connaître le champ des possibles qui s'ouvre à lui et ainsi décider de manière éclairée.

Le Family Office est responsable de la coordination de ces interlocuteurs où les échanges sont parfois complexes. D'une part en raison des tarifications qui s'imbriquent et d'autre part du fait des scenarii que seul le family officer peut avoir en tête en appréhendant l'ensemble des situations globalement possibles.

La qualité du service client est également un élément prépondérant : afin de s'assurer de la réalisation des opérations dans les temps impartis, mais aussi pour disposer d'une équipe commerciale et technique réactive et ouverte aux négociations, notamment pour faire référencer de nouveaux fonds. La possibilité de « passeporter » un contrat d'assurance-vie est également un critère important. Dans l'hypothèse d'un changement de résidence, qu'advient-il du contrat ? Les réponses diffèrent selon les acteurs. Pour la sécurité du contrat et permettre les arbitrages au sein de cette enveloppe dédiée, il convient de prendre garde à ce critère important.

S'agira-t-il d'une gestion directe par l'équipe de gestionnaires de l'assureur retenu ; ou d'une gestion par OPCVM ? On en revient à la sélection des gestionnaires des actifs financiers par appel d'offres. Quelles sont les performances pondérées par les risques des dernières années de l'équipe de gestion ? Que peut-on penser de la gamme d'OPCVM de l'assureur lui-même et surtout des autres établissements financiers français et internationaux qu'il a proposés ?

Comment répartir les actifs entre les enveloppes disponibles (fonds interne dédié avec un mandat de gestion discrétionnaire vs mandat de gestion conseillée au sein d'un fonds d'assurance spécialisée), quid d'une éventuelle partie des actifs transférée au sein de l'enveloppe garantie fonds euro de la compagnie ? Le family officer fort de sa connaissance exhaustive de chacune des compagnies avec leurs forces et faiblesses doit être capable de présenter à la famille les possibilités, faire des simulations sur les coûts que chaque option représente et démontrer l'intérêt de son intervention.

Sur tous ces points, le Family Office est en première ligne pour assister la famille dans ses choix initiaux et dans le suivi et le contrôle nécessaires. Il l'est encore plus fortement sur le dernier élément de la gestion d'actifs financiers, en direct ou sous forme de sous-jacents de contrats d'assurance-vie, celui de l'analyse globale du patrimoine familial. Dans le cadre du suivi au quotidien, c'est encore le family officer qui représente la famille dans les échanges avec les banques, les gestionnaires financiers et les compagnies après avoir complété les bulletins de souscription et fait le point sur les validations, transferts d'actifs, complétude des éléments avec chaque intervenant... Les multi Family Offices ne sont pas des autorités réglementées. En revanche pour l'exercice de certaines des activités, celles-ci étant réglementées (intermédiaire d'assurances, intermédiaire en opérations et services de paiement, conseil en investissement financier ou encore l'activité immobilière), le Family Office doit être agréé auprès d'autorités de tutelle et d'une association professionnelle. Lorsque le multi Family Office intervient comme intermédiaire d'assurances, il peut être courtier de contrat d'assurance-vie. Par principe lorsqu'un client souscrit un contrat d'assurance-vie, une commission est prélevée par le courtier (agence ou compagnie) au titre de l'intermédiation. Le client n'est pas généralement informé du montant de cette commission. Il ne voit que le montant global qui lui est prélevé dans le cadre des frais de gestion. Le montant éventuel des frais d'entrée est à la discrétion du family office. À titre de principe, très rares sont les multi Family Offices facturant des droits d'entrée. Ceci est une approche plutôt de type conseillers en gestion de patrimoine, ne facturant que rarement des honoraires par ailleurs, leur rémunération provient essentiellement des rétrocessions qu'ils perçoivent.

Dans l'hypothèse d'une souscription et selon la rédaction de notre lettre de mission, la quote-part récupérée par le Family Office sous forme de rétrocession des frais de gestion pris sur les enveloppes de fonds interne dédié, fonds d'assurance spécialisé, gestion libre ou fonds euro sera reversée aux clients en réduction de sa note d'honoraires de Conseil. Ainsi le client bénéficie d'une économie là où en intervenant directement via sa banque ou un conseiller en gestion de patrimoine, la rémunération perçue par le conseil vient améliorer son propre résultat.

Comme déjà indiqué plus haut, la famille ne doit pas uniquement considérer le coût annuel du Family Office pour ses prestations, mais prendre également en compte ce type d'économies que celui-ci lui permet de réaliser.

Le suivi global du patrimoine, le reporting consolidé

Première question, assez facilement réglée : Qu'est-ce que la famille dans cette optique ? Le Family Office va consolider les actifs financiers de certains membres ; de quels membres s'agit-il ? Rarement l'ensemble de la famille, parfois toute une branche, le plus souvent le couple et tous ou certains enfants.

Deuxième question : Quels sont les avoirs concernés ? Pour des raisons qui lui sont propres, la famille souhaite ne pas intégrer certains actifs, considérant par exemple, qu'étant appelés à demeurer à long terme dans le giron familial, il n'est pas nécessaire de les inclure dans le reporting qui servira à juger de la pertinence de l'allocation d'actifs. Cette décision peut également être motivée par des actifs indivis ou des actifs professionnels appelés à rester inchangés. Il est toutefois de notre recommandation d'intégrer la totalité du patrimoine quitte à faire un focus dans la suite du reporting sur les valeurs en dehors de certains actifs : le reporting doit présenter à la famille une photo à un instant de l'ensemble de son patrimoine, ses enjeux et ses flux.

Surtout, la question va être de savoir quelle synthèse et quelle analyse sont réalisées par le family office. Inclut-on l'entreprise familiale ? Si la réponse est positive, il faut tenter d'en évaluer la performance, donc de déterminer une valorisation acceptée au moins par les membres de la famille concernés. Il sera opportun de retenir, dans ce cas, le chiffre utilisé pour les diverses déclarations fiscales pour éviter toute contestation possible.

Inclut-on l'immobilier, les objets d'art et autres objets de valeur (avions, bateaux, chevaux) ? En tenant compte dans tous ces cas du mode de détention, notamment sa forme juridique de nue-propriété, usufruit, indivision, société civile, autant de spécificités françaises qui viennent compliquer le travail.

Dans quelle mesure intégrons-nous les passifs ? S'agissant des passifs liés à l'entreprise il semble plus cohérent de s'en tenir à la valeur fiscale ou comptable ressortant du bilan. Pour les activités sans bilan, par exemple des financements de terres ou autres, la prise en compte de la dette permet de rendre compte des flux nécessaires au remboursement de la dette amortissable ou *in fine*, intégrer la dynamique des mouvements et les coûts associés au mois le mois. L'effet de levier, peu utilisé par les familles « traditionnelles », est une décision de gestion, stratégique ou plus souvent tactique.

Il convient d'avoir une lecture exhaustive pour permettre au family officer un conseil global sur la possible renégociation de la dette ou au contraire le possible renforcement de l'effet de levier pour financer une acquisition, des travaux ou d'autres raisons propres à la famille.

Pour cette agrégation des comptes, le family officer sait donc, après cette première analyse, quels actifs retenir. Son rôle est ensuite de procéder à leur consolidation, de présenter à la famille une vision globalisée de tous les actifs et passifs, d'appeler son attention sur les réussites, les échecs, les prises de position à risque et de proposer des modifications en allant le cas échéant jusqu'à réviser l'allocation tactique, la famille décidant en dernier ressort de sa réponse aux propositions formulées.

La réalité du travail à effectuer est plus complexe qu'il n'y paraît. Tout d'abord, la collecte des informations en provenance des gestionnaires est généralement plus que difficile. Il n'existe pas, sauf exception de certains pays tels qu'Israël, de méthode unifiée de transmission par les différents gestionnaires de la place des données concernant les comptes de leurs clients.

En France, l'Association Française du Family Office, peu après sa fondation en mai 2001, a tenté de faire évoluer les pratiques dans ce sens. Les réponses des grands établissements ont été négatives : les services informatiques et de *back-office* qui auraient eu à travailler sur ce sujet sont en permanence surchargés. En outre, aucun établissement n'a jugé prioritaire du point de vue commercial de faciliter la réception par le multi Family Office de données concernant les propres clients de la banque dans un but qui ne lui était pas nécessairement toujours favorable. Il aurait pourtant été souhaitable pour maintenir ou développer le rôle des établissements français auprès des familles fortunées françaises de disposer d'une pratique de place.

Des outils de consolidations en ligne se sont heureusement progressivement développés dans les années 2010 permettant de compiler les relevés. Cela est toutefois contraint à la protection des données et aux barrières géographiques. Comme les familles fortunées disposent généralement d'une multiplicité des banques dépositaires, des compagnies d'assurances voire de gérants indépendants venant gérer au sein de banques dépositaires dans un autre pays, la complexité ne facilite pas l'uniformité.

C'est pourquoi, malgré ces progrès, les données récupérées par le Family Office le sont encore majoritairement de manière artisanale nécessitant souvent une nouvelle saisie plutôt qu'une entrée automatique. Il demeure une présentation variable selon les établissements. Ceci, contrairement aux imprimés fiscaux uniques, IFU, par exemple pour lesquels les autorités ont pu imposer des normes pour leurs propres besoins, mais aussi afin de faciliter la lecture par les administrés et la réalisation de leurs déclarations sur le revenu.

Les progiciels les plus intéressants se trouvent en Suisse et, depuis peu aux États-Unis : les sociétés spécialisées ou les grands Family Offices tels que Rockefeller Trust commercialisaient en effet des outils sophistiqués mais malheureusement pas adaptés aux Family Offices européens car ne travaillant que sur une seule monnaie, le dollar. En général, ce défaut est maintenant corrigé mais la connexion avec les banques en Europe n'est pas toujours fluide. Les sécurités supplémentaires offertes par les banques avec des niveaux d'authentification forte renforcent la difficulté. Des accès sécurisés, personnels et distincts selon qu'il s'agisse de comptes titres individuels, d'accès entreprises ou personnes morales sans but lucratif, la compilation est chronophage et sans méthodologie risquerait d'être source d'erreurs.

Le démembrement en France, les comptes capitaux ou les comptes revenus pour les résidents fiscaux britanniques, les PEA, les indivisions ou les assurances-vie sont autant de spécificités rendant la tâche ardue.

Les modifications sur ces points nécessitent un travail important sans certitude d'obtenir le succès recherché.

Les données concernent notamment les opérations réalisées. La supervision par le Family Office permet de vérifier le montant des frais perçus, en ligne avec ce qui a été prévu par convention ou contrat et les cours d'exécution et les taux de change conformes à ce qui a été coté durant la séance boursière. Ce détail des opérations sera utilisé dans un stade ultérieur pour les calculs d'attribution de performance, impossibles à réaliser si on ne connaît pas les cours d'achat ou de vente du titre et le cas échéant le taux de change appliqué.

Les autres données sont celles des relevés des portefeuilles, des valorisations des OPCVM ou des contrats d'assurance-vie après perception des différents frais de gestion. Le Family Office étudie la gestion, la performance, le risque de chacun des gestionnaires. Il effectue ensuite un travail d'analyse des actifs détenus dans chacun des comptes, OPCVM, contrats d'assurance gérés. Quelle est la part des actions, des obligations, du monétaire ? Au sein des actions, quelle est la part des actions françaises ? Quelle est la duration de la partie obligataire ? Quelles parts du portefeuille sont investies en euros, en dollars ? Comment se répartissent les OPCVM au sein des différentes classes d'actifs ? Un ligne-à-ligne des positions détenues par les clients est également possible pour rendre compte d'éventuels doublons, de la stratégie de revenus via les coupons et les dividendes ou encore pour arbitrer de manière lisible sur des portefeuilles donnés.

L'objectif de la consolidation est d'offrir à la famille la vue en un instant sur le patrimoine global, les moteurs de performances, les fragilités et les commentaires de gestion.

La consolidation

Après l'étude de chacun des comptes, vient la synthèse : la consolidation des portefeuilles, OPCVM, contrats d'assurance-vie, avec les détails des actifs les constituant, va permettre de fournir une vision globale du patrimoine de chacun et du patrimoine de la famille (telle que définie initialement), préalable indispensable à l'analyse.

En global, quel est le montant investi en actions, en valeur absolue ou en pourcentage du total géré par tous les gestionnaires, la part de l'obligataire, du monétaire ?

Quel est le risque de la famille en cas de variation de 1 % des taux de l'OAT 10 ans, ou du taux euro/dollar ? Quel est le niveau actuel du risque du patrimoine vu dans son ensemble sur les marchés américains, sur les marchés émergents ?

Les familles disposent en effet de plusieurs gestionnaires, quatre ou cinq, si ce n'est dix désormais avec la recherche de bons gestionnaires étrangers spécialisés sur les marchés émergents et le développement du private equity et des hedge funds mais aussi des matières premières, des produits structurés et tous les produits financiers sophistiqués. Ceci sans retenir les contrats d'assurance-vie et la complication apportée par la détention d'OPCVM à la gestion parfois complexe à analyser.

La détention d'OPCVM par les familles n'est pas nouvelle. Depuis une dizaine d'années déjà, la tendance paraît irréversible vers la multigestion, sous forme d'OPCVM gérés par des établissements avec lesquels la famille n'a parfois aucun contact direct mais qu'elle-même, ou l'établissement auquel elle a confié un mandat de gestion, estime intéressant d'inclure dans son patrimoine.

Dans le cas d'OPCVM dont l'actif est composé d'actions et d'obligations, l'analyse n'est pas trop difficile à réaliser, à condition de disposer de tous les éléments à la date la plus proche possible de la réalisation du reporting consolidé. Or, bien souvent, les gestionnaires de ces OPCVM sont réticents à révéler les opérations récentes d'achat ou de vente qu'ils viennent d'effectuer et qui sont peut-être encore en cours pour une partie.

Et cela est encore bien plus difficile concernant les hedge funds où l'on se trouve en règle générale face à une boîte noire que le gérant refuse d'expliciter et, au mieux, devant une situation n'incluant pas les positions qui doivent rester inconnues pour éviter que sur le marché le gestionnaire ne se retrouve en situation de faiblesse.

Pour le private equity, en direct ou via des fonds et même des fonds de fonds, l'analyse consolidée est plus simple. Comme l'immobilier, les participations évoluent peu fréquemment et la valorisation est réalisée de façon périodique, trimestrielle dans le cadre du private equity et annuellement sur l'immobilier à jour des loyers perçus et réévalués, de la comptabilité des sociétés faite. L'analyse du private equity mise à jour chaque trimestre permet de tenir compte des appels de fonds (dans l'hypothèse de fonds de private equity appelant progressivement les capitaux engagés selon les besoins), les valeurs éventuellement mises à jour ou les opérations de marchés intervenues (ventes de participations par exemple ou distributions).

Quant aux produits structurés, à nouveau bien souvent l'établissement qui l'a créé est le mieux qualifié pour le valoriser. Le Family Office ne peut cependant s'appuyer aveuglément sur ce chiffrage et doit obtenir le mode de calcul afin de vérifier ce qui lui est fourni et de pouvoir appeler l'attention de la famille, le cas échéant, sur l'évolution du produit en fonction de l'environnement des marchés actions ou de taux.

Ce besoin, *a priori* évident, de comprendre le mécanisme de gestion du produit structuré proposé et des marchés sur lesquels il s'appuie a été parfois négligé ainsi que l'ont prouvé les suites de la crise des « *subprimes* » de 2007. Le family office, pour conseiller utilement la famille a, sur ces sujets, besoin de compétences pointues qu'il ne possède souvent pas lui-même. L'intermédiation au travers d'acteurs distincts des banques ou la transparence avec la banque sur ses méthodes de calcul permettent il est vrai de faciliter l'analyse objective des produits proposés et détenus.

Sans l'aide d'un logiciel, la famille ne peut arriver à se faire une idée précise, voire approximative, de la situation de ses actifs financiers, de sa répartition et des risques qui lui sont attachés, en globalisant tous les avoirs concernés et en quantifiant la volatilité intrinsèque de chacun des investissements et leur niveau de corrélation.

L'objectif est de présenter à la famille une analyse du travail de chacun des gestionnaires et des résultats qu'ils ont obtenus (performance et risque) et, surtout, une vision globale de leur patrimoine en examinant le passé, afin de mieux réfléchir aux perspectives d'avenir et aux inflexions éventuellement nécessaires.

Les relations entre le Family Office et la famille s'appuient sur un document et une présentation périodiques. La fréquence peut être mensuelle ou même trimestrielle (alors que certains souhaitent une périodicité hebdomadaire voire quotidienne), afin d'établir clairement les effets de la politique suivie et les mesures à prendre, sans être influencé, voire aveuglé ou trompé, par des évolutions de trop court terme.

La présentation doit être assez synthétique, assez simplifiée pour être facilement assimilable par tous et pour que les grandes lignes apparaissent clairement. Les détails ne sont pas inutiles, mais en annexe afin de ne pas perturber la vue d'ensemble. La vision stratégique, les performances en pourcentage et en valeurs absolues sont autant d'indicateurs lisibles pour la famille, idéalement en un clin d'œil.

Des logiciels se mettent en place progressivement mais malgré les initiatives lancées, par les Family Offices historiques ou les nouveaux acteurs rêvant de mettre en place des applications, force est de constater que la vérification manuelle est toujours indispensable du fait d'abord des restrictions d'informations entre les banques et les plateformes, l'accès aux données de la part des sociétés de gestion ou des fonds de private equity ou encore de l'intégration des data de la part des participations en direct de la famille et des gestionnaires immobiliers. La complexité des informations à intégrer, la détention démembrée, indivise, la technicité des supports ne permettent pas une lecture facilitée possible pour des épargnants sans un niveau élevé de connaissance financière.

On mesure l'importance du travail à fournir – et le coût élevé, principalement des services administratifs.

6. L'immobilier

L'immobilier figure dans quasiment tous les patrimoines français ou devrait y figurer : pour ceux qui ne sont pas éligibles à la gestion de patrimoine, l'accession à la propriété est un objectif qui permettra, à tout le moins, de ne pas avoir de dépense de loyer à l'âge de la retraite.

Pour les plus fortunés, ceux éligibles au family office, il représente une part du patrimoine, venant juste après l'entreprise et les actifs financiers, qui a un rôle spécifique à jouer : celui de la diversification en toute période par rapport aux marchés financiers. La corrélation est faible entre la valorisation des biens immobiliers et celle des marchés actions.

Surtout, l'immobilier s'est révélé être un rempart contre l'inflation et l'hyperinflation, résistant dans ces périodes à l'érosion monétaire, contrairement avant tout aux obligations. Sur longue période, l'immobilier de qualité se valorise du niveau de l'inflation majoré de 1 % à 2 % : tel est le résultat notamment du suivi des mêmes immeubles haussmanniens détenus par la société « La fourmi immobilière » pendant 80 ans, approximativement, du début à la fin du XXe siècle. Ceci outre le surcroît de revenu annuel non utilisé pour les travaux d'entretien des immeubles et des appartements ou bureaux.

Selon les pays et les périodes, les investisseurs institutionnels de long terme (assurance-vie de capitalisation) ont conservé un pourcentage d'actifs immobiliers de l'ordre de 20 % (plus faible à l'heure actuelle). Il s'agit d'une solution de sagesse visant, non pas à maximiser la performance, mais à éviter les graves difficultés qui peuvent périodiquement venir secouer les marchés actions. Rappelons ainsi qu'en 1974, au plus fort de la crise financière déclenchée par la hausse du prix du pétrole, les autorités britanniques avaient dû modifier les règles de comptabilisation de ces sociétés dont les portefeuilles actions s'étaient effondrés et qui s'avéraient incapables de les provisionner à hauteur de ce qui aurait dû être fait en application de la réglementation en vigueur.

Il est nécessaire de réfléchir à l'intérêt de la diversification géographique de l'immobilier. Faut-il appliquer au portefeuille immobilier les principes de réduction du risque global par une diversification comparable à celle pratiquée pour les actifs financiers ? Pour pouvoir le réaliser, il faut disposer, soit d'une force d'intervention réellement importante, soit d'un excellent réseau de contacts, soit enfin de la capacité à suivre soi-même (en principe sous forme d'occupant occasionnel) la bonne évolution de ses appartements à Londres, à New York, en Asie.

Pour les autres, rien ne vaut ce que l'on connaît le mieux et ce que l'on peut suivre soi-même, *a priori* donc ce qui se trouve à proximité de son lieu de résidence principale, de travail ou de vacances. On est ainsi en mesure de vérifier, dans certains cas tous les jours, ce qui se passe dans l'environnement du bien.

Mais le principe de sagesse amène à ne pas concentrer l'immobilier dans la région ou le quartier dans lequel sont déjà situés ses autres intérêts, par exemple l'entreprise familiale centrée sur un marché local, de façon à ne pas concentrer géographiquement ses risques. Il faut donc rechercher un équilibre entre ces deux positions.

La diversification internationale peut créer des complications en matière de risque de change. Surtout le suivi, la gestion des biens situés à distance dans des pays de langue, de pratiques et de droit différents est bien difficile.

À nouveau, rares sont ceux à même d'investir à tel moment à Berlin, puis de juger ce marché proche de son top pour arbitrer ses placements immobiliers en faveur de bureaux ou d'entrepôts dans des marchés émergents tels le Vietnam aujourd'hui et d'en assurer le suivi localement grâce à des personnes de confiance (cas actuel d'une famille française).

Pour les plus fortunés, un changement s'est produit relativement récemment avec l'extension à l'immobilier des clubs deals déjà présents dans le private equity. La réunion de plusieurs Family Offices ou familles dans une seule force d'investissement et la capacité d'étude et de suivi de certains d'entre eux permettent à tous les participants de réaliser des investissements de diversification géographique qu'ils n'auraient jamais envisagé d'effectuer seuls.

On notera également l'importance croissante pour certaines familles de développer un patrimoine forestier pour des raisons de rendement et d'avantage fiscal important (sous conditions) des droits de transmission à titre gratuit, donations et successions ou pour certaines, de développement de leur patrimoine de chasse ou d'exploitation agricole. Certains souhaitent également, pour mener des projets entrepreneuriaux, disposer de terres suite à des craintes sur la disposition des ressources naturelles. Ce sujet est largement combattu par les SAFER, organismes publics protecteurs des agriculteurs.

L'immobilier d'entreprise

Un premier ensemble important est parfois lié à la détention de l'entreprise. La famille a décidé de placer dans une structure indépendante, une ou plusieurs SCI par exemple, les biens immobiliers nécessaires au fonctionnement de la société, qu'il s'agisse d'ateliers ou d'usines ou, plus fréquemment de bureaux, de magasins, de restaurants. Les motivations peuvent être de nature financière, juridique, liées à l'exploitation et à la marche de l'entreprise ou afin de créer pour la famille un revenu récurrent, avec en outre l'espoir de plus-values. Il s'agit en réalité bien souvent de viser la constitution d'un patrimoine additionnel respectant l'idée de bon sens qu'il ne faut pas mettre tous ses œufs dans le même panier. Plutôt que de consacrer la même somme au développement de l'entreprise, la famille préfère diversifier ses avoirs pour le cas où l'avenir de la société s'avérerait moins favorable qu'elle ne l'espère aujourd'hui.

Une autre raison fréquente de créer ainsi, aux côtés des titres de l'entreprise, un second ensemble d'actifs est l'anticipation du besoin futur de répartition du patrimoine entre plusieurs branches.

Le patrimoine immobilier sera attribué à l'une des branches qui acceptera de céder en échange ses intérêts dans la société. Cette solution est *a priori* intéressante et a fait ses preuves fréquemment.

À cette occasion en outre, les parents peuvent souhaiter anticiper une partie de la transmission à leurs enfants par le biais d'une SCI destinée à l'achat, éventuellement en partie financé par un crédit, dont ces derniers sont porteurs de parts.

Deux écueils peuvent cependant se présenter :

– tout d'abord, la **création d'une situation d'opposition d'intérêts** entre les différentes branches, d'une part les propriétaires des murs souhaitant maximiser leurs revenus par un accroissement des loyers et, d'autre part, les actionnaires familiaux pour lesquels ces paiements constituent un frein à la croissance de la société, leur investissement principal et le cas échéant leur instrument de travail. D'où des conflits intrafamiliaux et un rôle de médiateur du family office.

– autre difficulté potentielle : celle du **choix entre les branches** des détenteurs du contrôle de l'entreprise et de l'immobilier. En principe la situation est claire, l'une des branches, représentée par son « chef », exerce le poids le plus important dans la direction de l'entreprise ou les relations avec les dirigeants extérieurs, l'autre branche étant donc concernée par l'immobilier. Mais si tel n'est pas le cas, ou si l'avenir de l'entreprise paraît mal assuré, le choix est plus difficile et risque fort de se traduire par un maintien de la situation en état.

Ainsi dans un groupe de distribution, l'un des actionnaires importants voulait à la fois sortir du capital et quitter ses fonctions au sein de la direction. La solution qu'il proposait était d'être payé de ses titres sous forme de murs des magasins détenus par la famille dans des structures *ad hoc*. Les autres membres de la famille s'y sont opposés, jugeant préférable pour leur propre avenir de continuer à pouvoir disposer de cet immobilier afin de compenser les risques liés à l'évolution de leur métier. Malheureusement, aucune solution adéquate n'a pu être trouvée.

La détention par la famille de l'immobilier commercial permet également dans l'hypothèse de la vente de l'outil professionnel de conserver une rente tant que l'entreprise exploite l'immeuble détenu par la famille. Le financement en crédit-bail souvent réalisé permet là encore d'améliorer l'opportunité de cette structuration au profit de la famille. Attention toutefois au niveau de risque de concentration sur un seul actif et mono occupant. On constate notamment avec les actifs de type infrastructures la difficulté à retrouver un preneur lorsque l'activité historique quitte l'espace. Le principe moteur de l'allocation d'actifs, la diversification, trouve ainsi là encore à se vérifier.

Les biens de jouissance et les placements

La seconde partie des actifs immobiliers est constituée de biens de jouissance, appartements ou maisons pour la résidence principale et pour la résidence secondaire ; et la troisième partie de stricts placements à plus ou moins long terme réalisés dans un but de création de revenus, de valorisation ou rééquilibrage du patrimoine, de diversification internationale.

Dans le cas des biens de jouissance, l'aspect subjectif prime. Lors de l'acquisition, le rôle du Family Office en tant que conseiller va être celui d'un analyste des points négatifs qui auraient échappé à l'acheteur potentiel. L'achat, sans être impulsif, est guidé par les goûts personnels et, sauf défaut dirimant qui lui aurait échappé, sa décision est fondée par le plaisir que lui-même et sa famille retireront de leur nouvel appartement ou maison. Bien souvent même, l'acheteur aura trouvé lui-même le bien qu'il souhaite acquérir et fera peu appel au Family Office pour l'aider à dénicher ce qui lui plairait. Le family officer devra une fois la décision d'acheter prise par la famille, organiser la structuration de l'acquisition du bien en coordination avec le notaire retenu, son éventuel financement en challengeant les banques de la famille ou de nouveaux acteurs si cela est souhaité, et enfin gérer la prise d'assurance liée au bien et les éventuelles garanties associées aux risques de travaux à mener et superviser.

Dans le cas d'un placement, le rôle du Family Office est beaucoup plus important. L'aspect subjectif demeure inévitablement présent, comme dans tout sujet lié à la terre ou à la pierre, mais de manière limitée. L'objectif étant celui d'un investissement fructueux, les critères de choix sont essentiellement financiers, et éventuellement de nature juridique ou fiscale. La gamme des possibilités est large, locaux commerciaux ou à vocation résidentielle, « haut de gamme » ou tout-venant, Paris ou province, France ou étranger (voir ci-dessus le sujet de la diversification géographique). Au Family Office revient le rôle de concevoir pour le compte de la famille l'équilibre du patrimoine immobilier, en incluant l'immobilier de jouissance (mais destiné en principe à être conservé indépendamment de l'évolution des marchés).

L'autre comparaison est à faire avec l'ensemble des actifs familiaux pour respecter l'équilibre global (20 % du total par exemple), diversifier les risques géographiques, à nouveau du patrimoine vu dans son ensemble et pas uniquement de l'immobilier, les risques de change (investissements dans de l'immobilier aux États-Unis valorisés en dollars).

À l'immobilier, les familles vont associer le foncier, les vignes et les terrains agricoles, les forêts. L'analyse par le Family Office va donc être complexe pour déterminer le meilleur placement possible dans une optique moyen et long terme. Heureusement, la famille a déjà ses propres idées sur l'intérêt d'acheter un appartement à Londres ou à New York ou sur son désir d'acquérir un vignoble avec des spécifications assez précises.

Particularité des familles éligibles au family office, l'objectif de placement est à très long terme. L'horizon d'investissement n'est pas borné par la date du décès de l'investisseur (« Passe encore de bâtir mais planter à cet âge » ne s'applique pas à lui). Bien au contraire, le raisonnement porte sur les 99 ans à venir et sur la valeur du patrimoine dont bénéficieront les petits-enfants des petits-enfants.

Dans une telle logique, le rendement d'un bien sur une très longue période peut être beaucoup plus élevé que celui qui serait estimé à court-moyen terme. Ceci concerne spécialement les investissements fonciers en terrains aujourd'hui non constructibles (vignes à proximité d'une zone de villégiature prisée) ou dans l'immobilier situé à quelque distance d'une agglomération appelée à grandir au fil des décennies.

Le Family Office va avoir pour mission d'aller chercher les biens qui pourraient intéresser l'acheteur, par l'intermédiaire d'agences qu'il aura sélectionnées, d'effectuer sa propre analyse du marché pour déterminer le prix normal, de faire examiner le bien par un architecte ou un autre homme de l'art à même de se prononcer sur son état physique et les travaux à prévoir, de réaliser les plans d'une modification ou d'une construction. Les décisions appartiennent à la famille, mais le family officer joue un rôle important dans le processus d'acquisition. Il se retrouve également face au notaire dans la préparation des actes, en choisissant pour le côté de l'acheteur le notaire de famille de préférence au notaire local (situation plus difficile à l'international où il doit trouver le bon juriste qui va défendre les intérêts de l'acquéreur).

Comme on l'a déjà vu, se pose également la question du mode de détention. Pour en rester à de l'immobilier situé en France : détention en direct, via une SCI *ad hoc* ou *via* une SCI détenant déjà d'autres biens immobiliers, par le père de famille ou par ses enfants en pleine propriété ou avec démembrement usufruit / nue-propriété, appel au crédit par les personnes physiques ou par la SCI ? Si une activité commerciale a vocation à être mise en place, notamment dans l'hypothèse de biens pouvant être loués voire en exploitation quasi-hôtelière, la structuration d'une SARL ou d'une SAS est-elle opportune ? Selon les objectifs de rendements du bien, la SARL de famille à l'impôt sur le revenu, plutôt qu'à l'impôt sur les sociétés est-elle une solution adaptée ? Le cahier des charges de la famille et l'adaptabilité des outils sont là encore nécessaires pour pouvoir s'ajuster dans le temps aux évolutions de la famille, de la réglementation et des éventuels arbitrages sur le bien lui-même (division d'un chalet en appartements par exemple).

Le mode de détention est bien souvent lié à la transmission. Celle-ci sera simple, par exemple, si les enfants sont déjà nus-propriétaires et plus coûteuse en termes de droits si le père de famille s'est porté acquéreur en pleine propriété. Le règlement de la succession, le partage des biens, est l'un des grands classiques de la gouvernance familiale. La valorisation des biens immobiliers par un expert choisi d'un commun accord permet en principe d'atténuer les fréquents conflits et discussions. Dans le pire des cas, le marché est le « juge de paix » fixant la vraie valeur du bien inclus dans la succession ou lorsque, faute d'accord sur qui sera le repreneur ou à quel prix, la famille n'a pas de meilleure solution que de mettre ce bien en vente afin d'inclure le produit de la cession dans la masse de l'héritage.

La maison de famille

Il existe un cas au moins où le subjectif, l'affectif, l'emporte fréquemment, celui de la maison de famille. Tous les enfants y ont passé « leurs meilleures années » durant leur enfance, leur adolescence, leur mariage. Ils y ont tous d'excellents souvenirs, idéalisés en outre avec le temps. Au décès des parents, que faire de cette maison si ceux-ci n'ont pas clairement déterminé son attribution de leur vivant. Les enfants se retrouvent en indivision, chacun désirant continuer à pouvoir y passer quelques jours, quelques semaines par an, avec conjoint et enfants. Cette solution peut perdurer au maximum une génération avec des solutions diverses d'attribution de périodes, fixes ou changeant selon les années pour chacune des branches, un mode de prise de décision des travaux, de réalisation et de financement plus ou moins clairement déterminé. La conclusion inévitable est cependant la cession, qui aurait pu être évitée si l'indivision n'avait pas été créée voire subie.

Un exemple marquant est celui de deux frères restés dans l'indivision d'une belle propriété dans le Sud-est de la France, d'une valeur élevée. Les relations entre les deux frères, déjà un peu tendues sur ce sujet, se sont envenimées lorsque l'un d'entre eux a voulu faire une donation à sa fille de la nue-propriété de sa part dans l'indivision. Chacun a dès lors cherché à racheter pour sa branche la part de l'autre. Le Family Office a tenté de jouer son rôle en leur demandant de se rencontrer pour une forme d'enchères à deux participants seulement : inconcevable ont-ils répondu tous les deux. L'un d'entre eux a intenté une action judiciaire concernant la donation. L'affaire s'est terminée par une vente aux enchères judiciaire, donc publique et au su de tous dans la région. S'agissant de familles fortunées, le prix payé pour conserver dans sa branche la (belle) maison familiale n'était pas le point essentiel. Si bien que les représentants des deux branches, en l'occurrence des membres de la génération suivante, ont enchéri, surenchéri jusqu'à trois fois le prix de marché de la maison, déjà d'un « niveau élevé ». Le signal de la fin de ces folles enchères a été donné par un ami de l'un des « enfants » qui lui a fait prendre conscience des autres biens immobiliers superbes disponibles dans la région pouvant être acquis pour un prix largement inférieur au niveau atteint par les enchères.

Les intervenants extérieurs dans la gestion immobilière

Achats, cessions ou transmissions, schémas juridiques, mais aussi la gestion des biens immobiliers concernent le family office. Sur ce point, plus encore que sur d'autres, la mission sera accomplie à l'aide d'intervenants extérieurs. Sauf à être doté d'une équipe idoine expérimentée, dédiée à de nombreux biens immobiliers, ce n'est pas au Family Office de s'en occuper au jour le jour. Le suivi administratif, comptable et même matériel est laissé à des cabinets spécialisés. En tant que conseil, le family officer doit être capable, par son réseau d'experts, de trouver les professionnels les mieux adaptés aux besoins de la famille quel que soit la géographie du bien ou sa spécificité.

Le rôle du Family Office sera, selon les cas, plus ou moins important lors de la mise en location du bien et lors du départ du locataire : vérification des données concernant le nouveau locataire potentiel, état des lieux, revalorisation des loyers demandés. Là encore, tout comme pour la relation avec le locataire durant la période où il habite le bien, le Family Office aura intérêt à limiter le plus possible l'étendue de son rôle.

Le Family Office assiste aux assemblées générales de copropriétaires dans les cas où des sujets importants à traiter sont ou doivent être mis à l'ordre du jour. Le reste du temps, son métier est un travail de coordination et surtout de contrôle de ce qui est réalisé ou proposé par les prestataires de services qui ont été retenus. Il peut d'ailleurs s'agir d'un seul cabinet possédant la surface et la capacité à s'occuper de biens immobiliers situés dans des villes ou à tout le moins des quartiers différents. Le family office, à la demande de la famille, va s'efforcer de trouver le bon administrateur de biens, le bon syndic s'il s'agit de gérer tout un immeuble appartenant à la famille, agréé par tous les membres.

Ainsi que nous l'avons déjà vu, tout ceci ne peut s'appliquer lorsqu'il s'agit d'investissements immobiliers à l'étranger, où chaque situation appellera des solutions de suivi différentes.

Le family officer sera force de propositions concernant la structuration et la fiscalité associées à la détention d'un patrimoine immobilier de rendement. D'une part pour faire face aux charges associées, leur impact sur la trésorerie liée à cette activité foncière. D'autre part face au risque de dislocation au décès de la génération propriétaire.

Dans certaines hypothèses, les familles sont intéressées pour souscrire à des SCPI. Ces sociétés détenant des actifs immobiliers de rendement permettent d'investir dans un panier d'immeubles gérés par une société de gestion offrant une diversification en termes de secteurs (infrastructures, logement, commerces, résidences seniors, bureaux...), de zones géographiques (à Paris et en régions, en France et à l'étranger...) et avec des niveaux de rendement variables. Aujourd'hui autour de 4 à 7 %, il convient de tenir compte dans l'analyse faite auprès des clients aux frais de souscription liés (entre 7 et 10 %) et de la disponibilité équivalente à un actif privé ; l'investisseur en SCPI doit pouvoir céder ses parts à un nouvel investisseur pour s'en libérer. En période de taux bas, les rendements des SCPI offraient une alternative intéressante. À jour des taux hauts, de la reconversion des bureaux et du marché immobilier difficile, l'intérêt pour les SCPI est actuellement battu en brèche.

7. Le court-moyen terme : la réversibilité

Parmi les sujets de court-moyen terme, on a déjà vu apparaître les conséquences et le suivi des décisions et des schémas adoptés pour le long terme. Priorité est donnée aux options conformes à l'horizon très lointain qui guide la famille et le family office. Mais il faut piloter ces options sur le court-moyen terme, se conformer aux obligations qui en découlent, suivre leurs applications et les modifications de l'environnement familial et réglementaire qui vont amener à infléchir les choix effectués.

Exemple simple : celui des structures de gestion, de détention et de transmission choisies. Les options retenues sont-elles encore les meilleures ? En existe-t-il désormais de plus efficaces, notamment sur le plan fiscal ? Quelles seraient les conséquences d'une modification, est-elle souhaitable et avant tout réalisable sans dommages majeurs ? Certains éléments propres à la famille, à ses relations avec l'entreprise (réduction du pourcentage de contrôle, transfert du siège social dans un pays différent), à ses membres (délocalisation, conflits entre branches) peuvent amener à repenser les schémas mis en place.

D'où la question permanente, dans toutes les décisions initiales, de l'importance de la réversibilité et de l'intégration de cet élément de réflexion dans la prise de décision lors du choix.

On verra plus loin l'importance du rôle du Family Office pour tout ce qui concerne la notion de risque pour les familles et ses efforts d'anticipation de ces risques pour tenter d'en réduire la probabilité ou l'impact.

Ce travail débute avec la recherche de la réversibilité. Celle-ci n'est pas toujours possible. Au moins faut-il avoir conscience et exposer clairement à la famille que, dans certains cas, les mesures prises aujourd'hui poursuivront leurs effets inexorablement même en cas de modification de la situation, interne ou externe à la famille, et que cette mesure, décidée aujourd'hui pour ses effets positifs, pourrait à l'avenir se révéler néfaste.

Si la réversibilité est impossible, la famille devra tenter d'évaluer, avec l'aide du family office, la probabilité que la situation évolue et en évaluer les conséquences en termes quantitatifs (chiffrage) ou qualitatifs (impact psychologique personnel par exemple).

Mais dans bien des cas, heureusement, la recherche de la réversibilité peut aboutir à une solution plus favorable, même si elle est rarement parfaite. La réversibilité a en règle générale un coût, soit directement, soit indirectement sous forme d'un manque à gagner accepté dès l'origine.

On se retrouve alors, comme dans toute décision, devant un choix à faire entre retour plus élevé et risque associé, ou sécurité plus forte au prix d'un retour moins intéressant.

Dans la grande majorité des cas, cette deuxième solution privilégiant la réversibilité est celle qu'il faut choisir. Car, même à horizon prévisible, l'avenir virtuel est incertain.

8. Le suivi et l'accompagnement

De toute façon, une structure quelle qu'elle soit implique un contrôle et des procédures administratives, juridiques et comptables périodiques. L'une des fonctions du Family Office est d'aider la famille à sélectionner les entités qui vont effectuer ce travail, en France ou à l'étranger (notaires, avocats, comptables), puis de vérifier, comme s'il s'était à la place de la famille, que le travail a été correctement réalisé sur la forme comme sur le contenu.
C'est au Family Office qu'il revient, par exemple, de suivre les sociétés civiles mises en place, non pas de procéder lui-même mais de vérifier par un cabinet comptable, l'établissement des documents annuels obligatoires (ordre du jour, convocations, compte rendu de l'assemblée générale, dépôt au Greffe) et des divers états comptables et fiscaux. C'est aussi le Family Office qui doit revoir de temps à autre les statuts pour vérifier qu'ils demeurent adaptés à la situation familiale, par exemple la clause de nomination du gérant ou l'étendue de ses pouvoirs. Par son rôle de partenaire capable d'anticiper les besoins et les évolutions de la famille, le family officer est garant de la bonne tenue juridique et fiscale des entités civiles, philanthropiques mais aussi des enjeux individuels de chacun des membres de la famille. Cette responsabilité forte permet à la famille de se décharger en confiance.

Le juridique et le fiscal

De nombreux autres sujets d'ordre juridique ou fiscal vont se présenter au fil du temps dont certains seulement s'inscriront dans cette optique de structuration à long terme. Les questions relatives au droit civil, au droit de la famille apparaîtront au fur et à mesure que se déroule la vie des membres (naissance, mariage, divorce, décès, donation, succession). D'autres juristes devront être consultés quand se présenteront des points à résoudre (ou à anticiper) dans des domaines liés au patrimoine familial : droit de l'immobilier sur les actifs eux-mêmes détenus par certains membres, en cas de contestations sur le niveau des baux lors de leur renouvellement, sur les relations de mitoyenneté avec les voisins ; droit commercial pour certains investissements financiers ; droit social essentiellement pour les relations avec les employés de maison. Et même droit pénal, par exemple en cas de risque lié à un supposé délit d'initié concernant l'acquisition ou la cession d'actions de l'entreprise familiale si ses titres sont cotés.

On a déjà vu que, de la même manière, les décisions liées à la fiscalité prises dans une optique de long terme peuvent avoir des effets à court terme ou exiger des inflexions au fil du temps, en particulier en matière de fiscalité personnelle (impôt sur le revenu, sur les plus-values, impôt sur la fortune immobilière). Le Family Office sera concerné par les déclarations fiscales annuelles, par les propositions de rectification. Mais il se maintiendra surtout en permanence à l'écoute des évolutions réglementaires françaises et étrangères et des développements en cours ou à venir au sein de la famille.

L'Impôt sur la fortune immobilière (IFI)

Petit rappel historique : en matière de fiscalité des personnes, rien de plus marquant que l'ISF et son évolution. Rien de tel n'existait en France avant 1982, date à laquelle la fiscalité du patrimoine sur les revenus générés, sur les plus-values depuis 1978 et sur les transmissions par donations ou successions était déjà suffisamment lourde.

La création de l'impôt sur les grandes fortunes (IGF) en 1982 a été annulée en 1986. Lui a succédé l'Impôt de Solidarité sur la Fortune (ISF) en 1988 avec un taux et des modalités d'application (plafonnement du total impôt sur le revenu et ISF porté de 70 % à 85 % du revenu imposable par la loi de finances pour 1991) qui n'ont cessé de devenir plus pesants jusqu'à il y a peu.

C'est ainsi qu'est apparu le plafonnement du plafonnement initié par l'article 5 de la loi de finances pour 1995. Cette mesure a mis à mal les schémas envisagés et appliqués par certains de façon à réduire le revenu imposable et plafonner ainsi l'ISF à un niveau plus modéré. C'est donc à partir de cette date que l'on a vu s'accélérer le mouvement de délocalisation fiscale traité ci-dessous.

Peu de fiscalistes et peu de Family Offices avaient anticipé les récentes mesures fiscales. Outre les pactes Dutreil ou les allègements apportés, par exemple, par la Cour de cassation concernant la valorisation de la résidence principale (abattement de 20 % porté à 30 % par le Parlement dans le cadre de la loi TEPA de 2007), le fait marquant a été l'adoption du bouclier fiscal dans le cadre de la loi de finances pour 2006 (le total des impôts, impôt sur le revenu, taxes locales de l'habitation principale et ISF ne peut dépasser 60 % du revenu de l'année précédente), puis sa modification à l'été 2007 pour baisser le taux à 50 % et inclure CSG et CRDS. Le chiffre de 60 % a été relevé à 75 % dans la Loi de Finances 2013.

Première réflexion, à l'époque, des family officers et des fiscalistes qui les conseillent : comment peut-on au mieux utiliser cette nouvelle mesure dans l'intérêt de ceux des membres des familles qui sont demeurés résidents français ? En prenant cependant en compte une particularité des modalités de mise en œuvre du bouclier, à savoir que le montant de l'ISF doit être réglé par le contribuable tel qu'il serait dû sans l'existence de cette mesure, puisqu'il reviendra de demander au Trésor la restitution du trop-perçu après calcul de l'effet du bouclier fiscal. Et certains craignent que le fisc, afin d'éviter ces restitutions n'en vienne à contester les valorisations des biens immobiliers ou des biens non cotés apparaissant dans les déclarations.

Tel n'a pas été le cas de Madame Léone Meyer, citée de façon anonyme par Ségolène Royal lors du débat télévisé d'entre les deux tours de l'élection présidentielle de 2007, mais qui s'est elle-même exprimée sur ce sujet dans le *Journal du Dimanche*. La cession de ses actions Galeries Lafayette a occasionné d'importantes plus-values taxables. Surtout, des actions jusqu'alors exonérées d'ISF car constituant son outil de travail ayant été cédées, le produit de la vente a été utilisé pour l'acquisition d'autres actifs à inclure, eux, dans la base de calcul de l'ISF.

D'où l'utilisation par Madame Léone Meyer du bouclier fiscal et, après le paiement du total de l'ISF théorique, le remboursement par le Trésor de 7 millions d'euros correspondant au règlement de l'excès de versement après utilisation de cette modalité de calcul.

Prenant en compte certaines de ses imperfections, le Parlement a voté durant l'été 2007 de nouvelles modalités du bouclier fiscal limitant à 50 % le total des impositions, CSG, CRDS et taxes sociales incluses, mais sans modifier les modalités de paiement (actuellement 75 % depuis 2013, comme mentionné ci-dessus).

Parallèlement, l'abattement accepté sur la valorisation de la résidence principale a été porté de 20 % à 30 %. Et le règlement des premiers 50 000 euros du montant de l'ISF à payer peut être effectué sous forme de souscription au capital de PME européennes, selon des modalités précises, dont le blocage pendant une durée de cinq ans minimum (le montant souscrit n'étant retenu qu'à hauteur de 75 %, soit une souscription de 66 667 euros pour atteindre le montant maximum de réduction de 50 000 euros). Ces deux dernières mesures ne sont pas déterminantes pour les très grandes fortunes. Elles s'appliquent à certains des membres dont le patrimoine, certes non négligeable, est sensiblement moins élevé que celui des plus fortunés.

Cet impôt a finalement été remplacé en 2018 par l'impôt sur la fortune immobilière considérant que les revenus du patrimoine subissaient déjà une fiscalité lourde et que le législateur souhaitait désormais attaquer les actifs hors de l'économie réelle : l'immobilier source de revenus jugés « passifs » pour les propriétaires.

Le seuil de déclenchement de l'IFI est fixé à 1,3 million d'euros d'immobilier net de dette en France. Est redevable à la fois le résident fiscal français sur l'ensemble de son patrimoine immobilier en direct ou indirect en France et à l'étranger mais aussi le non-résident détenant un patrimoine immobilier directement ou indirectement en France.

Sont ainsi soumis les biens immobiliers bâtis, à usage personnel ou mis en location : maisons, appartements et leurs dépendances (garage, parking, cave...), les bâtiments classés monument historique, les biens immobiliers en cours de construction au 1er janvier de l'année, les biens immobiliers non bâtis (terrains à bâtir, terres agricoles...), la contrevaleur des biens immobiliers ou fractions de biens immobiliers représentés par des parts de sociétés immobilières et enfin à la charge de l'usufruitier les droits immobiliers.

Il a longtemps été question de structurer la détention immobilière au travers de sociétés afin de faire écran à l'impôt et aux revenus issus de l'exploitation des actifs. Or le législateur dans le cadre de l'IFI a tenu compte de ces mécanismes et intégré la question de l'immobilier détenu via des structures ou dédié à l'activité professionnelle. Dès lors, l'actionnaire de moins de 10 % d'une société exerçant une activité industrielle, commerciale et détenant de l'immobilier ne sera pas assujetti. De même, les actifs immobiliers destinés à l'exploitation professionnelle ou au travers d'une société liée. Ces cas rares sont dans certaines hypothèses en dehors du champ de la loi.

Dans le cadre du champ large il convient enfin de retenir que le transfert en fiducie d'un actif immobilier ne retire pas de l'assiette de l'IFI cette enveloppe.

Enfin, au sein de l'enveloppe d'épargne préférée des Français – l'assurance-vie – il faut désormais retenir la contre-valeur des actifs immobiliers ainsi détenus. Les SCPI sont également à ne pas omettre dans le calcul. Qu'il s'agisse de l'un ou de l'autre, ces enveloppes ne doivent pas être omises, afin de ne pas manquer le calcul exhaustif de l'assiette.

L'évaluation de son bien est le plus souvent faite suivante la méthode des comparables. Cela peut être mis en œuvre auprès d'agents immobiliers spécialistes de la région concernée et sélectionnés par le family officer, par des avocats ou des notaires par exemple. Des montants bruts ainsi définis on va pouvoir déduire l'ensemble de la dette ayant permis l'acquisition, les travaux et le paiement des impôts associés pour le propriétaire à ce bien. À noter que le plafonnement à 75 % des revenus perçus l'année précédente, même non taxables, mis en place pour l'ISF, s'applique désormais à l'IFI. Il convient toutefois de prendre garde aux montants de dettes déductibles de l'IFI du fait des exclusions mises en place par le législateur.

L'imposition évolue ensuite selon un barème progressif par tranche avec un maximum de 1,50 %. Le contribuable, soumis à l'IFI en 2023 à partir d'un patrimoine net de 1,3 million d'euros est imposé à compter de 800 000 € à 0,5 % jusqu'à 1,3 million d'euros puis 0,7 % entre 1,3 million et 2 570 000 € puis 1 % jusqu'à 5 millions d'euros, 1,25 % jusqu'à 10 millions et enfin 1,50 % au-delà de 10 millions d'euros.

Le transfert de la résidence fiscale : un sujet de long terme, en principe

La création de l'ISF, essentiellement jusqu'à son aménagement ensuite en IFI a donné lieu à un nombre relativement important de départs de familles françaises : d'entrepreneurs désireux de réaliser à moindre fiscalité la cession de leur entreprise puis la détention de leur patrimoine sans subir une fiscalité contraignante sur leurs capitaux. D'où une incitation à ce mouvement de transfert de la résidence fiscale physique clairement développé depuis un peu plus de vingt ans, avec une timide tendance à un développement des retours, dépassant désormais les départs, lui-même en nombre sensiblement réduit par rapport à la période ayant suivi l'instauration de l'ISF.

Par semi-coïncidence, ce phénomène a accompagné, ce qui le rend encore plus spectaculaire, celui de l'internationalisation des entreprises et des études universitaires : les jeunes diplômés ou en voie de l'être effectuent désormais souvent une partie de leurs études à l'étranger, y réalisent des stages de durée longue et une partie au moins de leur carrière dès leur sortie d'école ou d'université ou bien un peu plus tard.

Cette ouverture des jeunes à l'international manquait à notre pays. Dans le passé, on regrettait un immobilisme de leur part puisqu'ils restaient dans l'Hexagone et, au mieux pour les provinciaux, se déplaçaient jusqu'à Paris. Leur séjour temporaire à l'étranger se transforme désormais pour certains en une véritable implantation, la majorité cependant rentrant en France enrichie de leur expérience internationale.

Ce mouvement a accompagné dans le temps celui de la « délocalisation fiscale ». Mais il ne faut pas les confondre, même s'ils se renforcent l'un l'autre par la création dans certains pays d'une sorte de quartiers français.

Dans le cas du changement de résidence fiscale des personnes physiques, membres d'une famille fortunée, le family officer va, dans un premier temps, aider les personnes concernées à faire leur choix en leur présentant selon leur cahier des charges les différentes situations fiscales. L'objectif est de présenter en toute objectivité le champ des possibles et l'impact de chaque impôt : sur les revenus, sur la transmission, sur la fortune. La quantification des conséquences fiscales peut être réalisée ; beaucoup plus difficiles sont l'évaluation et la prise de conscience par les candidats au déménagement des conséquences personnelles qu'il entraînera.

Or les questions fondamentales que doit se poser la famille ou le chef de famille sont plus d'ordre qualitatif ou psychologique que de nature quantitative.

Au-delà des impôts récurrents (revenus, transmission et patrimoine), le seul autre aspect quantitatif à intégrer est la possible *exit tax*.

Cet impôt est lié aux plus-values latentes impliquées par la détention de droits sociaux et par les clauses de complément de prix ou des plus-values de cession ou d'échange placées sous un régime de report d'imposition. Cette situation est récurrente auprès des cédants d'entreprise résidents fiscaux en France pendant au moins six ans au cours des dix années avant le départ hors de France, propriétaires de droits sociaux, titres ou droits valorisés au-delà de 800 000 euros ou représentant au moins 50 % des bénéfices sociaux d'une société. L'administration permet un sursis de paiement et un dégrèvement selon le pays de destination et les garanties éventuellement apportées.

Depuis 2019, le résident fiscal français partant dans un ETNC (États et territoires non coopératifs) ou dans un État ou territoire hors UE n'ayant pas conclu avec la France des conventions d'assistance à la lutte contre la fraude et l'évasion fiscales et d'assistance au recouvrement (Loi 2018-1317 du 28-12-2018 art. 112) ne dispose pas d'un sursis automatique.

En revanche, dans l'hypothèse d'un déménagement dans un pays au sein de l'UE, le sursis est automatique. À défaut d'être automatique, le sursis peut être obtenu de manière dérogatoire selon la réponse obtenue sur une demande faite auprès de l'administration.

Le dégrèvement de l'*exit tax* est possible en cas de cession, rachat annulation des titres ou liquidation de la société. La transmission des titres permet également de répondre à cet enjeu. À défaut de ces opérations, le délai de dégrèvement est porté de 15 ans à 5 ou 2 ans selon les situations : 2 ans lorsque le contribuable est soumis à l'*exit tax* pour des titres dont la valeur est inférieure à 2 570 000 euros ; au-delà la durée est désormais de 5 ans.

Comme le précise le site des services publics : « ce dispositif vise désormais les titres de sociétés à prépondérance immobilière soumises à l'impôt sur les sociétés au jour du transfert de domicile fiscal du contribuable ».

Entre 2011 et 2013 la période était de huit ans. Les contentieux associés à l'*exit tax* permettent progressivement de mieux comprendre l'articulation fiscale liée à ce mécanisme et ses enjeux financiers très importants. Depuis le Brexit, le Royaume-Uni est sorti de l'Union Européenne et donc de la liste des pays permettant un sursis automatique. Ainsi, à l'image d'un départ aux États-Unis, la famille disposant de droits sociaux sera contrainte de réaliser un dossier de demande de sursis. À défaut de quoi il convient de donner à l'État des garanties sur la solvabilité du patrimoine pour payer éventuellement l'impôt mis en sursis.

En prenant la décision de délocaliser une partie de ma famille, peut-être simplement mon conjoint et moi-même, je vais retirer un avantage financier non négligeable sous forme d'économie fiscale. Mais en contrepartie (voir ci-dessous), je vais subir des inconvénients sérieux sur ma vie de tous les jours, notamment mes relations avec les membres de ma famille restés en France (enfants, petits-enfants). La question n'est pas seulement celle, classique, de la comparaison des avantages et inconvénients, mais plutôt celle de la réalité des avantages.

Financièrement, ils ne peuvent être niés dans certains cas. Toutefois cela est conditionné à une situation politique et fiscale connue à une période donnée. Mais on retrouve ici certaines idées évoquées dans le cadre de la philanthropie. Pourquoi est-ce si important pour moi de conserver cet argent plutôt que de le donner aux fondations – ou dans ce cas d'accepter de régler des impôts français sensiblement plus élevés que ceux de mon éventuel pays d'accueil ?

Que vais-je faire de ces économies (« le manque à perdre ») ? Vais-je le laisser à mes enfants ? Est-ce pour eux que je le fais ? N'auront-ils pas déjà assez de toute façon ? Ou est-ce pour moi-même, mais même question, n'avons-nous pas déjà assez (« *how much is enough?* ») ?

Au fond mon désir de me délocaliser, de ne plus faire à l'ordre du Trésor public des règlements élevés, n'est-il pas de nature psychologique, irrationnelle plus que véritablement financière ?

Ainsi en est-il certainement de candidats au transfert de leur résidence fiscale hors de France qui n'économiseraient tout compte fait, vu le niveau de leur patrimoine et de leur revenu, que des montants « faibles ». Ainsi en est-il aussi des très grandes fortunes qui vont certes réaliser des économies importantes en valeur absolue, mais sans que l'objectif de cet avantage financier n'ait été discuté et raisonné.

C'est pourquoi, les seuls pour lesquels le sujet de la « délocalisation » mérite d'être étudié sont les fortunes « moyennes », les familles pour lesquelles les économies fiscales envisagées permettront de laisser à chacun des enfants un héritage suffisamment élevé selon leur jugement du mot « élevé ». La contre-valeur du coût fiscal est souvent pour les entrepreneurs rapportée à la valeur du cash out et donc en année de salaires ou de travail.

Mais il est également du rôle du family officer de démontrer les risques de l'efficience fiscale, de son process poussé à l'extrême et des changements sur le mode de vie de manière lourde que cela impose aux membres des familles qui l'envisagent.

Le changement de résidence fiscale entraîne des conséquences sur le mode de vie, physiquement avec l'implantation dans un nouvel environnement comportant avantages et inconvénients : désagréments par exemple liés au climat, mais avantages d'une ville plus petite permettant un accès facile à des clubs de golf, une circulation non stressante. Des conséquences liées à l'abandon d'un domicile principal en France avec les avantages et inconvénients que celui-ci comportait, abandon de ses habitudes traditionnelles, des commerçants du quartier, des voisins et amis de proximité, changement d'écoles, donc d'amis de classe pour les enfants, ou plus difficile à vivre, si les enfants ne sont plus en âge de suivre automatiquement leurs parents, séparation physique par la distance entre l'ancien et le nouveau domicile.

Par ailleurs à Bruxelles, à Lisbonne, à Rome, à Genève et *a fortiori* à Londres, les différences culturelles avec notre pays sont plus grandes qu'on ne le pense, ou apparaissent comme telles à ceux qui emménagent. Les questions de langue sont évidentes à Londres, à Lisbonne ou à Rome pour l'un ou pour plusieurs des membres délocalisés.

Les difficultés d'intégration tiennent à l'absence ou à l'insuffisance de points de repère culturels, aux différences de mode de vie avec la France, à la taille de la ville, au changement d'habitudes par rapport à sa vie précédente. Ce dernier phénomène est encore accentué si, comme cela est bien souvent le cas, le changement de résidence fiscale prend place lors d'une rupture professionnelle majeure, départ à la retraite ou cession de ses titres de l'entreprise.

Le catalyseur fiscal, concrétisation de plus-values importantes taxables ou soumission au paiement de l'IFI annuel pour un montant désormais sans commune mesure avec le passé, accompagne une rupture dans la vie professionnelle, en général de toute façon délicate à assumer. Le déménagement dans une autre ville, dans un autre pays vient sensiblement accroître ces difficultés.

D'ailleurs cette implantation est-elle toujours réalisée dans cet esprit ? Pour certains, l'idée d'un retour à un horizon non clairement défini, mais que l'on peut qualifier de moyen terme est vraisemblablement présente. Pour les autres certes, de bonne foi, le changement de résidence fiscale est définitif, sauf (r)évolution fiscale claire et estimée durable, ou sauf événements importants. Parmi ces derniers, la maladie grave : dans certains cas, des Français partis s'établir à l'étranger et atteints d'une maladie sérieuse préfèrent se faire soigner en France et donc parfois revenir y finir leurs jours.

Dans le cas le plus fréquent du décès du conjoint, l'époux survivant demeuré seul dans le pays étranger n'aspire qu'à revenir vivre auprès de ses enfants et petits-enfants habitant en France.

La plus grande partie des départs hors de France est relativement récente, de même que les mesures fiscales de 2006-2007. Nous n'avons par conséquent pas encore le recul nécessaire pour estimer l'importance de ces phénomènes de retours mais cette possibilité ne peut être ignorée.

D'où le rôle important que le Family Office va avoir à jouer tout au long du processus. Par sa connaissance des membres de la famille, de leur psychologie, de leurs relations interpersonnelles, tout autant que par les informations dont il dispose sur la composition du patrimoine familial, son évolution dans le temps et sur sa répartition entre les membres, le family officer est le mieux placé pour préparer la réflexion sur la délocalisation.

Raisonnant aux côtés de la famille et concerné par son bien-être, il se doit d'attirer son attention sur les conditions à respecter pour justifier de la réalité de son déménagement, de l'existence d'un nouveau domicile, donc d'une nouvelle résidence fiscale. Dans certains cas, il s'est avéré nécessaire de faire appel à un fiscaliste spécialisé, simplement pour tenter de faire prendre conscience aux candidats à la « délocalisation » des conséquences que ceci aurait sur leur vie de tous les jours et de lutter contre les fausses idées qu'ils continuaient d'avoir sur la supposée souplesse des conditions à respecter. L'administration fiscale française désireuse de faire valoir comme résidents fiscaux français certains ressortissants hors de France, ne lésine pas sur les moyens pour arguer du non-transfert de leur résidence. Ainsi, le foyer fiscal considéré comme résident fiscal français ne saurait alors plus faire échec aux impôts dus en France.

Ce travail de prise de conscience est à réaliser avec tous les membres de la famille concernés par le déménagement afin que les données soient clairement connues de tous en amont de toute décision. Parallèlement à cette décision sur le changement de mode de vie, est réalisé le choix de la destination incluant les éléments de nature avant tout subjective cités cidessus, les considérations professionnelles dans l'hypothèse de profils jeunes et dynamiques ayant peut-être en ligne de mire un nouveau projet et les considérations d'ordre fiscal, les avantages offerts par chacun des pays (ou des cantons ou régions) envisageables.

Cette étude est menée par le Family Office en liaison avec les spécialistes si besoin est. Le sujet n'est pas nouveau pour les multi Family Offices et a déjà été traité à de multiples reprises pour les principaux pays d'accueil, Belgique, Suisse, Luxembourg, Italie, Portugal, Grande-Bretagne et parfois États-Unis, Afrique du Nord ou Asie. Mais chaque famille présente des particularités liées à son patrimoine, à sa composition, aux revenus, à ses appétences, tout ceci en tenant compte de la situation actuelle mais aussi des perspectives envisageables. Pour en rester aux questions de nature juridique et financière, l'analyse portera sur la fiscalité des revenus selon leur nature, le patrimoine accumulé, les plus-values latentes, les structures de détention des actifs, les donations déjà effectuées ou à réaliser, etc.

L'élaboration d'un tableau avantages-inconvénients sur les seuls critères fiscaux est plus facile pour les pays cités ci-dessus pour lesquels les exemples abondent que pour d'autres destinations, moins courantes mais envisageables, par exemple pour des raisons familiales, telles que États-Unis, Canada, Brésil.

Les spécialistes des conventions fiscales internationales pourront être mis à contribution dans certains cas. Les avocats spécialisés sur les trusts par exemple seront interrogés pour étudier le cas particulier de la famille et l'intérêt de recourir à un tel schéma en fonction du lieu de destination mais aussi du pays de résidence présent et futur des bénéficiaires (enfants et petits-enfants).

Le besoin de réversibilité

Réversibilité est le mot-clé. Le pays de destination ne sera peut-être pas définitif (retour en France, déménagement de Londres à Bruxelles, de Bruxelles à Genève, etc.) ; le pays de résidence actuel des enfants risque d'avoir changé dans les décennies qui viennent. Le schéma retenu par le Family Office pour être proposé à la famille doit prendre en compte cette éventuelle remise en cause pour quelque raison que ce soit. Quelles sont les conséquences d'un retour en France rapide, ou après un assez grand nombre d'années ? Est-il possible de revenir sur certaines des mesures qui auront été mises en œuvre ?

Sans être constitutif de délocalisation fiscale, on constate également de plus en plus fréquemment le désir de vie nomade de certaines familles : quittant les mandats d'administrateurs, des activités honorifiques ou bénévoles le temps de faire un voyage de plusieurs mois, en famille, par-delà les océans et les continents. Dans cette hypothèse le family officer doit faire preuve d'agilité pour s'adapter au souhait de la famille, à sa disponibilité et aux outils disponibles pour faire que l'administration des sociétés, la bonne tenue des assemblées, les procurations et toutes les décisions puissent être prises selon une procédure convenue avec la famille.

Le changement de résidence fiscale, une fois prise la décision de la famille, sera réalisée dans les meilleures conditions possibles grâce au travail du family office, main dans la main avec les membres concernés pour rechercher les bons conseils, et des professionnels du pays d'accueil. Certains prestataires de type conciergeries disposent de structures destinées à fournir ce type de services et de conseils aux nouveaux « impatriés » : choix de l'environnement dans lequel la famille souhaite s'établir et recherche de l'appartement ou de la maison pouvant lui convenir, aide à la sélection des écoles, inscriptions aux organisations sportives favorisant des contacts… Le family officer est également responsable des diverses formalités administratives, avec l'appui de l'avocat choisi localement avec la famille.

Dans certains cas, cette modification va concerner ce qui constitue la quasi-totalité de la famille suivie par le family officer. Dans d'autres cas, si la famille est déjà large, qu'il existe plusieurs branches, seule une partie d'entre elles décidera de se délocaliser. De toute façon, les relations entre le Family Office et la famille risquent d'en être affectées puisque bon nombre de sujets ne concerneront plus la France mais le nouveau pays d'accueil et, de façon plus large, l'international. De nouveaux contacts étroits se noueront vraisemblablement avec des entités de l'autre côté de la frontière. D'où l'ouverture par certains multi Family Offices français de filiales dans les principaux centres de relocation de familles afin de continuer à offrir localement aux familles le même accompagnement.

Mais le Family Office français conservera lui aussi des relations suivies avec la famille. Soit parce que la famille constitue un ensemble et que la majorité des membres ou au moins certains d'entre eux continuent de vivre en France et de raisonner de manière inchangée. Soit parce que les délocalisés ont conservé certains de leurs intérêts (résidence secondaire ou activité accessoire) dans notre pays et souhaitent maintenir le suivi pour leur compte. Et de toute façon en raison de la relation de confiance bâtie au fil des années, grâce notamment à une proximité culturelle qui ne se retrouve pas dans le nouveau pays d'accueil, faisant du family officer l'interlocuteur privilégié, le « *sparring partner* », le trusted advisor préféré de la famille encore longtemps après son déménagement.

Les autres questions fiscales

Les autres occasions d'intervention du Family Office dans les sujets de court terme de la famille vont accompagner des prises de décision ponctuelles, des options à prendre, des chiffrages fiscaux à effectuer pour valoriser les conséquences sur ce point des différentes possibilités dans l'hypothèse de cessions, de donations. Plus largement, le Family Office fait fonction de SVP fiscal devant répondre aux questions qui lui sont posées par les membres de la famille sur l'ensemble de la fiscalité, depuis l'immobilier jusqu'aux plus-values sur les actifs numériques par exemple.
Le Family Office s'occupe également des relations avec l'administration fiscale, déclarations de revenus et IFI annuelles pour tous les membres de la famille, en veillant à l'exactitude, à la cohérence d'une année sur l'autre ; mais aussi entre les différentes déclarations, par exemple en cas d'indivision immobilière ou de parts de SCI, de détention de titres de l'entreprise familiale.
Les relations avec la Direction générale des Finances publiques peuvent devenir plus pointues, soit, afin d'anticiper d'éventuelles contestations futures du fisc en interrogeant l'administration – ou en la faisant interroger par un avocat écran pour garantir l'anonymat du demandeur – quant à sa position sur telle ou telle situation existante ou sur un projet envisagé, soit en assistant la famille dans les réponses aux propositions de rectification : le Family Office est toujours présent pour assister un des membres confronté à une difficulté juridique ou fiscale.

Le droit social

La gamme d'exercice du talent du family officer en matière juridique inclut aussi le social ; les familles fortunées utilisent les services d'employés de maison et risquent comme tout autre de se retrouver en conflit avec eux. En dégénérant, ces oppositions deviendront de nature judiciaire. Le Family Office décharge la famille le plus possible de ces ennuis en tentant de trouver matière à transaction avec l'intéressé. Le côté affectif des relations entre employé et employeur, renforcé lorsque le travail est réalisé à domicile avec des contacts quasi permanents dans le cas de la femme de ménage, de la cuisinière et même des gardiens de la résidence secondaire, est sensiblement réduit lorsque l'interlocuteur n'est plus l'employeur mais le family officer qui le représente. Par son organisation, le family officer est généralement plus à même d'être réactif et force de proposition, que la famille elle-même. Il gère les paies, les contrats de travail, le choix de la mutuelle... pour les employés de maison. Les clients peu formés à cette matière du droit social sont rarement aussi alertes que leur family officer sur le sujet. Par son habitude de pouvoir traiter ce type de sujets le Family Office a en tête les éventuels pièges et suit l'actualité juridique associée. Sa proximité avec l'expert-comptable peut en cas de besoin lui permettre de compléter ses compétences.

À l'occasion du départ d'un employé de maison, un terrain d'entente sera plus facilement trouvé sur des éléments objectifs, avant tout financiers, sans autre motivation qui viendrait de ces relations interpersonnelles détériorées.

À défaut d'entente dans les limites financières ou de principe fixées par la famille, le family officer s'occupera de faire défendre les intérêts de ses mandants devant les prud'hommes en ayant recours à l'avocat spécialisé, déjà connu ou non de la famille.

En revanche, lorsque les difficultés de droit social de l'un des membres de la famille sont liées à son rôle dans l'entreprise (recherche de responsabilité personnelle pour un accident de travail en tant que président de la société), le rôle de family officer sera limité aux côtés des juristes de l'entreprise compétents dans ce type de questions.

De façon générale, par son organisation, le family officer est généralement plus à même d'être réactif et force de proposition, que la famille elle-même. Il gère les paies, les contrats de travail, le choix de la mutuelle... pour les employés de maison. Les clients peu formés à cette matière du droit social sont rarement aussi alertes que leur family officer sur le sujet. Par son habitude de pouvoir traiter ce type de sujet, le Family Office a en tête les éventuels pièges et suit l'actualité juridique associée. Sa proximité avec l'expert-comptable peut en cas de besoin lui permettre de compléter ses compétences.

Les autres branches du droit

Tous les autres domaines du droit peuvent concerner le family office, la gamme est large, incluant bien entendu le droit des valeurs mobilières, mais aussi ce qui est plus complexe celui lié aux immeubles, terrains, forêts détenus par la famille, droit des baux, comment obtenir une revalorisation du loyer commercial ou résidentiel ? Quel pourcentage ? Droit de la mitoyenneté dans le cadre des relations avec les copropriétaires, les voisins, etc. Droits des brevets parce que l'un des enfants veut mettre en œuvre une de ses idées, créer un site internet. Ou même droit pénal sur des sujets tels que le délit d'initié.

Le Family Office ne peut être expert en tous les domaines juridiques ou fiscaux. On ne peut lui demander de connaître les subtilités de la convention fiscale signée par la France avec le Brésil, ni celles du dernier PLU du lieu de résidence secondaire du chef de famille. En revanche, il se doit de maintenir à jour un carnet d'adresses lui permettant de fournir rapidement une réponse éclairée aux questions de la famille. Ce rôle peut être facilité par des abonnements auprès de généralistes ou de spécialistes par domaine d'activité (cabinets juridiques ou sociaux).

La comptabilité

En matière de comptabilité, la famille dispose en général de contacts privilégiés. Les familles entrepreneuriales ont de longue date créé des relations suivies avec le(s) cabinet(s) chargé(s) de suivre la comptabilité de la société et avec le(s) commissaire(s) aux comptes devant certifier les états annuels.

Dans la mesure où la déontologie, sous forme de réglementation ou de simple bon sens, ne le leur interdit pas, ces experts-comptables sont les interlocuteurs tout désignés de la famille sur ce type de sujets, en association avec le family officer. Ce dernier est également à même, en cas de demande des membres de la famille, de fournir les coordonnées d'autres experts-comptables spécialisés dans les sujets qui doivent être approfondis.

L'expert-comptable fait partie des professionnels proches de la famille vers lesquels celle-ci va se tourner en cas de besoin de réponse à des questions, même si elles ne sont pas exclusivement de nature comptable. La nature des relations établies au fil des années, la connaissance, par les chiffres mais aussi par ces contacts, que le comptable détient du patrimoine comme du mode de fonctionnement et du mode de pensée de la famille le destinent à jouer le rôle de trusted advisor. Dès lors, il exprimera son opinion sur des sujets débordant de son domaine de technicien, se substituant partiellement au family officer ou complétant son rôle.

Ce dernier ne peut d'ailleurs exécuter qu'un nombre limité de tâches en raison de la définition de la profession de comptable. Il peut à la limite s'intéresser aux sociétés civiles, par exemple dans la mesure où elles n'ont aucune activité commerciale, mais il doit être vigilant à ne pas aller au-delà des limites fixées par la réglementation.

Aux côtés, ou à la place, de la famille, il va discuter avec les comptables de recommandations que ceux-ci peuvent faire et émettre ses propres idées. Et le dernier mot revient conjointement au comptable et au décideur que constitue la famille.

Avec les différentes professions juridiques, notamment les notaires, les comptables font partie des interlocuteurs privilégiés de la famille. Le bon fonctionnement du Family Office implique donc que ces experts-comptables soient correctement choisis (compétence technique, relations faciles) et que des contacts étroits soient noués pour étudier ensemble les questions qui se posent, y inclus comme toujours celles que la famille ne s'est pas elle-même posé (être proactif, anticiper). La mission du Family Office au service de la famille ne signifie pas qu'il doive tenter de s'opposer aux recommandations, conseils ou décisions des comptables qui seraient défavorables au patrimoine familial. Son rôle est de protéger la famille, y compris contre les idées qu'elle pourrait avoir, et qui seraient contraires aux normes comptables ainsi que les experts-comptables vont le lui montrer.

Le family officer devra expliquer à la famille (et la convaincre) le bien-fondé de la position des comptables s'il la juge conforme à la réglementation et éviter ainsi à la famille toute difficulté ultérieure sur ces sujets.

L'assurance des biens et des personnes

Quand on parle d'assurance pour une famille et ses membres dans les établissements de gestion de patrimoine, on pense immédiatement assurance-vie. Vu par le family office, le thème est en réalité plus large et inclut également tout ce qui touche à l'assurance des biens et des personnes.

Les membres de la famille considèrent ces sujets rebutants, désagréables, car touchant à des situations potentielles pénibles de toutes sortes d'accidents, et compliqués à comprendre et à analyser dans les détails. Le Family Office est parfaitement désigné pour s'en occuper à leur place.

Même si la famille dispose déjà de longue date son propre courtier, le family officer se doit d'effectuer les recherches nécessaires sur le marché pour trouver le cabinet le plus efficace et de rééditer ce travail périodiquement, tous les 3 ans environ.

Certaines assurances demanderont le travail de spécialistes pointus ; d'autres, plus classiques, pourraient être contractées par l'intermédiaire de cabinets moins experts. Mais il est préférable de concentrer le maximum d'entre eux auprès d'un seul cabinet, français ou britannique par exemple, afin d'obtenir le meilleur suivi, la plus grande attention, par l'importance que la clientèle de la famille représentera pour lui. En France, les plus grands courtiers ont en effet segmenté leur clientèle avec, en particulier, une catégorie VIP dans laquelle entrent les familles visées ici.

L'assurance des biens va classiquement concerner l'immobilier pour une grande partie. Le nombre de biens et leur valeur globale peuvent être extrêmement importants si toute une branche, ou même l'ensemble de la famille, concentre ses assurances chez le même courtier, permettant à celui-ci d'obtenir à son tour les meilleurs tarifs et la meilleure attention de la part de la ou des sociétés d'assurance retenues. Face à d'importants ensembles immobiliers, le family officer peut disposer de la latitude pour négocier à la manière d'institutionnels une assurance flotte. Il s'agit de mutualiser des risques identiques en permettant ainsi de réduire la prime d'assurance globale. Par exemple un client disposant de trois immeubles aura tout intérêt à négocier une seule assurance propriétaire non occupant pour tous ses biens. Est alors mutualisé le risque et abaissée la prime.

À la différence des assurés classiques, les familles fortunées détiennent des biens immobiliers de grande valeur, avec des objets d'art également de grand prix, d'où le besoin de contrats bâtis spécifiquement pour elles avec, selon le choix des assurés, des franchises éventuellement élevées (autoassurance jusqu'à un montant acceptable par l'assuré) et des plafonds de montants inhabituels. La question se complique avec la situation géographique de ces biens dont l'essentiel en général se situe en France mais qui va également inclure un appartement à Londres ou à New York, une hacienda en Amérique latine ou une chasse en Afrique. De même, la nature des objets d'art et des bijoux, assurés à l'intérieur du contrat couvrant les immeubles ou séparément, est différente de celle de l'assuré habituel.

Plus complexes, pour certaines familles, les possibles transferts de certains biens d'une résidence à une autre, donc d'un pays à un autre, pour continuer à avoir avec soi ses bijoux ou ses tableaux préférés par exemple, demandent des contrats adaptés.

Le rôle du family officer sera de faire avec la famille un travail lui aussi périodique (plus fréquent, une fois par an) de révision des biens immobiliers et des bijoux et objets d'art afin de vérifier que l'étendue de la couverture de l'assurance est correcte. En liaison étroite avec le courtier, il suivra l'évolution des contrats et les recherches que le courtier entreprend de son côté pour vérifier que l'assureur actuel, ou plutôt les assureurs selon les biens, les pays, demeurent ceux qu'il faut retenir, et que des conditions améliorées ne peuvent pas être obtenues. Ce point récurrent permet également au family officer de vérifier l'évolution et la possible renégociation des primes d'assurance. La sécheresse, les incendies et le dérèglement climatique donnent lieu à la hausse forte constatée en 2022-2023 des primes. L'évolution climatique annoncée et son dérèglement risquent de conduire à des révisions de prix importantes dans les années à venir et donc nécessiter une surveillance attentive de ces majorations de primes.

Le travail est le même pour les biens très particuliers tels que les avions, les bateaux et les chevaux de course. À la différence que les membres des familles pour lesquels ceci constitue une véritable passion baignent dans un milieu où les informations s'échangent entre propriétaires. Ils sont donc souvent les mieux à même pour faire part au family officer des changements à opérer pour améliorer l'assurance en cours.

Pour ce qui est des voitures, le travail du family officer est important pour la famille, mais simple dans sa réalisation. Les membres de la famille souhaitent pouvoir s'appuyer sur une personne qui s'occupera de ce sujet pour eux. Ce peut être parfois un courtier efficace, en direct. Ce sera sinon le family officer qui sera appelé : « Je suis en train d'acheter une voiture, veuillez l'assurer » ou « Je viens d'avoir un accident, je vous adresse le constat ».

Accidents de voiture ou dégâts des eaux, la famille a pour interlocuteur le family officer, à charge pour lui de conduire le dossier au mieux des intérêts de la victime du sinistre, en faisant jouer auprès du courtier, puis ce dernier auprès de l'assureur, le poids représenté par l'ensemble des contrats de la famille. Le pouvoir de négociation du family officer permet d'obtenir de meilleures conditions lors de la souscription du contrat mais aussi dans les règlements de sinistres.

L'assurance des personnes est un thème plus rarement abordé. Jusqu'à présent, l'assurance K & R (Kidnapping and Ransom) concerne les familles vivant dans des pays où ce risque est élevé, ce qui peut être le cas d'une branche faisant souche dans l'une de ces régions. Ce cas sera traité directement par les personnes concernées. Certaines familles, qui font d'ailleurs appel à des gardes du corps, sont plus sensibles à ce sujet dans notre pays. Outre l'aspect financier, l'avantage offert par les sociétés spécialisées dans ce domaine réside dans les conseils qu'elles peuvent prodiguer et, si malheureusement besoin est, dans le rôle actif qu'elles prennent pour mener les négociations avec les ravisseurs grâce à l'expérience acquise dans des situations similaires.

Les assurances décès-invalidité, plus classiques, sont conseillées par le family officer, parfois pour des raisons psychologiques (rassurer la personne objet du contrat ou le bénéficiaire de la police). La véritable raison d'être est financière. Que se passe-t-il si… ? En l'occurrence, si le père de famille disparaît, les autres branches prendront-elles soin financièrement de sa femme et de ses enfants encore jeunes ? Les entreprises offrent à leurs salariés des contrats que l'on peut estimer de montants de couverture suffisants. Mais tous les membres ne travaillent pas au sein d'une entreprise, d'autres peuvent souhaiter accroître cette couverture. Le family officer est à leur disposition pour étudier avec eux la situation, avec une projection dans le temps sur les 5-10 ans ou plus suivant un éventuel décès prématuré.

Le family officer pourra être consulté, mais il n'en va pas toujours ainsi, pour ce qui est des assurances homme-clef. L'avenir de la famille, la pérennité de son patrimoine sont liés à celui de l'entreprise familiale. Et celle-ci pourrait être vulnérable en cas de décès soudain du chef d'entreprise dont la succession aurait été mal préparée.

Tel ne devrait jamais être le cas. La préparation de la succession du « leader », on l'a vu plus haut, doit être le sujet principal qui le préoccupe lui-même, les administrateurs de la société, les autres décideurs au sein de la famille et le family office. Mais si l'on se retrouve cependant dans cette situation, l'assurance homme-clef peut être une solution permettant de pallier certaines difficultés financières conséquences de ce décès. Le coût de l'assurance est élevé. Il est supporté par l'entreprise et non par la famille. C'est donc le directeur des assurances, le risk manager ou le secrétaire général de la société qui traitera ce dossier (avec bien souvent une conclusion sur le ratio risque/coût de l'assurance qui le conduira à ne pas souscrire un tel contrat).

Le secrétariat personnel

Le concept du Family Office commence à être mieux connu en France. Beaucoup cependant l'assimilent encore, à tort bien sûr, à l'une des deux activités suivantes :

– certains n'y voient qu'un habillage de la gestion d'actifs financiers. Les banques privées et sociétés de gestion prétendraient avoir des activités de Family Office alors que leur seul véritable objectif serait de se rapprocher de familles fortunées pour gérer leurs actifs en encaissant les commissions les plus importantes possible. On l'a vu, cette conception « vendeur » est à l'opposé de ce que doit être le family office, « acheteur » au côté de la famille qu'il va en outre conseiller et accompagner dans tous les domaines débordant largement de la simple gestion d'actifs financiers ;

– d'autres réduisent l'activité du Family Office à un rôle parfois représenté par l'image du concierge « promeneur de chiens ». Le family officer serait un *factotum* au service des membres qui voudraient se décharger de tâches mineures, souvent répétitives, sans valeur ajoutée.

L'une des raisons de cette mauvaise interprétation du rôle de Family Office est peut-être d'ordre sémantique. En Anglais, on parle parfois de « concierge ». Ce terme, qui en Français n'est en général pas des plus flatteurs (on parle désormais de gardien pour un immeuble), reflète en réalité l'assimilation au travail des concierges des palaces, les hommes aux clés d'or, ceux à qui l'on s'adresse pour qu'ils vous dépannent, vous trouvent la bonne solution dans la ville où l'on séjourne loin de chez soi. La traduction erronée en Français a souvent donné au Family Office l'image d'une activité mineure.

La réalité est autre. Certaines tâches peuvent être pleinement assumées par le family office. Ainsi en est-il du courrier administratif, par exemple pour les personnes âgées. Celles-ci mettent de côté les lettres reçues et les confient à intervalles réguliers au family officer, qui se rend au besoin chez elles pour les chercher et en parler afin de préparer la réponse qu'il rédigera ensuite ; et pour faire signer ce qui est déjà prêt. Le family officer effectuera en outre les démarches en se déplaçant auprès des administrations concernées (mairie d'arrondissement, centre d'assurance-maladie, etc.).

Pour ces mêmes personnes, comme éventuellement pour d'autres, le family officer peut être chargé de régler les factures de tous ordres. Certaines correspondent à des devis qui ont été analysés et acceptés. Le family officer sera amené à vérifier que la facture, dans tous ses détails, correspond bien à ce qui a été prévu, et à n'en effectuer le paiement dans certains cas qu'avec l'accord préalable de l'intéressé.

D'autres factures seront plus simples. En principe, elles ne lui sont pas adressées directement mais remises par le membre de la famille qui marque implicitement ou explicitement son accord. Pour régler ces factures, un compte bancaire spécifique peut être ouvert si la famille le préfère, avec un montant initial, par exemple de quelques milliers ou dizaines de milliers d'euros. Tous les mois, le Family Office établit la liste des chèques rédigés en règlement de factures. Le total de ces paiements représente le montant qui doit être crédité sur le compte spécifique pour le remettre au niveau initialement prévu.

Avec ces éléments, le Family Office peut, si cela est demandé, poser les bases d'une comptabilité personnelle en identifiant les factures réglées selon qu'elles ont trait à l'entretien de la maison, aux voitures, à l'habillement et en complétant ces chiffres par ceux qui lui seront communiqués sur les dépenses réglées directement par le membre de la famille.

Ce travail permet d'identifier par grandes rubriques les dépenses annuelles, de tenter ensuite d'établir un budget prévisionnel de dépenses, à comparer avec les entrées d'argent attendues pour déterminer les éventuelles insuffisances devant engendrer des ventes d'actifs. Un tel raisonnement ne tient bien évidemment pas compte d'achats importants non récurrents ou tout au moins non programmables tels que les acquisitions d'objets d'art de valeur.

Sans aller jusqu'à promener le chien lui-même, le family officer doit être à même de trouver pour la famille les bons ou les meilleurs prestataires dans un grand nombre de domaines. Certaines familles qui disposent d'un single Family Office lui confient des tâches que l'on peut estimer chronophages et sans réelle valeur ajoutée. Les membres qui peuvent financièrement se le permettre choisissent d'avoir directement à leur disposition une personne pour résoudre certaines questions de nature mineure.

Tel n'est pas le point de vue majoritaire. Pour optimiser l'efficacité du coût du family office, ses membres doivent se consacrer aux sujets les plus importants pour la famille. Dans cette optique, le family officer en principe n'intervient que dans le cadre de sujets liés au patrimoine. Il se détache ainsi de toutes les missions pouvant être liées à la « conciergerie ». Il n'est donc pas impliqué en principe dans tout ce qui relève des loisirs, organiser les vacances, réserver les billets d'avion. Il existe d'excellentes agences de voyages pour cela, si les intéressés ne souhaitent pas s'en occuper eux-mêmes. Le Family Office ne doit pas servir d'intermédiaire transmettant à l'agence les modifications de projets, d'horaires, chaque fois qu'ils surviennent. Il faut le cas échéant rechercher et proposer quelques noms d'agences qui paraissent efficaces de manière générale ou sur un pays donné, mais en laissant bien les personnes choisir parmi elles l'interlocuteur qu'elles préfèrent. Le family officer garde son rôle de facilitateur mais sa compétence est liée aux missions de gouvernance et juridiques, financières, fiscales, philanthropiques.

De même, si l'un des membres de la famille souhaite absolument réserver à dîner dans un restaurant complet ou assister à la dernière minute à l'Opéra, à une pièce de théâtre à la mode, à un concert pour lequel aucune place n'est plus disponible, le Family Office ne doit pas perdre son temps sur ces sujets. Il doit idéalement disposer d'un carnet d'adresses d'agences de spectacles spécialisées, de concierges des grands palaces, derniers recours habituels même à prix d'or. Par son réseau personnel le family officer peut également disposer de contacts dans les grandes institutions.

9. Le Family Office pour aider à faire face aux difficultés de la vie

Le rôle du Family Office sera beaucoup plus appréciable non face aux plaisirs, mais face aux difficultés de la vie. Sur chacun des points ci-dessous, on retrouvera l'importance du carnet d'adresses, de la connaissance des bons spécialistes ou des bons prestataires de services.

Avant tout, rappelons qu'il existe des organismes spécialisés dans l'assistance sur des sujets plus ou moins sérieux, la voiture en panne mais aussi l'accident corporel, la maladie à l'étranger… Europ Assistance, Axa Assistance, Mondial Assistance, de même que les plateformes dédiées aux porteurs de cartes de crédit les plus haut de gamme d'American Express, Visa, Mastercard. Ces sociétés partagent d'ailleurs souvent des moyens en commun et sont amenées à sous-traiter l'une pour l'autre.

En cas de problème de santé grave en France, on trouve auprès de certaines d'entre elles de grandes compétences pour rechercher le meilleur spécialiste. Dans de telles situations, le family officer doit également s'impliquer au maximum pour contribuer à trouver le meilleur praticien.
Autant il paraît inutile, voire inintéressant, que le Family Office se consacre à l'aspect ludique de la vie des membres de la famille, autant il est essentiel qu'il soit là pour les aider à résoudre les questions réellement graves, donc celles touchant à la santé. Sur ces sujets essentiels, parfois vitaux, la décision doit revenir à la famille : c'est à elle d'effectuer le choix entre les propositions du Family Office qui n'est pas le décideur mais le conseiller efficace.
On a vu précédemment, dans les cas de transferts de résidence fiscale, le besoin d'aide de la famille pour s'adapter à une nouvelle vie, trouver les écoles pour les enfants. Cet accompagnement peut se faire même pour des familles ne se déplaçant pas mais dont les enfants ont des problèmes de scolarité.
Plus mineurs sont les ennuis liés à l'habitation, résidence principale ou résidence secondaire : comment trouver d'urgence un plombier pour venir réparer une fuite d'eau, un électricien, etc. Là aussi, le carnet d'adresses sera mis à profit, celui du Family Office ou celui de la société d'assistance.
La liste est inépuisable des exemples d'intervention des Family Offices auprès de familles. En France, il paraît important que les familles ne voient pas dans le family officer l'homme à tout faire auquel il peut être fait appel en toutes circonstances, mais celui qui viendra vous aider lorsque vous aurez réellement besoin de lui sur un sujet sérieux.
Ainsi, un client s'est-il trouvé confronté à une situation dans laquelle il ne savait pas à qui s'adresser. Ayant signé, à sa grande satisfaction, la promesse de vente de sa résidence secondaire, il a été informé de l'installation à venir sur son terrain d'un pylône d'une ligne haute tension. L'acheteur étranger se déplaçait habituellement en hélicoptère, raison supplémentaire de trouver une solution à cette nouvelle situation.
Peut-être le notaire local aurait-il pu trouver une solution ? En l'occurrence, c'est le family officer qui est allé discuter avec EDF, puis avec un voisin, pour obtenir l'implantation du pylône en dehors du terrain, moyennant le coût supplémentaire de la ligne EDF lié à l'allongement ainsi provoqué et le dédommagement demandé par le voisin. Le coût n'était pas nul, mais la vente a pu être conclue.

Enfin, pour en terminer avec le secrétariat et le confort des membres de la famille, rappelons que l'expression « Family Office », « bureau de famille » peut avoir une signification concrète. Dans bien des cas, les family officers sont installés dans des locaux contenant, outre leurs propres bureaux, une ou deux pièces réservées aux membres de la famille qui souhaitent en disposer occasionnellement. Je pense à un Family Office new-yorkais où le patriarche âgé venait s'installer tous les jours une heure ou deux ou à une entité parisienne d'une famille dont de nombreux membres sont délocalisés, mais à l'occasion de leur passage à Paris sont heureux de pouvoir occuper l'un des bureaux et le cas échéant y donner rendez-vous.

Dans tous ces cas de figure, en outre, les assistantes sont à la disposition des membres de la famille de passage pour les travaux administratifs et de courrier.

Dans notre définition des objectifs prioritairement à long terme de l'activité du family office, certains des services décrits ci-dessus peuvent paraître d'un intérêt mineur. Dans la réalité et le vécu des relations entre famille et family office, ils sont d'une grande importance. Une réponse appropriée apportée par le Family Office à ce style de besoins conforte ces relations et assure leur propre pérennité.

10. Le Family Office et l'intelligence artificielle

Le développement de l'intelligence artificielle vient défier les métiers actuels, tout comme cela a été le cas avec celui de l'informatique et d'internet puis l'impact sur les activités à faible valeur ajoutée qui ont souvent été déléguées par certains grands acteurs à des pays aux coûts salariés moins onéreux.

Quel que soit le secteur concerné, les technologies du XXIe siècle facilitent l'automatisation des tâches et l'internationalisation des services. On constate depuis quelques années le développement de l'intelligence artificielle dans l'ensemble des activités liées au métier du family office. À titre d'exemple l'expert-comptable dans l'établissement des bilans, des paies,

l'avocat et le notaire dans l'accès aux data en open source et bien sûr la finance par l'essor des gestions passives où des robots créent une allocation et la rebalancent en fonction de logiques informatiques complexes. Depuis 2022 le phénomène ChatGPT met en exergue l'intelligence artificielle capable de formuler des réponses concrètes à des questions telles qu'une allocation financière, formuler des propositions de discours, rassembler des mots-clés etc. La crainte de voir se diffuser un conseil automatisé inquiète certains acteurs de l'activité de conseil. Cela se manifeste tant dans l'ingénierie patrimoniale avec les matières juridiques et fiscales (recherche de jurisprudence, éléments de réponses...) que dans la gestion financière (asset management) avec les analyses financières, le classement des fonds d'investissements voire l'étude de projets philanthropiques.
Au-delà des craintes émanant de ChatGPT capable de faire la synthèse d'un très grand nombre de data face à une question plus ou moins complexe, ne pouvons-nous pas trouver dans cette modernité des outils au service de notre métier ?
Tout d'abord un accès efficient et rapide à une recherche synthétique. Nos activités de recherches d'idées d'investissements, de synthèse des points de marchés d'acteurs variés (banques européennes, américaines, asiatiques…) peuvent être rapidement générées par ces outils. La prise de décision de la famille n'est pas à réaliser à partir de cet ensemble de données mais la diversité des sources d'information représente autant de contenus lui permettant d'étayer des thèses d'investissements, des résultats passés et donc d'asseoir une proposition de diversification par exemple. À l'image des *stress tests* possibles en gestion cotée, par exemple via Bloomberg permettant de confronter un portefeuille coté à des scenarii variés (baisse d'une devise, pire baisse subie par un pays ou un titre etc.), l'intelligence artificielle permet de rendre compte à son client des performances passées, des capacités de rebond, des tendances de marchés… offrant ainsi les conditions d'une prise de décision de manière éclairée.
L'intelligence artificielle permet également une meilleure communication auprès des familles. En effet, la capacité de rédaction, de production de reportings avec des outils de vérifications automatiques est facilitée. La pédagogie auprès de nos clients peut également s'en trouver facilitée par la création de programmes éducatifs, didactiques et mettant en exergue auprès des différentes générations des opportunités offertes par les nouvelles technologies. La création de documents dédiés faite par le family officer à partir de ses connaissances de la famille, de son mode

opératoire, conjuguée à la data compilée et organisée par l'intelligence artificielle permet de mettre en œuvre des plans stratégiques personnalisés, tenant compte d'une part des perspectives individuelles et d'autre part de l'appréhension du risque de chaque individu selon sa situation financière propre.

Enfin, l'intelligence artificielle peut aussi permettre de réduire les tâches à moins forte valeur ajoutée pour les automatiser et offrir du temps aux collaborateurs pour se consacrer à des activités plus valorisées par notre métier de conseil. Nous pouvons par exemple évoquer la prise de rendez-vous, l'établissement de certains documents de synthèse ou encore le classement de données dans les dossiers informatiques de la famille. Sur tous ces sujets et bien d'autres, les années à venir seront riches d'expériences et de développements dont l'impact, encore difficile à cerner avec précision, sera déterminant pour les activités du family office.

Mais l'intelligence artificielle ne saurait supplanter la capacité d'appréhender les attentes de la famille et comprendre les implications sans limite entre les membres familiaux, les ressources offertes par leur patrimoine et les enjeux que cela permet, fonction essentielle du family officer comme nous n'avons cessé de le montrer tout au long de cet ouvrage.

Mais dans les métiers du droit, de la fiscalité et de la finance on constate que son champ est rapidement limité. Le niveau de détails propres aux familles, aux matières éparses que nous traitons et plus encore la relation personnelle du client avec son Family Office permettent à ce jour de garantir la pérennité de nos métiers de conseil.

Chapitre 3

Risques de la famille – Risques et responsabilités du Family Office

1. Le Family Office, risk manager de la famille : un processus en cinq points

Nous avons vu plus haut quel peut être le rôle du Family Office en matière d'assurance des biens et des personnes. On a déjà ainsi abordé par un certain aspect celui des risques encourus par les familles et de leur couverture. Mais ceci ne concerne qu'une faible partie du rôle du Family Office sur ce thème reconnu comme essentiel aux États-Unis, et désormais en France.

Rappelons notre propre définition du rôle du Family Office : l'accompagnement de la famille sur le long terme afin de l'aider à pérenniser l'harmonie et le patrimoine familiaux. Et comme nous l'avons déjà précisé, cette notion de long terme doit être interprétée comme recouvrant plusieurs décennies, voire aller jusqu'à 100 ans.

On comprend bien que sur une période aussi longue, nombreux sont les changements de l'environnement dans lequel évolue la famille, tout comme ceux propres à la famille elle-même, et les risques qui y sont attachés. Les risques de long terme sont les plus sérieux, d'abord parce qu'ils sont difficiles à anticiper, voire imprévisibles ; que leurs conséquences sur longue période seront plus lourdes s'ils n'ont pas été assez bien traités ; enfin, qu'ils sont en général de nature plus fondamentale. Ce qui n'exclut bien entendu pas de l'activité de risk manager les difficultés à court-moyen terme qu'il s'agit tout autant de prévenir.

À nouveau, comme tout au long des pages qui précèdent, on retrouve l'idée de base de la nécessité de la confiance réciproque entre famille et family office. Le Family Office ne peut faire des propositions de couverture de risques à la famille que s'il a lui-même confiance dans ce que sera la réaction de la famille à des sujets « sensibles » ou désagréables à entendre et à examiner.

En outre, comme on le verra ci-dessous, le Family Office traite, sous l'angle risk management, de nombreux sujets parfois de nature intime ou de relations interpersonnelles que chacun répugne à expliciter. Mais sans cette confiance absolue, sans le sentiment des membres de la famille qu'ils peuvent tout confier au family officer, car il a déjà fait preuve de son extrême qualité de confidentialité, celui-ci ne connaîtra qu'une partie de la situation réelle. S'il ne dispose pas de toute l'information, il ne sera pas en mesure d'estimer le risque présent et d'aider la famille à y faire face ; et moins encore d'anticiper les risques futurs potentiels.

Le sujet n'est pas nouveau : Family Office Exchange, FOX, a fait réaliser un travail important sur ce sujet « *Recasting the central role of the Family Office as risk manager* » au printemps 2005, étude publiée en 2006. L'Association Française du Family Office s'en est inspirée pour organiser sur ce thème une réunion en juin 2006. Certains éléments ci-dessous ont été tirés de ces études, en premier lieu le processus à respecter pour s'organiser dans ce domaine. Le livre blanc de l'AFFO sur les risques a également revisité et approfondi le sujet.

Ce processus est inspiré de celui suivi depuis de nombreuses années par les entreprises mais doit être adapté au cas des familles. Il s'articule en cinq étapes :

1. Définir les objectifs de la famille.
2. Identifier les risques qui menacent ces objectifs.

3. Les classer par ordre d'importance selon leur probabilité et leur impact.
4. Déterminer et mettre en œuvre les solutions à même de réduire ces risques.
5. S'astreindre à réviser périodiquement les risques, anciens et nouveaux, et l'efficacité des mesures appliquées.

Définition des objectifs à long terme de la famille

Cette notion est plus américaine ou anglo-saxonne que française pour le moment. Le développement de la prise de conscience du besoin de charte familiale, de « *mission statement* », de définition des valeurs familiales amène progressivement dans notre pays aussi une réflexion sur les objectifs à long terme.

Voici quatre objectifs, à titre d'exemple, que la famille peut se fixer et qu'elle peut avoir besoin dans certaines occasions de classer par ordre de priorité si elle n'a pas d'entrée de jeu fixé le seul qu'elle souhaitait retenir :

– **l'harmonie au sein de la famille**. Les choses sont claires : le maintien de l'harmonie familiale est ce qui prime. À tout moment, lors de toute prise de décision, c'est le facteur à retenir. Il s'agira de rechercher un consensus plutôt que la solution, par exemple financièrement optimale ;

– **la réalisation des objectifs personnels propres à chacun**. La famille est un tout mais la valeur et le bonheur personnels de chacun doivent primer. Ceci n'est pas en contradiction avec la recherche de l'harmonie familiale et de sa cohésion, mais libre à chacun de construire sa vie. La famille est là pour l'aider quel que soit son projet personnel ;

– **le maintien du contrôle de l'entreprise familiale**. Celle-ci a été créée par les générations précédentes (ou par nous-mêmes) et est destinée à être transmise aux générations à venir. Bien souvent, cette pérennisation du contrôle passe par l'harmonie familiale. En cas de dissension, il y a risque d'entrée dans le capital d'un actionnaire extérieur. Tout doit être fait pour maintenir ce contrôle sur très longue durée, ce qui peut conduire à refuser des solutions financières (très) intéressantes mais amenant à faire sortir l'entreprise du périmètre du patrimoine familial ;

– **l'optimisation du patrimoine familial, et donc de celui de chacun des membres de la famille**. Cet objectif est en contradiction avec le précédent. L'intérêt financier peut amener à céder l'entreprise familiale, puis à réinvestir le produit de la vente, soit individuellement par chacun selon ses idées personnelles, soit en global pour tous les membres de la famille dans des gestions et produits financiers, soit mieux encore, si l'esprit d'entreprise est toujours présent, dans une nouvelle aventure entrepreneuriale.

Identification des risques

Il est important de mettre au point un processus d'identification clairement explicité afin qu'il puisse être utilisé à nouveau lors de chacun des examens périodiques objets du point 5 ci-dessous.

L'identification des risques par le Family Office se fait avec l'assistance des membres de la famille, plus vraisemblablement surtout d'un groupe d'entre eux sélectionnés à cet effet ; mais aussi parfois avec l'aide d'un cabinet spécialisé ou un multi family office. L'identification des risques vise avant tout le long terme, mais est également concernée par le court-moyen terme, sensiblement plus facile à prévoir.

Car il existe des risques prévisibles, d'autres qui sont quasi-certains, ceux qui sont probables même si on ignore la date à laquelle ils se concrétiseront. Mais aussi, malheureusement, des risques imprévisibles, auxquels on ne peut pas penser, tant ils sont en dehors de notre champ de réflexion (pour prendre un exemple dans un domaine très différent, qui aurait imaginé les événements dramatiques du 11 septembre 2001 ?).

Ces risques peuvent être classés en cinq catégories :

– **les risques liés à la gestion du patrimoine financier et immobilier**. On a déjà vu précédemment l'importance de l'allocation stratégique des actifs afin, précisément, de ne pas être pris au dépourvu lorsque surviendraient au cours des décennies à venir hyperinflation, déflation, crise économique ou pire, même si cela paraît heureusement peu vraisemblable, révolution ou guerre.

Les risques à plus court-moyen terme vont concerner la qualité de la gestion, à commencer par le choix des gérants, l'adéquation de cette gestion avec les objectifs définis. Et surtout, les risques liés aux investissements eux-mêmes, l'insuffisance de diversification et de décorrélation, le risque de change qui doit, par exemple, tenir compte pour la famille du risque, dont elle n'est en général pas consciente, dû à sa participation dans l'entreprise familiale dont une partie des produits et des bénéfices sont générés dans une monnaie autre que l'euro.

Le sujet du risque financier est en théorie déjà bien couvert et commence à être mieux perçu par les investisseurs. En France, cependant, nombreux sont encore ceux qui prêtent attention avant tout au niveau de performance, négligeant les critères les plus importants en réalité pour eux du rapport performance/risque ou peut-être simplement du risque par lui-même ;

– **les risques inhérents aux membres de la famille et liés à la gouvernance familiale.** Ce sujet lui aussi est bien connu, mais encore insuffisamment traité. On imagine aisément les cas de conflit risquant de mettre à mal l'harmonie familiale - et peut-être les relations entre la famille et l'entreprise. En revanche, peu nombreuses encore sont les familles françaises ayant entamé ou mené à bien la rédaction d'une charte familiale rappelant les valeurs qui doivent guider les prises de décision, notamment pour faire face aux risques, mais aussi d'anticiper afin que ces risques ne se concrétisent pas. Il s'agit, par exemple, de prévoir comment seront choisis les administrateurs et le président de l'entreprise familiale, quels seront les membres de la famille qui orienteront les décisions stratégiques, quel sera le rôle des conjoints ou encore à quelles conditions un membre de la famille pourra travailler dans l'entreprise.

Plus les sujets de conflits et les risques potentiels auront été identifiés, moins il y a aura de chances qu'ils ne se produisent ou ne dégénèrent. Les protections auront été mises en œuvre avec un partage de l'information uniforme entre les membres permettant de réconcilier à long terme ces derniers sur la connaissance de l'entreprise, son évolution et les modes de contribution à l'échelle de chaque membre ;

– **les risques juridiques et fiscaux.** Le besoin de réversibilité. Plus la famille est large, avec le passage des générations, et plus le patrimoine est important, plus grande est l'importance de ces risques.

Chaque cas est différent. À titre d'exemple, la pérennisation du patrimoine, sa transmission à travers les générations, l'optimisation de détention elle-même vont amener la famille à créer diverses holdings de droit français ou de droit étranger. Or la solution qui paraît aujourd'hui la meilleure peut être remise en cause dans les années à venir par des décisions des autorités nationales (tel a été le cas des holdings H29 au Luxembourg), spontanées ou provenant de pressions internationales si le régime fiscal proposé est jugé trop favorable.

D'autres évolutions peuvent concerner la famille elle-même, sa constitution, la modification des actifs constituant son patrimoine.

Toutes ces raisons conduisent à s'intéresser avant tout à la réversibilité. Il ne faut pas se contenter d'évaluer aujourd'hui les risques de la solution choisie : il est indispensable d'étudier la capacité de réversibilité de cette solution, les conséquences prévisibles d'un éventuel abandon de cette solution.

Ainsi en est-il également du sujet du transfert de résidence fiscale des personnes physiques : les études portent plus souvent sur l'intérêt fiscal d'un tel mouvement que sur les conséquences d'un retour en France à une date inconnue, retour éventuel mais que l'on peut plutôt qualifier de probable.

L'identification des risques juridiques et fiscaux est longue à entreprendre car elle couvre tous les aspects du patrimoine mais aussi des personnes elles-mêmes (futurs mariages, cas de divorce, etc.). Et elle constitue bien entendu le sujet le plus sensible dans l'ensemble du processus puisque le membre de la famille va être amené à parler au family officer de nombreux points qu'il lui est, par nature, difficile d'aborder ;

– **les risques liés à l'entreprise familiale**. Ces risques se recoupent avec les catégories déjà abordées ci-dessus :

- *risques financiers*, dans la mesure où l'entreprise familiale représente pour certains membres de la famille l'essentiel de leurs actifs. D'où les risques inhérents à la valeur de l'entreprise et au manque de diversification de leur patrimoine,
- *risques liés à la gouvernance familiale*, de conflits entre les membres de la famille concernant les décisions stratégiques, la politique de distribution de dividende par opposition au maintien de la trésorerie dans l'entreprise pour assurer son développement,
- *risques de conflits* entre certains membres de la famille et des dirigeants de l'entreprise, extérieurs à la famille,
- *risques de nature juridique et fiscale* concernant la ou les holdings de détention des titres de l'entreprise, la vie des pactes d'actionnaires ;

– **autres risques**. Certains sont propres à quelques membres, d'autres à l'ensemble de la famille, tels que le nom et la réputation de l'entreprise et de la famille. Il s'agit d'un sujet très important mais malheureusement difficile voire impossible à prévenir. Le minimum est de prévoir comment réagir si un tel risque se concrétise, éventuellement de choisir les personnes ou entités auxquelles on fera appel, idéalement si cela est possible dès que ce risque se profilera.

En outre, il faut désormais apporter à tous les sujets un horizon de plus en plus international : l'ouverture et la mondialisation concernent l'entreprise, mais aussi les structures de détention patrimoniale comme on l'a vu précédemment, et les personnes elles-mêmes avec l'accroissement rapide des mariages transnationaux et l'établissement temporaire ou définitif en dehors de France pour des motifs qui peuvent être très éloignés de la « délocalisation » fiscale.

À titre d'exemple, la notion et l'utilisation de trusts, encore à ses tout débuts pour des résidents français, est bien entendu plus répandue chez les membres de familles devenus non-résidents.

Une crainte nouvelle est apparue avec le développement informatique : les cyber attaques. Des acteurs privés internationaux ciblent des entreprises, bloquent leur accès aux serveurs informatiques en réclamant des rançons. À défaut de quoi l'auteur menace de rendre publiques les données confidentielles ainsi collectées. En violation des règles de protection des données (RGPD), les compagnies d'assurances sont désormais sollicitées en complément des acteurs informatiques pour prendre en charge ces sujets très importants en particulier dans notre secteur. Le traitement des données à forte valeur confidentielle est essentiel. Les différents acteurs sont ainsi amenés à vérifier la qualité de leur parc informatique, la sécurité des informations détenues et la préservation de la confidentialité de ces dernières. Il convient en outre de conjuguer cela avec les mesures internes prévoyant la conservation des données pendant la durée de la lettre de mission mais également *a posteriori* pendant un certain nombre d'années défini selon les hypothèses.

Cet enjeu est important et nécessite dans les années qui viennent un investissement important de la part des acteurs dans leur ensemble : notaires, banques, avocats, experts-comptables, fiscalistes…

Sur tous ces points, le travail du family officer de recensement des risques est immense. Le temps à lui consacrer est long. Mais le mieux est l'ennemi du bien. Comme pour la rédaction d'une charte familiale, autant commencer par le plus facile, le plus évident, sauf question importante et urgente à traiter. En principe cependant, l'ensemble du travail doit être réalisé dans la foulée et préparer l'étape suivante, celle du classement des risques.

Classement des risques selon l'importance de leur impact et la probabilité qu'ils surviennent

On retrouve une méthode simpliste mais efficace, fréquemment utilisée par ailleurs. Deux axes se croisent et déterminent quatre secteurs :
– impact fort et probabilité élevée (Nord-Est) ;
– impact fort et probabilité faible (Nord-Ouest) ;
– impact faible et probabilité forte (Sud-Est) ;
– impact faible et probabilité faible (Sud-Ouest).
Chacun des risques recensés va se trouver placé dans l'un de ces quatre secteurs. Et son positionnement exact dans son secteur dépendra de l'estimation sur chacun des deux facteurs (impact et probabilité).

Impact fort & probabilité faible	**Impact fort & Probabilité élevée**
Impact faible & probabilité faible	**Impact faible et probabilité forte**

Par exemple en A, impact réellement fort et probabilité maximum, si rien n'est fait entre-temps, les conséquences du départ à la retraite du Président-Directeur Général dont la succession à la tête de l'entreprise n'a pas été préparée.

Détermination et mise en œuvre des solutions à même de réduire ces risques (« *risk mitigation* »)

L'objectif idéal, en travaillant sur chacun des risques recensés dans l'étape 2, est d'obtenir la réduction sensible à la fois de l'impact et de la probabilité, donc de faire passer ce risque du secteur Nord-Est (impact fort et probabilité forte) au secteur Sud-Ouest (impact faible et probabilité faible). Mais le passage du secteur Nord-Est au secteur Sud-Est peut être parfois suffisant.

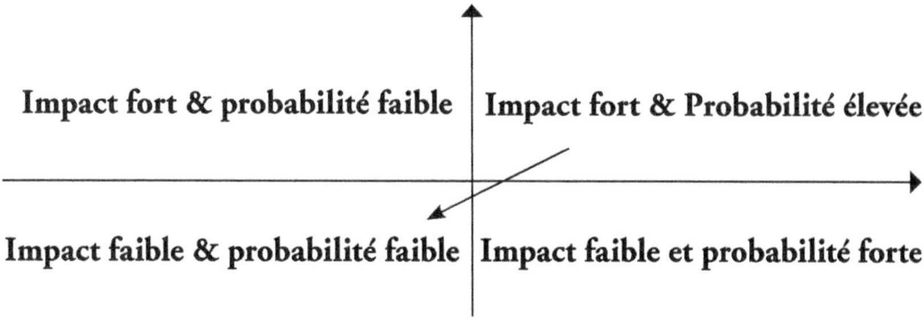

Ainsi en est-il de l'exemple, cité précédemment, du départ non préparé du chef d'entreprise. Une fois ce risque clairement identifié, accepté par tous et en premier lieu par le Président-Directeur Général en place, des mesures peuvent être proposées par le family officer et adoptées par la famille : sélection d'un membre pour être préparé à ce poste ou, à défaut, recrutement à l'extérieur du futur Directeur Général, le Président étant choisi au sein de la famille. Ces mesures auront pour effet d'amoindrir sensiblement l'impact du départ du président-directeur général puisque son remplacement par une personne supposée compétente, même si elle n'aura pas encore la même expérience de la direction de l'entreprise, aura bien été anticipé ; ce qui ne réduit en rien la certitude de son départ à une date d'ailleurs peut-être déjà connue.

Autre exemple que l'on retrouve en B sur le graphique ci-dessous : le risque de prise de mauvaises décisions par un Conseil composé exclusivement d'administrateurs membres de la famille. Ce risque n'est négligeable bien souvent ni en termes d'impact ni en termes de probabilité. La manière d'y remédier est de faire entrer au Conseil des personnes extérieures compétentes par leur expérience juridique, fiscale ou comptable et, surtout, par leur connaissance du milieu des affaires, de la conduite d'une entreprise, du secteur d'activité de la société familiale ou de secteurs connexes, ou par l'apport qu'ils peuvent réaliser pour la croissance de l'entreprise à l'international grâce à leurs connaissances de ces marchés, de leurs aspects positifs tout comme des pièges à éviter.

On peut espérer que les décisions prises par un Conseil ainsi renforcé le seront plus fréquemment à bon escient et qu'en cas d'erreur toujours possible la pondération apportée par les administrateurs extérieurs aura également pour effet de réduire leur impact.

Ce travail de réduction des risques est lui aussi long à réaliser et à mettre en œuvre : une fois identifié le risque, il reste en effet à la famille à se mettre d'accord sur la solution proposée.

Ainsi, jusqu'à il y a quelques années encore, était-il difficile de faire admettre la nécessité pour une entreprise familiale de nommer parmi les administrateurs des personnes extérieures. Et si tous ne sont pas rapidement d'accord, le travail du family officer va devenir celui d'un médiateur. De même, on comprend bien que le choix de futur dirigeant de l'entreprise va donner lieu à des discussions entre les différentes branches qui peuvent avoir chacune leur candidat, ou favoriser comme s'opposer à la sélection d'une personne extérieure.

D'où le besoin de réaliser ce travail le plus en amont possible de façon que le risque soit identifié suffisamment tôt. Ainsi se donnera-t-on le temps de réfléchir à la meilleure solution, de la préparer efficacement (par exemple en fournissant au futur successeur du Président-Directeur Général les moyens d'accroître ses compétences) et d'obtenir un consensus au sein de la famille sur sa mise en œuvre.

L'objectif cependant est bien que, une fois terminée la phase de recensement des risques et la mise en œuvre des solutions retenues, il ne reste plus aucun risque identifié dans le secteur Nord Est (impact élevé, probabilité élevée).

Enfin, s'astreindre à réviser périodiquement les risques anciens et nouveaux et l'efficacité des mesures appliquées

Les étapes précédentes coûtent cher par le temps demandé auprès du Family Office et, si besoin, de consultants. Ce n'est pas une raison, bien au contraire, pour négliger la révision périodique des risques : passer en revue les risques déjà identifiés, quelles mesures ont été décidées pour y faire face, où en est-on de leur application et quels sont les résultats obtenus dans la réduction du risque ? Existe-t-il une meilleure solution aujourd'hui que lors de la précédente analyse de ce risque ?

Mais aussi tenter d'identifier les risques nouveaux (et les solutions à apporter) qui n'auraient pas été recensés précédemment, ne serait-ce simplement que parce qu'ils n'étaient pas encore présents. Ainsi en est-il du risque important en termes de conséquences potentielles de cyberattaques, apparu progressivement depuis un nombre limité d'années et qui n'aurait vraisemblablement pas été listé dans un travail sur les risques il y a seulement une dizaine d'années.

Le travail du Family Office est transformé par cette approche. Il joue réellement son rôle d'accompagnateur de la famille pour l'aider à pérenniser sur le long terme l'harmonie et le patrimoine familiaux.

Le Family Office comme risk manager, c'est une évidence, mais encore faut-il le formaliser, faire adopter par la famille un processus en bonne et due forme et faire accepter que son coût soit élevé.

Mais la préservation sur le long terme, si elle est bien l'objectif recherché, passe nécessairement par ce travail sur le risque. Les Américains posent la question « Quels sont les sujets qui empêchent les membres de la famille de bien dormir la nuit ? ». Y répondre est un premier pas. La réussite du Family Office dans cette fonction de risk manager est d'aller plus loin et de jouer un rôle proactif en anticipant les risques auxquels la famille n'a pas pensé. Et la condition de base que l'on retrouve à nouveau est la connaissance parfaite de tout ce qui concerne ou pourrait concerner la famille, maintenant ou à l'avenir ; donc d'obtenir les informations que seul reçoit le family officer qui a su établir une relation de confiance.

2. Cadre juridique du Family Office

La première approche de ce thème est simple. **Quelle doit être la forme juridique d'un Family Office ?** Distinguons, comme il se doit, entre le Family Office dédié à une seule famille et le multi family office.

Le cas du Family Office dédié

Le Family Office dédié dépend totalement de la famille. Il lui revient de choisir la forme qu'elle préfère : une entité indépendante juridiquement ou un département d'une holding familiale. À la limite, et tel est le cas d'un micro-Family Office constitué d'un homme d'affaires, un simple statut de consultant(s).

La notion de responsabilité juridique, voire judiciaire, du Family Office dédié ne se pose guère. La famille pourra difficilement se retourner contre ses propres préposés, sauf dans le cas heureusement très rare de malhonnêteté aux dépens de la famille, soupçonnée ou avérée. Ou aux dépens d'éléments extérieurs, par exemple un délit d'initié en utilisant des informations confidentielles concernant l'entreprise familiale.

En revanche, il est indispensable d'étudier avec attention le risque d'abus de biens sociaux, à savoir un travail réalisé dans l'intérêt des membres de la famille et non de l'entreprise mais dont les frais seraient couverts par cette dernière. Historiquement on le constate régulièrement avec le directeur administratif et financier ayant accompagné le dirigeant durant des années, notamment les dernières années avant la cession, qui fait parfois le choix de suivre l'entrepreneur cédant pour l'accompagner dans sa nouvelle aventure et le déploiement des fonds. A-t-il réalisé pour le compte de la famille certains travaux alors qu'il exerçait encore ses fonctions dans l'entreprise et était rémunéré par elle ?

Un autre thème à prévoir, mais qui se présentera bien entendu de luimême est celui de la répartition entre les membres de la famille des frais du Family Office dédié. Toutes les solutions sont envisageables. La meilleure est celle qui recueille l'agrément de l'ensemble des personnes concernées :

- les frais sont supportés par le chef de famille seul ;
- les frais font partie du coût de fonctionnement de la holding familiale et sont donc répartis entre les actionnaires de la holding en fonction de leur participation ;
- des frais fixes, même minimes, sont appliqués à chaque branche ou à chaque membre de la famille, ne serait-ce que pour bien montrer l'unité et la solidarité familiales, mais aussi parce que c'est un moyen pour chacun de comprendre la chance qu'il a de pouvoir faire appel au Family Office le jour où il aura besoin de ses conseils et services ;
- les frais sont divisés entre les branches de manière égale ou en fonction de leur participation dans le capital de l'entreprise ;
- plus compliqué, mais plus équitable, les frais sont répartis entre les branches ou entre les différents membres de la famille selon l'utilisation des services du family office. Cette clé de répartition est revue chaque année. Surtout les travaux exceptionnels, non récurrents, sont facturés directement au demandeur-utilisateur.

L'imagination peut aller plus loin. La solution retenue doit permettre de répondre à une éventuelle question du fisc partant du principe qu'une prestation reçue doit être réglée, ce qui milite en faveur d'un abonnement minimum réglé par chacun. En outre, la famille devra se rappeler que les règles simples sont les plus faciles à appliquer et que le souci du détail peut être source de conflit inutile. À condition que chacun se sente financièrement correctement traité par rapport à l'utilisation qu'il a des services du Family Office et, pour reprendre l'expression de l'INSEAD adaptée à d'autres sujets, qu'il y a mise en œuvre d'un « *fair process* ».

Les obligations du multi Family Office

Le cas du multi Family Office est beaucoup plus complexe. Point n'est besoin, dans un premier temps, de séparer les multi Family Offices créés par des indépendants de ceux émanant d'établissements financiers. Contrairement aux Family Offices dédiés, les multi Family Offices n'ont pas avec la famille de lien de subordination. Les entités sont indépendantes de la famille. Société séparée ou simple division d'un établissement financier, ils sont totalement extérieurs à la famille auprès de laquelle ils risquent d'avoir une réelle responsabilité juridique.

On a vu précédemment ce que recouvre la profession de family officer. Notons qu'il ne s'agit pas d'une activité reconnue, codifiée, normée. Chacun peut créer un Family Office et même adopter ce terme au sein de son appellation sans que quiconque ne puisse y trouver à redire. Il n'existe, par conséquent, aucune règle juridique sur l'exercice de l'activité ni aucune définition de sa responsabilité juridique.

Les obligations d'ordre moral ou déontologique sont évidentes, à commencer par le respect du secret professionnel (article 226-13 du Code pénal).

Les obligations, quant à la forme à respecter dans les relations entre le Family Office et la famille, débutent par la signature d'un document d'entrée en relation définissant les différents agréments accordés au Family Office : conseil en investissements financiers, intermédiaire d'assurance, intermédiaire en opérations bancaires et services de paiement et carte de transaction immobilière. Ensuite, lorsque la décision est validée avec la famille d'accompagner sur une mission de Family Office, un contrat (contrat d'entreprise pour des actes accomplis à la demande d'une personne mais sans la représenter – ou contrat de mandat selon lequel le family officereprésente la personne). Il importe dans le contrat de bien préciser qui sera(ont) l'(les) interlocuteur(s) privilégié(s) au(x)quel(s) seront donnés les conseils ou pour le(s)quel(s) le Family Office va agir et dans quelle mesure cette(ces) personne(s) est (sont) habilitée(s) formellement à représenter les autres membres de la famille.

Le point principal dans la vie de la relation entre le Family Office et la famille va être centré sur le devoir de conseil et d'information. On retrouve ici les bases de la Directive MIF entrée en vigueur en France le 1er novembre 2007. Il s'agit d'une obligation de moyens, mais c'est au professionnel tenu à cette obligation de conseil et d'information de prouver, si besoin est, qu'il l'a effectivement respectée. Cette règle est la même que celle qui concerne les autres conseils de la famille.

Les commentaires rédigés à la suite d'une jurisprudence constante rappellent que « l'officier public doit parfois aller jusqu'à déconseiller un acte inopportun » (1re chambre civile, 13 décembre 2005 et 7 mars 2006), sans pouvoir refuser d'instrumenter lorsqu'il est requis. La jurisprudence constante insiste sur le fait qu'il revient aux notaires « d'éclairer » et « d'appeler l'attention » de manière « complète et circonstanciée » de la « portée » des « effets » et des « risques » qu'implique l'acte.

À notre connaissance, aucune procédure judiciaire n'a concerné de multi Family Office en France, ce qui ne permet pas d'exclure l'éventualité de transactions extrajudiciaires. L'évolution critiquée par le commentateur de l'arrêt du 19 décembre 2006 risque en effet fort de se transmettre un jour à l'activité de family office.

À l'occasion de l'apparition de la réglementation des CIF, des règles de bonne conduite ont été définies aux articles 335-3 à 335-10 du règlement général de l'AMF. En optant pour la qualité de CIF, le Family Office peut ainsi apporter du conseil sur les investissements financiers auprès de ses clients, bénéficier d'une assurance responsabilité civile liée pour le protéger en cas de responsabilité mise en cause. C'est également et surtout une sécurité auprès de ses clients car ainsi le Family Office démontre sa capacité professionnelle. Outre la présentation d'un document précisant le statut du CIF, son affiliation à une association professionnelle type ANACOFI ou CNCGP peut aider le Family Office qui a opté pour le statut de CIF à suivre ces obligations réglementaires de plus en plus lourdes et génératrices de documents de liaison entre la famille et le Conseil pour une transparence renforcée de la rémunération du conseil et des différents acteurs, la documentation des décisions prises par les clients (rapports d'adéquation) ou encore des questionnaires profil de risque intégrant depuis 2023 des renseignements à donner sur le profil et les attentes d'ESR des familles. Le règlement stipule la remise d'une lettre de mission.

Ce point est celui déjà évoqué pour le family office, qu'il ait ou non adopté le statut de CIF. Le besoin de bien définir les signataires du contrat, qui ils engagent, la définition des responsabilités et des obligations et engagements, la définition de la mission du family office, la façon dont seront sélectionnés les prestataires de service extérieurs, les obligations en matière de reporting à la famille, son contenu et sa forme, orale, ou écrite comme le stipule l'AMF (article 335-5 du règlement général, dans le cas des CIF) et les conditions de la rémunération du family office.

Les articles 1991 et 1992 du Code civil explicitent la responsabilité contractuelle dans le cadre de l'exécution d'un contrat de mandat (inexécution, dol et fautes commises dans la gestion). Tout ceci à condition que puisse être prouvée une relation de cause à effet entre le travail du Family Office et le préjudice allégué par la famille.

La responsabilité du multi Family Office peut être pénale, cas rares de violation du secret professionnel, délit d'initiés par l'utilisation d'informations confidentielles par exemple fournies par la famille sur des événements non encore rendus publics, complicité pour des opérations de blanchiment, escroquerie, abus de confiance à l'extérieur ou à l'intérieur de la famille. Exemples de risques imaginables, mais heureusement non confirmés dans la réalité de la vie des multi Family Offices.

Certaines clauses du contrat prévues pour limiter la responsabilité du Family Office sont utiles. Mais il n'est jamais possible de s'exonérer d'une faute lourde. Et il est toujours indispensable d'évaluer, selon notamment leur expérience professionnelle, la connaissance des membres de la famille des différents sujets patrimoniaux que le multi family officer devra les aider à traiter.

Le métier de conseil et la confiance mise entre les mains du Conseil par la famille engagent le family officer. Tandis que le terme de Family Office pourrait être jugé galvaudé faute d'être réglementé, son activité est depuis une dizaine d'années bien mieux comprise.

Les obligations de transparence sur la rémunération des conseils ont imposé d'importants changements aux établissements bancaires ces cinq dernières années. Les Family Offices n'ont pas aujourd'hui d'autorité de tutelle en France, à l'image d'autres pays. Seules sont réglementées les activités exercées, si tel est le cas, par le Family Office (gestion de valeurs mobilières, courtage immobilier ou d'assurances). Les obligations sont nombreuses et viennent cantonner les risques d'erreurs.

La professionnalisation du métier se poursuit et permet un cadre protecteur au profit des clients. Il convient toutefois de prendre garde à ne pas légiférer outre mesure car les entités de multi Family Offices sont des entités moins financièrement dotées qu'une société de gestion ou une banque. Ainsi, la réglementation à l'extrême de cette activité de conseil pénaliserait la diversité des structures et des profils au service des familles.

L'assurance responsabilité civile professionnelle (RCP)

Pour toutes ces raisons, la souscription d'une assurance responsabilité civile professionnelle (RCP), obligatoire pour les CIF, s'impose *de facto* également pour les multi Family Offices indépendants. Les montants en jeu, en raison du niveau de fortune des familles concernées, justifient d'ailleurs le choix d'une RCP permettant de couvrir des risques avec un plafond le plus élevé possible. Il s'agit de couvrir le Family Office en tant que tel, mais aussi les personnes physiques, les family officers, dans leur activité au service des familles.

Dans le cas des multi Family Offices liés à une entité financière, en cas de conflit, la famille tentera de lier l'activité du Family Office à la maison-mère (tel est de toute façon le cas si le multi Family Office n'est qu'un département de la banque) par une action solidaire, l'établissement financier ayant les moyens que ne possède pas le Family Office de répondre aux demandes de réparation des préjudices mis en avant par la famille.

L'activité n'est donc pas totalement sans risque, même si des cas réels n'ont pas encore été vécus. La réduction de ce risque implique une surveillance par les responsables des multi Family Offices des actes délégués aux family officers, la sélection de personnes compétentes, discrètes, efficaces, consciencieuses, mais aussi une méthode de relation avec les membres de la famille par laquelle la prise de décision ultime revient finalement à la famille elle-même.

À titre d'exemple, si celle-ci souhaite diversifier ses gérants d'actifs financiers ou sa sélection d'OPCVM, le multi Family Office est présent pour l'aider (définition et dépouillement d'un appel d'offres, présentation des résultats). Mais il ne s'agira pas de ne proposer qu'un seul nom : la famille elle-même doit effectuer ce choix en fonction des résultats de l'appel d'offres ou de la présentation des avantages/inconvénients, performance passée/risque par OPCVM.

En cas d'incident, résultats désastreux du gestionnaire retenu, mauvais conseil du fiscaliste choisi, la responsabilité du Family Office sera moins évidente s'il exerce sa propre obligation de moyens en vérifiant que les processus de sélection ont été bien organisés, que les fiscalistes ou avocats proposés sur une courte liste sont tous des personnes reconnues comme compétentes dans leur profession.

Enfin, demeure le sujet des agréments nécessaires au Family Office pour exercer chacune des activités. Certaines ne sont pas réglementées (gouvernance familiale, assistance en matière de philanthropie, etc.). D'autres ne peuvent être exercées que dans certaines limites étroites : conseil juridique et fiscal par exemple (jusqu'où le Family Office peut-il aller sans empiéter sur un domaine réservé à des professions réglementées ?). De même en matière comptable, les experts ont leur champ d'activité reconnu qui limite à peu de choses le travail que le Family Office est autorisé à effectuer lui-même. Et tout un domaine d'activité et de rédaction d'actes est strictement réservé aux notaires. Enfin, les actifs patrimoniaux sont tous encadrés : activité de banque bien sûr, mais aussi de gestion de portefeuille et d'OPCVM, gestion et transactions immobilières, sociétés d'assurance et courtage, etc.

La question peut être résolue dans le cas d'un multi Family Office s'appuyant sur l'entité financière au sein de laquelle il évolue ou qui détient l'essentiel de son capital puisque celle-ci dispose des agréments nécessaires dans de nombreux domaines. Ils peuvent cependant avoir intérêt, tout comme les multi Family Offices indépendants pour lesquels ceci s'impose, à adopter le statut de CIF en s'affiliant à l'une des quelques associations habilitées par l'AMF, ce qui leur apportera à la fois des contraintes plus fortes mais tout compte fait fort utiles de formalisme, et une certaine souplesse accrue dans l'exercice de leur profession.

La tendance actuelle de la réglementation française et européenne visant à accroître la protection des épargnants - y inclus les plus fortunés - (directive MIF en particulier) va se poursuivre. La jurisprudence va dans le même sens. Cette question de responsabilité du multi Family Office est donc importante. Le coût du risque n'est pas négligeable, à commencer par la souscription d'une RCP d'un niveau élevé. La rémunération, donc la marge demandée par le family office, doit impérativement en tenir compte.

Conclusion

Le Family Office contribue à pérenniser sur le long terme l'harmonie et les intérêts patrimoniaux des familles fortunées. Son action vise un horizon chiffré en dizaines d'années et au service de plusieurs générations. Les décisions stratégiques prises avec son aide sont plus importantes que ce qu'il peut apporter sur le court-moyen terme dans la vie de tous les jours.

L'action du Family Office dépasse celle du gestionnaire de patrimoine et donc, *a fortiori*, de l'*asset manager* : il ne s'agit, contrairement à ce que pensent certains, ni d'une manière déguisée de pratiquer la gestion de portefeuille afin de bénéficier de commissions ou de rétrocessions de commissions, ni d'un travail au jour le jour de tâches subalternes.

Les familles souhaitent trouver auprès du family office, qu'il leur soit dédié ou qu'il travaille également pour d'autres, l'accompagnement sur le long terme et l'indispensable compétence, et pouvoir également se décharger des questions de court terme. Le Family Office peut traiter ces questions en interne ou les externaliser auprès des spécialistes en jouant pleinement un rôle de coordination auprès de l'équipage qui complète les conseils de chaque famille : le notaire, l'expert-comptable, les banquiers, les avocats… Moteur de propositions sur les matières juridiques, financières, fiscales, philanthropiques et de gouvernance, le family officer apporte à la famille une dynamique sur l'ensemble des sujets la concernant et garantit l'exécution conforme aux souhaits des membres de manière structurée et définie dans le temps. *In fine* le family officer veille à ce que la décision prise par la famille soit toujours adaptée à son organisation quelle que soit l'évolution des réglementations, de la situation politique au sein de leur pays de résidence fiscale mais aussi les changements de besoins financiers ou de l'organisation de la famille…

La compétence des professionnels permet aux membres de la famille de se sentir plus rassérénés sur les grandes décisions et allégés par ailleurs de tâches qu'ils préfèrent déléguer.

La confiance de la famille, à la base des relations avec le family office, se mérite par la confidentialité, la sympathie, au sens propre du terme, et par la compétence dans les domaines les plus variés. Ceux-ci sont liés au fait que la famille détient un patrimoine, mais aussi qu'il faut protéger son harmonie contre tout ce qui peut la menacer. D'où les activités du Family Office en matière de philanthropie, d'ingénierie patrimoniale, de gouvernance familiale, y compris dans les relations entre la famille et l'entreprise qu'elle détient, de conseil en investissements financiers, immobiliers, de comptabilité, d'assurance, d'assistance dans le secrétariat et le confort.

La confiance est aussi fondée sur la neutralité, l'objectivité, l'indépendance de jugement. Et celles-ci ne peuvent être obtenues que si la rémunération des family officers est directement assurée par la famille, ou à tout le moins qu'existe vis-à-vis de la famille une transparence totale des commissions et rétrocessions perçues. Il y aura de toute façon un coût en termes bruts, couvert en partie par les économies que le recours au Family Office permettra à la famille de réaliser. Mais même si ce coût demeure, l'intérêt des familles sera grand de trouver à qui se confier, avec qui envisager les sujets de long terme et se décharger des travaux à plus court terme ; et qui contribuera à résoudre les inévitables difficultés, à les anticiper.

On sait qu'il existe deux catégories de Family Offices : les entités dédiées à une seule famille (« single ou mono Family Office ») et celles consacrées à plusieurs d'entre elles (multi family office, ou en anglais également « *multiple Family Office* »).

On assiste dans le monde à un développement rapide du family office. Les États-Unis sont déjà largement dotés et le mouvement n'est cependant sans doute pas terminé. Plus marquant est l'intérêt manifesté dans les pays émergents (Chine, Inde, Russie), où l'un des meilleurs indicateurs, faute de données quantitatives disponibles, est le nombre de séminaires organisés par des sociétés européennes ou américaines, qui concentraient précédemment leurs efforts sur les pays occidentaux – et par l'importance du nombre de personnes présentes à ces réunions, comme simples participants ou en tant que membres de familles venant ouvertement expliquer ce qu'ils ont déjà mis sur pied.

Dans les pays européens, la tendance est moins marquée, la progression réelle mais lente, ne serait-ce sans doute que parce que la concentration des fortunes y est moins forte qu'aux États-Unis et, surtout, que dans les pays émergents. En France, la discrétion est de rigueur. Aucun chiffre incontestable n'est disponible, aucun recensement ne peut être effectué, même si l'estimation de 100 à 200 Family Offices dédiés devrait être proche de la réalité sans toutefois disposer du nombre exact. Quant aux véritables multi Family Offices, leur nombre devrait être de l'ordre d'une cinquantaine, en croissance soutenue des single comme des multi Family Offices.

La connaissance du rôle du Family Office, des avantages qu'il peut apporter à la famille, de ce qu'est la gouvernance familiale, la meilleure appréhension des relations entre famille et entreprise, une perception accrue des risques de toute nature pouvant menacer la préservation de l'harmonie et des intérêts patrimoniaux, et du rôle d'anticipation que doit avoir sur ces points le Family Office : tout ceci contribue à la pénétration du concept dans le milieu des familles fortunées.

L'Association Française du Family Office (AFFO) créée en 2001, ainsi que les acteurs liés aux entreprises familiales à l'image du réseau mondial du Family Business Network (FBN), du Camden Group depuis le Royaume-Uni, ou du Club F en France, mais aussi d'autres acteurs du Family Office comme le Club MFO, ont aidé à développer ce mouvement par l'organisation de réunions de presse, la participation à des manifestations regroupant des professionnels mais aussi des membres des familles. Ceux-ci se montrent d'ailleurs de plus en plus demandeurs d'informations détaillées, et non plus seulement de généralités, ce qui reflète une meilleure connaissance des avantages attendus du Family Office et de sa complémentarité par rapport aux banques privées (*wealth management*), aux experts-comptables, aux notaires et aux avocats.

Le développement de nouvelles fortunes va se poursuivre. Le nombre de familles disposant des moyens nécessaires pour se doter d'un Family Office dédié ou travailler avec un multi Family Office continue de croître notamment du fait des valorisations rapides et importantes de jeunes sociétés innovantes. La meilleure connaissance de notre métier par la diversification des structures employant cette activité permet également de démontrer l'intérêt de cette pratique pour des familles éligibles à ces services.

L'internationalisation des familles doit également s'accompagner de celle du Family Office afin de poursuivre la proximité de la relation de confiance entre la famille et son family office. Le développement des contacts à l'international permet la capacité d'intervenir auprès de l'ensemble de la famille quel que soit le pays de résidence fiscale. Des liens étroits demeurent dès lors que la confiance s'est instaurée au fil des ans et que la famille conserve auprès du Family Office français la proximité culturelle qui lui manque souvent dans son nouveau pays d'accueil. Dans certaines hypothèses, un bureau hors du pays d'origine, par exemple dans un pays limitrophe, aux côtés de la famille ou des familles, peut être créé pour assurer un suivi plus proche de la résidence de la famille et éviter tout lien de facturation avec la résidence fiscale passée.

Peut-on faire bénéficier un plus grand nombre de familles des avantages du Family Office ? La vraie question est celle de la possibilité d'un élargissement du nombre de familles bénéficiant de ces prestations, tel qu'on l'a vu se produire, par exemple, en matière de gestion d'actifs : dans ce domaine, certes les établissements de gestion n'acceptent des comptes sous mandat qu'au-delà d'un minimum se chiffrant en centaines de milliers d'euros, mais des substituts existent sous forme d'OPCVM, avec des valeurs unitaires de parts et de montants de souscription parfois extrêmement faibles (avant de faire discrètement marche arrière, un grand réseau de distribution avait même innové en proposant dans ses magasins des parts de hedge funds).

Dans l'industrie, les exemples sont multiples d'innovations initialement réservées aux grandes entreprises ou aux plus fortunés puis proposées quelque temps plus tard, sous la même forme, ou sous une forme « dégradée » comme disent les informaticiens, à des prix sans commune mesure, donc entrant dans le budget de familles de fortune plus modeste. Ainsi, la NASA a utilisé pour le lancement des navettes spatiales des matériaux que l'on retrouve désormais dans les instruments de cuisine, tandis que les innovations initialement réservées à la Formule 1 (freinage ABS) puis aux voitures « haut de gamme » sont de nos jours appliquées à un nombre élevé de véhicules plus classiques.

Peut-il en être de même pour le Family Office ? Les prestations réservées aux très grandes fortunes pourront-elles un jour bénéficier à un grand nombre d'autres familles ? La réponse est, a priori, négative. Tout d'abord, constatons qu'aux États-Unis, largement en avance sur nous en ce domaine, tel n'est pas le cas. Les conseillers en gestion de patrimoine (*financial planners*) sont, il est vrai, très actifs auprès de familles de différents niveaux de fortune. Mais leur métier, rémunéré par leurs clients sous forme d'honoraires, reste celui de gestionnaires de patrimoine, certes pointus, compétents et plus spécialisés qu'en France, mais ne couvrant pas la gamme d'activités du Family Office et ne jouant pas le même rôle auprès des familles.

Le travail du Family Office pour la famille est personnalisé. Il n'existe pas de solution standard, de rechange, pouvant être calquée d'une famille à l'autre. La multiplication du nombre de cas vécus permet d'accroître l'expérience du family officer, de mieux connaître les risques et les pièges dans lesquels ne pas tomber ; elle ne permet pas de réelles économies de temps.

Le Family Office travaille comme une profession libérale. La facturation à la famille est réalisée d'après un devis initial fonction de la mission définie d'un commun accord avec la famille, donc avant tout de l'estimation du temps à consacrer pour la réaliser. Dès lors que le coût est fonction du temps passé, la « démocratisation » ne pourrait provenir que d'une réduction du nombre d'heures consacrées à la famille. Aller dans ce sens impliquerait d'effectuer un travail de moins bonne qualité ou bien de réduire la quantité de services éligibles à la famille.

Cela dénature-t-il le métier ? Pas nécessairement si on considère par exemple qu'un entrepreneur n'ayant pas encore cédé son entreprise a des sujets patrimoniaux cantonnés à certaines missions (gouvernance, ingénierie juridique et fiscale par exemple) et qu'une facturation réduite permet d'appréhender les sujets en amont de l'évènement de liquidité à venir.

On constate également depuis les années 2010 la création de multi Family Offices portés par des entrepreneurs à leur capital qui accompagnent des family officers pour développer une approche plus standardisée ou ayant à cœur de créer des accès privilégiés à des opportunités de club deals.

Certains craignent de voir le terme « Family Office » être galvaudé, utilisé de manière non contrôlée par toute sorte d'organismes liés de près ou de loin au véritable métier, ou l'exerçant de façon « non conforme ». Mais dans une certaine mesure, en parlant du Family Office et en offrant des modèles aussi variés que le sont les familles éligibles, la communauté des acteurs répond à un besoin différent selon chaque profil. On rencontre aujourd'hui certaines familles accompagnées par plusieurs Family Offices : l'un pour la mission d'ingénierie juridique et fiscale, l'autre pour les opportunités d'investissements : ou encore certains single Family Offices faisant appel à un multi Family Office pour déléguer la mission de consolidation, de reporting et de suivi des actifs cotés, le single Family Office conservant la mission d'animer les actifs non cotés (participations majoritaires en direct ou le suivi des fonds par exemple).

Cette multitude des acteurs au service de la famille peut dans certaines hypothèses créer une confusion dans la répartition des tâches ; mais si les missions sont clairement identifiées et que leur coordination ne laisse pas apparaître de carence, l'organisation opérationnelle peut être adéquate.

Il s'effectuera sans doute un jour une distinction entre les entités dont l'activité pour une ou plusieurs familles mérite l'appellation de Family Office et d'autres modes de fonctionnement pour un nombre de familles beaucoup plus large.

En effet pour ces derniers, il manquera ce qui fait l'intérêt majeur du Family Office pour les familles pouvant disposer de ses services : cette relation privilégiée de confiance avec l'ensemble des membres de la famille. Et, liées à cela, une connaissance et une vue globale de tous les sujets touchant à la vie patrimoniale, professionnelle et même personnelle de chacun des membres, permettant au family officer d'être proactif, d'anticiper les besoins de la famille. Enfin un accompagnement de la famille sur le long terme.

La contribution des Family Offices au développement de notre économie. On connait la place dans l'économie française des entreprises familiales.

Selon le Rapport BNP Paribas Wealth Management en partenariat avec la SDA Bocconi school of management sur la gouvernance familiale en Europe : 83 % des entreprises françaises sont familiales, contre 85 % en Italie et en Espagne, 79 % en Allemagne et 65 % au Royaume-Uni. 50 % du PIB de l'Union européenne est généré par les entreprises familiales.

Nous avons également démontré l'engagement à long terme de capitaux familiaux aux côtés de la BPI et de fonds institutionnels pour accompagner des initiatives nouvelles d'envergure. Le rôle social actif des entreprises familiales et des familles françaises fortunées a été démontré dans cet ouvrage.

La pérennité des entreprises familiales dans le tissu économique et les bassins d'emplois est d'une grande importance. Celle-ci est facilitée par le travail du Family Office, préparateur et médiateur de la transmission intrafamiliale.

En élargissant ainsi le sujet, on en vient rapidement à voir qu'il s'agit en réalité d'une interaction permanente : l'évolution de la société française a favorisé l'émergence du concept de Family Office et le développement des activités de Family Office contribue, en retour, à certaines évolutions de notre société, avant tout dans les relations intrafamiliales.

Il en est ainsi de l'ensemble des sujets de gouvernance familiale. Le rôle du family office, de trusted advisor se transformant parfois en médiateur au sein de la famille, correspond à un besoin plus large au sein de familles de tout niveau de fortune de trouver cette forme de solution pour régler ses conflits internes. Et mieux encore, si possible, de les anticiper et d'éviter qu'ils ne puissent se produire en posant des règles d'organisation de la famille, par exemple concernant le rôle des conjoints, ou le choix du successeur du chef de famille.

De même en matière de philanthropie, les familles les plus fortunées jouent un rôle de précurseurs, le développement des activités altruistes, le désir de redonner à la communauté est plus fort chez ceux qui bénéficient d'un patrimoine élevé. Cette évolution accompagne un mouvement international. Les Family Offices, par leur action, contribuent de leur côté à accélérer et renforcer cette évolution qui concernera dans les années à venir une part de plus en plus large des familles françaises, même moins fortunées. Le rôle dans l'économie des familles fortunées permet dans certaines hypothèses de compléter l'œuvre publique. En prenant en charge par exemple des pans dont l'État doit se désengager ou ne peut plus prendre à sa seule charge les budgets, tels l'hébergement d'urgence, la culture au profit des plus démunis ou encore de l'accès aux soins. Les services philanthropiques des établissements de santé permettent par exemple de cofinancer avec l'appui de familles l'acquisition d'outils de pointe.

Un autre apport important du family office, qui va de pair avec l'évolution de notre société, est celui du concept même de famille. À chacun de s'interroger sur ce qu'est sa famille, quelles en sont les limites en termes de personnes, de générations. Ainsi en a-t-il été sur la place des grands-parents à la suite de la canicule de l'été 2003 demeurée dans les mémoires et de la vague de décès de personnes âgées, demeurées isolées de leur famille, contrairement à ce que notre société connaissait il y a encore seulement quelques décennies. Les périodes de confinement et d'isolement suite à la pandémie en 2020 ont pour leur part renforcé le sentiment d'appartenance à un pays, une famille et un réseau d'amis. Ces épreuves permettent de mettre en exergue ce qui relie des individus et renforce leur puissance collective.

Les sujets les plus habituels concernent les relations entre branches, de plus en plus éloignées au fil des générations, certaines d'entre elles n'étant d'ailleurs plus actionnaires de l'entreprise familiale. À l'occasion de la journée du Family Office by AFFO le 5 juillet 2023, François de Mitry, héritier de la famille Wendel mettait en exergue la dilution du capital à travers les générations. 3 000 descendants et encore 1 200 actionnaires, ses arrière-grands-parents avaient 27 % du capital, ses grands-parents étaient 3 enfants (9 % chacun), ayant eu 9 enfants (1 % chacun) et lui-même, ayant un frère, ne possède que 0,5 %.

Autre sujet lié à la composition de la famille et au rôle de ses membres. Quelle place donner aux femmes (filles descendantes directes ou belles-filles) ? Cette question, en apparence résolue avec l'évolution de notre société, peut encore se poser en certaines occasions à l'image de la question des conjoints pour les familles considérant que les titres ne peuvent être transmis qu'aux héritiers du sang.

Question suivante : nous sommes une famille, devons-nous rester unis ? Si oui, pourquoi et éventuellement comment, c'est-à-dire quel va être le ciment familial ? Que peut-on faire pour que la proximité qui existe entre frères et sœurs se transmette aux cousins de la génération à venir ? À l'image de l'*affectio societatis* qui représente la volonté de participer au projet entrepreneurial, l'*affectio familiae* gouverne le vouloir-vivre et le savoir-vivre ensemble.

Les travaux des family officers sur ces sujets, souvent pour viser non seulement le maintien de l'harmonie familiale mais aussi l'intégrité des intérêts familiaux, contribuent à enrichir les réflexions de nombreuses autres familles.

Face à la complexité croissante des réglementations, à la multiplication des solutions possibles, à l'internationalisation des situations familiales ou des actifs détenus, les familles de tous niveaux de fortune ressentent de plus en plus fortement la nécessité de recourir à des conseils extérieurs. Elles se retrouvent alors face au besoin de sélectionner un conseiller dans chaque domaine, de comprendre et d'analyser les réponses qui lui sont faites, les solutions ou les produits qui lui sont proposés. Parfois, les conseils sont divergents, parce que la question a été posée de façon insuffisamment précise ou parce que les points de vue du fiscaliste et du notaire par exemple justifient cette opposition.

L'utilisation croissante de l'intelligence artificielle va bouleverser un grand nombre de professions. Certaines des missions du Family Office seront concernées, notamment celles citées ci-dessus. Mais demeurera son rôle principal. Les familles prendront conscience du désir – et du besoin – qu'elles ont de trouver leur homme de confiance, celui qui les assistera dans tout ce processus, de manière objective, sans être biaisé par son mode de rémunération et en ayant la vision complète des enjeux liés à leur patrimoine et aux dynamiques à 360° que créent leur patrimoine personnel et professionnel. Leur rôle est d'être aux côtés de la famille, de l'accompagner, pour l'aider à acheter les prestations de services ou les produits lui convenant le mieux. Sous cette réserve, il est permis d'espérer que l'exemple fourni par le Family Office et réservé dans son mode le plus pur à une minorité pourra bénéficier à un grand nombre de familles.

Et puisqu'il n'est, dit-on, pas possible d'écrire sur la famille sans citer Antoine de Saint-Exupéry : « Préparer l'avenir, ce n'est que fonder le présent ». Voici qui devrait convaincre les familles qui ne recourent pas encore à un Family Office de l'importance de ce rôle de pérennisation à long terme de l'harmonie et des intérêts familiaux pour la génération actuelle, autant que pour celles à venir.

Commentaires et questions sont les bienvenus à :

bcamblain@wanadoo.fr
c.jorez@larectorie.com

Postface

Tout le monde n'a pas la chance de pouvoir s'engager dans une aventure entrepreneuriale commencée par sa famille. J'ai eu cette chance de pouvoir intégrer une entreprise crée par mon père, lui-même qui a repris dans un contexte compliqué l'entreprise crée par son beau-père, mon grand-père maternel. Au-delà de notre propre exemple j'ai toujours aimé observer comment les autres familles s'organisaient, et observer également la façon de gouverner les entreprises, familiales ou non familiales. La question de la légitimité est essentielle pour moi. Nous pouvons trouver des exemples passionnants et très divers dans les organisations comme le METI, Mouvement des entreprises intermédiaires, ou le FBN, Family Business Network. Certaines ont constitué des structures de « Family Office ».

Deux types de « Family Office » coexistent à mon sens et n'ont pas exactement les mêmes caractéristiques. Ceux qui gèrent le produit d'une vente d'un actif originel, généralement la vente d'une entreprise créée par un fondateur familial, et dont l'objectif est d'accompagner la famille dans le pilotage de sa politique d'investissement et de diversification, en agissant conformément à sa politique ; et ceux qui accompagnent un dirigeant d'une entreprise et sa famille, quelle que soit la génération qu'il représente, pour l'accompagner dans sa gestion patrimoniale sur l'ensemble des problématiques personnelles et professionnelles extérieures à l'entreprise dans le cadre de ses opérations de diversification mais surtout de celles liées à maintenir une cohérence dans la stratégie financière familiale liée ou non à l'entreprise, afin de protéger la famille et son patrimoine.

Notre Family Office fait partie de cette deuxième catégorie, dans la mesure où notre entreprise appartient toujours à la famille des fondateurs, et dans ce cadre notre Family Office nous accompagne en parallèle.

Il a commencé à se constituer naturellement lorsque nous avons eu besoin d'organiser nos opérations de transmission, à l'époque nous avions plusieurs collaborateurs et conseils extérieurs qui y ont travaillé. Ensuite il s'est renforcé pendant une période où mon père venait régulièrement dans l'entreprise dans un rôle non exécutif, et il fallait lui consacrer du temps pour partager avec lui la stratégie mise en œuvre au sein du groupe.

Plus tard lorsque mon père a été affaibli par une maladie, nous avons dû organiser sa vie différemment et gérer son accompagnement. C'est la personne qui a géré cette période compliquée à mes côtés qui a été choisie pour incarner notre family office, car cet homme avait également des compétences financières ayant été pendant une période directeur financier de notre entreprise.

Confier ce rôle à un homme qui a toute la confiance de la famille et dont la carrière fût consacrée à notre entreprise, repose principalement sur des valeurs profondes, une très grande confiance, une fidélité réciproque. Un homme que nous considérerons comme s'il était de la famille.

À lui de s'entourer des meilleures compétences en fonction des sujets à traiter, et de trouver des solutions qui conviennent aux différents membres de la famille qui n'ont pas les mêmes attentes.

Plus important encore à mes yeux que le rôle opérationnel lié à la gestion du patrimoine de la famille, qu'il soit professionnel ou personnel, est le rôle du responsable de notre Family Office qui nous accompagne dans la gestion du dialogue entre les membres de la famille d'une part et les nouvelles générations d'autre part. Non pas que le dialogue soit difficile, nous avons la chance d'être très unis, mais il faut du temps pour appréhender les situations et les attentes des uns et des autres, afin d'être là où chacun vous attend, du temps et de la pédagogie pour expliciter en détail à ceux qui sont étrangers à la conduite de l'entreprise ses contraintes, son environnement, l'évolution de sa stratégie et parfois les succès comme les échecs de sa stratégie. Celles qui sont de la même génération que celui qui a repris la direction de l'entreprise connaissent la stratégie puisqu'elle participe au conseil de surveillance, mais leurs enfants, tous adultes, ont également besoin de pouvoir s'adresser à une personne dont la neutralité est reconnue pour mieux appréhender leur patrimoine et ceux de leurs parents.

C'est donc pour moi d'abord sur les qualités humaines et la confiance que doit s'organiser un family office, la compétence technique est bien entendu essentielle et s'organise en fonction des sujets et du patrimoine à gérer. Le Family Office prépare le terrain des discussions avec la famille, s'adapte au cas de chacun pour anticiper, comme doit le faire un chef d'entreprise. Il doit toujours protéger le patrimoine de la famille puisque sa source, l'entreprise, génère déjà sa quantité de risques inhérents à son activité.

Charles Robinet-Duffo,
Président-Directeur Général Groupe Henner

Bibliographie

Articles

– Le Point, 14 septembre 2023, article sur Marie-Christine Coisne-Roquette et interview de Mustafa Suleyman
– Option Finance : Ces financiers qui font le choix du family office, 13 juillet 2023
– Lexis-Nexis : Le capital-investissement et le chef d'entreprise : quel partenariat, 1er trimestre 2022 Actes Pratiques & stratégie patrimoniale
– Agefi Actifs, 4 avril 2003, Family Office : le concept veut s'affirmer à travers les formations
– Agefi Actifs, 30 novembre 2001, Family Office, La pluridisciplinarité au service des familles
– Agefi Actifs n° 30, 5 octobre 2001, Les acteurs du « Family Office » s'organisent
– Forbes, 24 janvier 2023 : les 25 plus grands donateurs des États-Unis ont fait don de 196 milliards de dollars

Livres

– *The Pragmatist's Guide to Governance : From high school cliques to boards, Family Offices, and nations : A guide to optimizing governance models*, Simone Collins and Malcolm Collins, Omniscion Press, 2023
– *Successions : l'argent, le sang et les larmes*, Raphaëlle Bacqué et Vanessa Schneider, Éditions Albin Michel, 2022
– *The Complete Family Office Handbook : A guide for affluent families and the advisors who serve them*, Kirby Rosplock aux éditions John Wiley & Sons Inc ; 2e édition 2021
– *La Gouvernance d'entreprise*, Pierre-Yves Gomez, Que sais-je, 2021
– *Global Family Office Investing : Exploring the Practices of Single- and Multi-Family Offices*, Chad Hagan, éditions Palgrave Macmillan, 2021
– *Family Office : théorie et pratiques*, Eric Pichet, préface de Bernard Camblain, Les Éditions du Siècle, décembre 2020
– *The Family Office : A Practical Guide to Strategically and Operationally*

Managing Family Wealth, Boris Canessa, Jens Escher, éditions Palgrave Macmillan, 2019
- *Effective Family Office : Best practices and Beyond*, Angelo Robes, Family Office Publishing, 2017
- *Aïe, mes aïeux*, Anne Ancelin-Schutzenberger, Desclée De Brouwer, mai 2015
- *The Family Office Book : Investing Capital for the Ultra-Affluent*, Richard C. Wilson, éditions Wiley, 2012
- *Le Family Office : à la frontière des métiers de conseils traditionnels et spécialisés du patrimoine*, Renzo Evengelista, InExtenso Éditions, 2010
- *La saga Michelin*, Pierre-Antoine Donnet, Éditions Le Seuil, janvier 2008
- *A woman's place… The crucial roles of women in family business*, Denise Kenyon-Rouvinez et autres, Family Enterprise Publishers, 2008
- *Family Business : The essentials*, Peter Leach, Profile Books Ltd, 2007
- *Family business on the couch*, Randel S. Carlock, Manfred Kets de Vries, éd. John Wiley & Sons, 2007

Publications et études

- L'ensemble des livres blancs réalisés par les commissions de l'Association Française du Family Office
- Rapport BNP Paribas wealth management en partenariat avec la SDA Bocconi school of management sur la gouvernance familiale en Europe
- KMPG Global Family Office Compensation Benchmark Report 2023
- World wealth report Cap Gemini 2023
- Global Family Office report 2023 UBS
- Challenges, 6 juillet 2023
- Le Particulier, Juillet/août 2023 bien gérer sa SCI
- L'argus de l'assurance, 14 juin 2023, À l'école des family officers
- Citiwire, 13 juin 2023, 11e édition du concours de l'AFFO destine aux étudiants
- Agefi Actifs, 15 février 2023, Les contours du métier « en éclaireur »
- Agefi Actifs, 31 janvier 2023, Le Grand entretien de Frédérick Crot « les banques privées nous voient souvent comme des concurrents »
- SFO Survey 2022
- The Wharton School, Family Office benchmarking Report 2022

– Panorama national des générosités, Centre d'étude et de recherche sur la philanthropie 2021
– Crédit Suisse, Raport de l'étude Single Family Offices 2022
– Crédit Suisse, Livre blanc La voie à suivre pour les Family Offices, 2021
– Crédit Suisse, Livre blanc Le Guide du placement à impact à l'usage des Family Offices, 2021
– Agefi Hebdo, du 7 au 13 octobre 2021, Entrez dans la famille des family officers !
– Gestion de fortune, 4 octobre 2021, l'AFFO et l'AUREP lancent la 3e édition de leur formation certifiante
– Single Family Offices : the art of effective wealth management, Wharton & IESE Business Schools
– Global State of Family Offices, Étude réalisée par Capgemini en 2012
– INSEAD The Family Enterprise Challenge (The Wendel International Centre for Family Enterprise avec Ludo van der Heyden, Christine Blondel et Randel S. Carlock)

Sites internet

Camdencapital.com
give.org
givetocharity.com
fbn-i.org (Family Business Network)
fbn-france.fr (Family Business Network France)
m-eti.fr (Mouvement des Entreprises de Taille Intermédiaire)
affo.fr (Association Française du Family Office)
public.familyoffice.com (Family Office Exchange)
clubf.fr (Club F)
aurep.com (Université Clermont-Ferrand)

PEFC
10-31-3532
Certifié PEFC
Ce produit est issu de forêts gérées durablement et de sources contrôlées
www.pefc-france.org

IMPRIM'VERT®

Imprimé en France sur des papiers provenant
majoritairement de l'Union européenne
et issus de forêts gérées durablement
par Sepec numérique
1, rue de Prony - ZA des Bruyères
01960 Peronnas

Imprimeur certifié

Achevé d'imprimer en octobre 2023
Numéro d'impression : N21275231001
Dépôt légal : octobre 2023